온천마을에서 마을경영을 배우다

유후인의 마을 브랜딩 전략

온천마을에서 마을경영을 배우다
유후인의 마을 브랜딩 전략

—

인쇄 2020년 10월 15일 1판 1쇄 **발행** 2020년 10월 20일 1판 1쇄

엮은이 오사와 다케시 · 요네다 세이지 **옮긴이** 김홍기
펴낸이 강찬석 **펴낸곳** 도서출판 미세움 **주소** (07315) 서울시 영등포구 도신로51길 4
전화 02-703-7507 **팩스** 02-703-7508 **등록** 제313-2007-000133호
홈페이지 www.misewoom.com

정가 15,000원

—

이 도서의 국립중앙도서관 출판예정도서목록(CIP)은 서지정보유통지원시스템 홈페이지(http://seoji.nl.go.kr)와
국가자료공동목록시스템(http://www.nl.go.kr/kolisnet)에서 이용하실 수 있습니다.
CIP제어번호: CIP2020039881

ISBN 979-11-88602-27-8 03320

잘못된 책은 구입한 곳에서 교환해 드립니다.

온천마을
에서

마을경영을
배우다

유후인의 마을브랜딩 전략

오사와 다케시 · 요네다 세이지 지음
김홍기 옮김

미 세 움

차 례

일러두기
1. 내용상 추가 설명이 필요한 부분은 옮긴이 주*로 표시하였고, 글쓴이 주는 숫자를 붙여 각 장 끝에 실었습니다.
2. 인명, 지명 및 외래어는 굳어진 것은 제외하고 국립국어원의 외래어 표기법과 용례를 따랐습니다.

사랑받는 여행지가 된 유후인의 비결

유후인, 사람을 치유하는 힘을 지켜내다

1990년대 이후 일본의 관광 활성화 현장에서 마을만들기는 가장 중요한 단어 중 하나가 되었다. 1980년대 후반 거품경제가 붕괴하고 관광산업이 침체에 빠진 것과는 대조적으로 마을만들기를 내세운 관광지는 꾸준히 인기를 얻고 있다. 관광을 마을만들기와 접목한 관광마을 만들기의 성공은 거품경제 붕괴의 후유증으로 힘들어하던 관광산업뿐만 아니라, 장기 불황 속에서 지역활성화를 모색하던 지방에서도 큰 주목을 받았다.

관광마을 만들기의 성공 사례로 제일 먼저 손꼽히는 곳이 유후인 온천[1]이나. 유후인은 온전수는 풍부한 지역이지만, 많은 관광객을 유인할 만한 두드러진 자원이 있는 것은 아니다. 오히려 1970년대 대중관광* 성장기나 이후 계속된 거품기의 리조트 개

---

* 제2차 세계대전 이후 경제발전으로 대중들이 관광을 경험할 수 있게 된 현상 또는 대중화된 관광행동.

발 열풍으로 밀려드는 관광 개발 압력을 버텨내며 유후인의 풍부한 자연과 고즈넉한 농촌 풍경을 지키고 있다. 이런 일관된 마을만들기에 관한 집념이 유후인을 규슈 지역뿐 아니라, 일본을 대표하는 온천 관광지로 발전시켰다. 자연과 온천 외에는 아무것도 없던 마을에 관광객이 모여드는 것을 보면 마을만들기의 힘이 얼마나 대단한지 잘 보여준다.

유후인 온천의 성공담은 완벽할 정도로 스토리화되어 있다.

유후인 온천은 일본 온천 관광지의 선두주자로서 자부심이 강한 벳푸 근교에 위치하여 예전부터 '오쿠 벳푸'*라고 불리던 적막한 온천지였다. 장사가 잘되지 않아 구매대금 지불도 쉽지 않게 되자 젊은 료칸의 주인들은 어떻게든 현황을 극복하자고 다짐한다. 그들이 이렇게 다짐하게 된 계기는 예전에 유후인을 방문한 학자의 "독일의 바덴바덴을 보고 배워라"는 말 때문이었다. 이 말을 듣고 세 명의 젊은 료칸 주인들은 빚을 내어 유럽으로 떠난다. 먼 여행지에서 자연과 고즈넉함을 가장 중요하게 생각하고, 이것을 지키기 위해 온 힘을 다하는 독일의 온천 휴양지를 보게 된다. 사람들이 온천 외에는 아무것도 없는 곳에서 유유자적 평온해하는 모습을 보고는 우리 마

---

* 벳푸의 산중 깊숙한 곳.

올이야말로 사람을 치유하는 데 최적의 조건을 갖추고 있음을 깨닫게 된다. 우리 마을이 나아가야 할 방향은 '쿠로르트Kurort= 온천 휴양지'에 있다는 확신에 차 돌아온다.

귀국 후 그들은 지도자가 되어 마을만들기에 앞장선다. 1975년 오이타 현 중부 지진이 있었을 당시, 유후인 온천은 건재하다는 것을 알리기 위해 마을에 관광마차를 도입하고, 소고기 먹고 함성 지르기 대회, 음악제, 영화제 등, 연이어 축제를 개최한다. 젊은 료칸 주인들과 주민이 앞장서 시작된 각종 축제는 유후인을 전국적으로 알리는 데 크게 이바지했다. 축제는 40년이 지난 지금까지 계속되고 있으며, 유후인은 축제 잘하는, 홍보 잘하는 곳으로 알려지게 되었다.

한편, 마을의 자연과 고즈넉함을 지키는 데 힘을 기울이며 대규모 개발 압력에 계속 저항했다. 1970년대부터 전국의 관광지가 대형화되는 가운데 유후인은 대규모 관광사업자가 들어오지 못하도록 이의를 제기하고 조례를 만들어 규제했다. 이러한 저항은 거품경제가 한창이던 1980년대 후반까지 지속되었다. 당시 거품경제로 돈이 남아돌다 보니 정부도 리조트 개발을 적극 지지하고 대규모 리조트 맨션 개발계획이 봇물 터지듯 쏟아졌다. 유후인 온천의 료칸 주인들은 행정과 손잡고 철저하게 리조트 개발업자에 맞서 싸웠다. 개발업자에게 국가 규제보다 더 엄격한 제한을 요구하기는 모두 힘겨울 거라 생각했지만, 1990년 〈풍요로운 마을만들기 조례〉라는 선구적 규제를 만들어 대규모 개발을 막았다. 유후인의 '사람을 치유하는 힘(자연과 고즈넉함)'은 그렇게 지켜졌다.

거품경제가 무너지자 사람들은 정신적 풍요로움으로 눈을 돌렸다. 새삼 유후인의 매력을 느끼고 진정한 풍요로움과 치유를 기대하며 아무것도 없는 온천지를 찾게 된 것이다. 마을만들기의 이념과 사상을 고집한 유후인 온천은 이렇게 해서 사랑받는 관광지가 되었다.

이 이야기는 지역 가치를 잘 알고 그것을 지켜낸 유후인 마을만들기의 자세를 잘 보여준다. 자연과 고즈넉함을 지켜야 한다는 중요성을 깨달은 유후인 온천의 지도자와 주민들의 선견지명, 이를 위한 부단한 노력에 많은 사람이 칭찬했다. 이념과 사상을 담고 있는 자세는 욕심 많은 개발업자와 함께 거품에 빠져 리조트 맨션이 난립한 다른 관광지와 대조되는 모습으로, 1990년 이후 불황 속에서 거품기를 반성하는 상징적인 존재가 된 것만은 아니다. 아무것도 없던 마을이 '발상의 전환(마을만들기)'을 무기로 국내외 사람들에게 큰 사랑을 받게 된 현실은 1990년대 이후 어둡고 긴 터널에 들어간 일본 관광산업이 앞으로 나아가야 할 방향을 보여주고 있다.

유후인 관광마을 만들기를 둘러싼 의문과 과제

그러나 이런 참신한 성공담에도 불구하고 유후인 온천 관광마을 만들기는 몇 가지 근본적인 의문이 존재한다.

첫 번째 의문은, "리조트 개발 열풍에 저항하여 자연과 고즈넉함을 지켜낸 이념과 저항 태도는 높이 평가하더라도 이것만이 유후인 온천의 성공 요인인가?"라는 점이다. 왜냐하면, 굳이 개발 열풍에 저항하지 않더라도 거품경제 흐름에 영향을 받지 않고 아무것도 없는 온천 관광지로 남아 있는 곳은 전국에 수없이 많다. "거품기에 개발되지 않고 자연과 고즈넉함을 유지하는 온천지가 1990년대부터 많은 관광객을 유치했는가?"라고 묻는다면 반드시 그렇지 않다. 자연과 고즈넉함이 있으면 인기 있는 온천 관광지가 될 수 있다는 그런 단순한 이야기가 아니다. 이러한 의문을 제기하는 것은 단순히 흠집을 내거나 억지를 부리기 위해서가 아니다. 마을이 지키려는 '유후인다움'에 대해 생각해 보면 이러한 의문에는 중요한 의미가 있다. 사람을 치유하는 힘인 자연과 고즈넉함은 유후인 온천 마을만들기에서 중요한 주제이자 성공 요인이다. 유후인 온천의 성공에 대해 말할 때 흔히 필요 요건과 충분 요건이 뒤섞여 있다. 마을 경쟁력의 원천인 '유후인다움'은 자연과 고즈넉함 그 이상으로 촌스러운 다른 온천 관광지와 비교해 보면 차이가 분명하다.

그림 0-1 유노츠보 거리의 활기찬 모습

  또 하나의 의문은, "유후인은 처음부터 전원 풍경과 고즈넉함을 지켜냈는가?"라는 점이다. 유후인 역에 내려 역 앞에서 온천지의 상징 긴린코 호수로 가는 중심 거리인 유노츠보 거리는 많은 음식점과 기념품 가게로 붐빈다. 캐릭터 상품점이나 지역 특산품이라고 할 수 없는 잡다한 기념품 가게들이 즐비한 이 거리는 '규슈의 하라주쿠'로 불리며, 무수히 많은 관광객 사이를 뚫고 지나가는 자동차로 온종일 붐빈다. 이런 모습은 시골에 조용히 쉬러 온 휴양객에게는 위화감을 주고 실망하게 하는 일도 적지 않다(그림 0-1).

풍부한 자연, 전원 풍경과 대립하는 하라주쿠화는, 특히 유후인 마을만들기의 이념을 높이 평가하는 사람에게는 인정하기 힘든 부분이다. 그래서 "유후인은 선구적인 조례를 만들어 거대한 외부 자본의 유입은 막았지만, 중소자본의 관광 개발은 막을 수 없었다. 그러니까 마을만들기 이념을 이해하지 못한 외부 중소 사업자로 인해 벌레 먹은 것처럼 마을이 파괴되고 있다"라고 평가받는다.

이런 평가는 일정 부분 설득력이 있지만, 공평하다고 말하기는 어렵다. 왜냐하면, 외부의 다양한 요소를 받아들이는 것도 유후인 마을만들기의 특징 중 하나기 때문이다. 전원을 달리는 마차는 원래 이 지역에 존재하지 않았으며, 일본의 농촌 풍경도 아니다. 독일의 온천지를 모방한 쿠로르트 구상 자체도 마을만들기의 지도자들이 외부에서 들여온 것이다. 유후인을 유명하게 만든 음악제와 영화제도 이 마을에 그런 문화적 토대가 있었던 것이 아니다. 원래부터 있었던 것뿐만 아니라, 외부에서 다양한 요소를 받아들여 계속해서 변화를 추구해 온 것이 이 지역 마을만들기의 또 다른 특징이다. 유노츠보 거리의 번화함도 이런 전통의 연장선에 있다고 할 수 있다.

이처럼 유후인 온천의 성공 요인이 마을만들기에 있다는 것은 의심의 여지가 없지만, 실상이 어떤지는 명확히 보일 듯, 보이

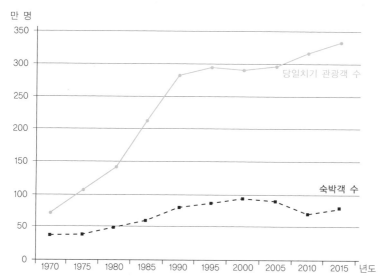

만 명

당일치기 관광객 수

숙박객 수

1970 1975 1980 1985 1990 1995 2000 2005 2010 2015 년도

그림 0-2 유후인 관광객 수 추이(1970-2005년은 유후인 정 데이터, 2010-15
년은 유후 시 데이터)

출처: 유후인 관광동태조사

지 않는다. 유후인 마을만들기는 외부 자본(대규모 개발)에도 유
후인다움을 완강하게 지켜 온 얼굴과 외부의 다양한 요소를 받
아들이면서 변화를 추구한 얼굴이라는 언뜻 보기에 모순된 양
면을 가지고 있다. 이런 두 얼굴을 어떻게 하면 논리적으로 이
해할 수 있을까?

그리고 더 중요한 문제는, 이런 상반된 얼굴을 가진 마을만들
기가 어떻게 관광지로 성공할 수 있었는지다. 유후인 온천지는
방문객이 연간 400만 명 정도며, 40년 동안 가보고 싶은 관광지

로 꾸준히 인기를 얻고 있다(그림 0-2). 이런 지속적인 시장 경쟁력은 '자연과 고즈넉함', '축제 잘하는', 일부 '고급 료칸의 세련된 시골 이미지'로도 설명이 충분하지 않다. 유후인 온천은 어떻게 마을만들기로 강하고 지속적인 시장 경쟁력을 얻을 수 있었을까? 이 책의 주된 관심은 여기에 있다.

이런 문제의식을 좀 더 일반화시키면 "유후인 온천이 앞장서 시작한 관광마을 만들기에서 마을만들기는 도대체 무엇을 만드는 것인가?" 그리고 "그것이 어떻게 관광 활성화로 이어졌는가?"라고 말할 수 있다. 유후인의 사례를 보고 관광을 활성화시키려는 지역에서 보면, '왜 관광 활성화를 위해 마을만들기가 필요한가?' 혹은 '어떻게 마을만들기를 하면 관광을 활성화시킬 수 있는가?'라는 문제로 귀결된다. 이 책이 목적은 관광마을 만들기에서 이런 보편적인 문제를 유후인이라는 선구적 사례를 통해 깊이 들여다보는 것이다.

유후인 마을만들기에 대해서는 '이미 많은 선행 연구가 있어서 조금 늦은 감이 있다. 그러나 수많은 연구에도 불구하고 왜 마을만들기가 관광지로 성공할 수 있었는지에 대해서는 이상할 정도로 명확하게 규명되지 않았다. 이 책은 선행 연구가 밝히지 못한 마을만들기와 관광 활성화(관광지의 경쟁력)의 관계를 고찰하는 데 주안점을 두고 있다.

관광마을 만들기 3단계

 이런 문제를 밝히기 위해 유후인 관광마을 만들기를 다음과 같이 3단계로 나누어 생각한다. 3단계는 유후인 마을만들기에서 서로 밀접한 관련이 있는 없어서는 안 될 요소다.

 ① 지역 특성(유후인다움)을 만든다.
 ② 사람과 사람을 연결한다.
 ③ 시장 경쟁력을 높인다.

 유후인 마을만들기에서 뭔가를 배우려는 경우, 대부분 ③에만 주목하는 경향이 있다. 유후인은 마을을 유명하게 만든 축제를 시작으로 료칸의 모습, 지산지소 추진 등 관광객 유치를 위한 수많은 시도로 유명한 관광지가 되었다. 유휴인의 성공에 매료된 전국의 많은 시찰단이 이곳을 방문하여 성공 요인이 된 축제에 대한 설명을 듣고 돌아갔다. 이로 인해 유후인 온천에서 열린 다양한 축제와 기획은 전국적으로 퍼졌다. 지역 이름을 건 음악제와 영화제가 전국에서 개최되었고, '소고기 먹고 함성 지르기 대회'를 모방한 함성 지르기 대회를 개최한 곳도 많았다. 마차가 다니는 관광 지역도 이제는 새롭지 않다. 그러나 유후인만큼 성공한 곳도, 축제와 기획이 지역 명물로 자리매김한 곳도 거의 없다.

그 이유는 유후인 마을만들기에서 가장 중요한 부분이 ①과 ②이며, 이들 요소가 서로 이어져야 ③의 시장 경쟁력이 실현되기 때문이다. 따라서 ①과 ② 없이 ③만 모방한다고 해서 관광이 일어나지는 않는다.

먼저, ①은 유후인이 마을만들기에서 반드시 지키려고 한 지역의 '독자성=유후인다움'에 관한 것이다. '다움'은 만들기의 핵심이자 ②와 ③의 근본이다. 유후인 온천의 다움은 이 지역만의 독특한 생활양식으로 증명되었으며, 이것을 마을만들기로 실천하며 지켜 가고 있을 뿐만 아니라, 새롭게 만들어 가고 있다. 현재 우리가 떠올리는 유후인다움은 최근 몇 년 동안 마을만들기를 통해 새롭게 만들어진 것이다.

그리고 ①의 지역 특성을 만드는 작업은 ②의 사람과 사람을 연결하는 것으로 실천된다. 유후인 마을만들기의 특징은 지금까지 관광사업자를 중심으로 민간이 주도해 이루어졌다고 조명받았다. 많은 지역에서 마을만들기가 행정 주도로 이루어지고 있는 것과 대조적이다. 다만, 중요한 것은 단순히 민간 주도인지 행정 주도인지가 아니다. 민간 주도로 마을만들기가 이루어져서 만들어진 사람과 사람 사이의 연결 방식, 즉 사람과 사람 사이의 조직 형태다. 유후인에서 연결은 분야, 조직의 수평적 관계로 대등(평등)한 네트워크가 어떤 실천을 통해서 만들어지는 것이 특징이다. 이 책에서는 이런 연결을 '동적 네트워크'라고 부른다. 마을만들기를 실천하면서 만들어진 사람 간의 연결 방식이 유후인 온천의 특징 중 하나다.

①은 무엇을 위해 관광마을 만들기를 하는가, ②는 누가, 어떻게 마을만들기를 하는가를 의미한다. 다시 말해 ①은 관광마을 만들기의 목적, ②는 마을만들기의 주체, 방법이라 할 수 있다. 이에 대해 ③은 무엇을 하는가라는 구체적 기획이나 실천을 말한다.

유후인 관광마을 만들기의 가장 중요한 특징은 '무엇을 하는가'만 아니라, '무엇을 위해서 누가 어떻게 할 것인가'를 함께 생각하며 지속해서 경쟁력 있는 관광지를 만드는 데 있다. 마을만들기의 중심에 목적을 세워놓고, 이것을 실천하기 위해 관광이 담당해야 할 역할인 ①과 이것을 실천할 때 필요한 ②의 연계로 ③이 충분한 효과를 발휘하고 있다.

유후인 마을만들기와 관련한 선행 연구에서도 ①과 ②의 특징은 단편적으로 언급되었다. 그러나 '①과 ②가 어떻게 ③의 시장 경쟁력으로 이어졌는가?'라는 가장 중요한 부분은 명확히 밝혀지지 않았다. 다시 말해, 유후인 온천의 성공 요인을 밝히는 연구에서 ①과 ②의 특징을 도출할 순 있어도 ①과 ②에서 반대로 ③을 설명하려는 시도는 거의 없었다.

이 책은 ①과 ②를 ③의 시장 경쟁력으로 변화시킨 매개체가 브랜드와 혁신이라고 생각한다. 일반적으로 지역 브랜드를 만드는 것은 관광지나 지역 특산품을 홍보해서 지명도를 높이는 것이라고 이해하는 경우가 많다. 분명히 유후인의 경우도 축제를 열어 홍보하고 세련된 료칸 이미지로 지명도를 높여 고급화에 성공했다. 그러나 브랜드의 본질은 여기에 있는 것이 아니다. 브랜드화는 포괄적 차별화로 경쟁에서 우위를 차지하는 전략을 의미한다. 이런 차별화 전략의 핵심인 브랜드 정체성이 ①의 '지역 특성=다움'이다. 다른 곳과 분명히 다른 유후인만의 독특한 생활양식을 브랜드 정체성으로 삼아 관광지로서의 포괄적 차별화를 가능하게 했다.

그리고 브랜드화를 핵심으로 한 전략은 시장 변화에 대응하는 혁신을 실현하고 있다. "변하지 않기 위해서 계속 변해야 한다"는 옛 격언처럼 지역 특성을 엄격히 지키면서 끊임없이 유후인 온천을 변화시키고 있다. 이런 역동적인 혁신을 일으키는 것이 마을만들기 과정에서 만들어진 '분야나 조직의 수평적인 연결'이다. 다양한 실천을 통해 중층적이고 생동감 넘치는 동적 네트워크가 지역 안팎의 다양한 지식이 뒤섞이는 장이 되고 끊임없이 혁신하는 데 원천이 되었다. 지역 내부의 풍부한 연결로 다양한 요소를 받아들이면서 끊임없이 변화를 추구하여 지역 특성을 강화하고 시장 변화에 적응해 온 것이 유후인 온천의 경쟁력을 지탱하는 요인 중 하나다.

이 책의 구성

이 책은 ①, ②, ③단계의 순서대로 구성되어 있다.

제1장에서는 ①단계인 '유후인다움=지역 특성'의 의미를 명확히 하고, 이를 위한 수단으로써 관광사업자들이 담당한 독자적 역할에 관해 설명한다. 이것은 마을만들기 지도자인 료칸 주인들의 이념이나 사상이며, 유후인이 온천 관광지로 살아남기 위한 전략이기도 하다. 이런 이념과 전략은 마을만들기를 시작하던 1970년에 '내일의 유후인을 생각하는 모임'으로 만들어졌다. 그동안의 마을만들기 기록이나 현지 관계자들의 인터뷰를 토대로 마을만들기의 기반을 명확히 한다.

제2장에서는 ②단계인 '연결=동적 네트워크'의 특징과 기능을 깊이 들여다본다. 여기서는 동적 네트워크를 참가자가 적극적으로 참여한 분야, 조직의 수평적(대등한, 평등한) 연결로 정의한다. 유후인을 유명하게 만든 축제와 지도자들이 경영하는 료칸은 동적 네트워크로서 중요한 역할을 담당하고 있다. 이를 통해 '유후인다움이 무엇인가?'라는 이념을 공유하고 시장 적응을 위한 '새로운 도전=혁신'이 창출되고 있다. 동적 네트워크가 어떻게 지속해서 혁신을 일으키는 주체가 되고 있는지에 대한 고찰은 혁신의 발생을 지식의 동적 교류로 설명하는 조직적 지식 창조 이론에 관한 일련의 연구 성과를 활용하고 있다. 유후인 마

을만들기의 경험은 지역 안팎의 다양한 지식을 관리하는 방법에 시사하는 바가 크다.

제3장에서는 ③단계인 '시장 경쟁력을 높인다'로 유후인 온천이 실제 관광마을 만들기에서 무엇을 실천했는가를 ①, ②와 관련지어 살펴본다. 이로 인해 ①, ②가 브랜드의 힘과 혁신이라는 매개체를 통해 ③의 시장 경쟁력을 만드는 것을 몇 가지 실천 사례로 증명한다. 예를 들어, 작은 숙소와 숙소 경영 방법의 확산, 지역의 농업과 요리의 관계(음식과 농업), 아트 페스티벌과 경관 형성을 포함한 문화마을을 만드는 것이다. 이것은 유후인 브랜드를 구성하는 중심 요소다. 지역 특성의 핵심인 지역에서 지속해서 혁신을 일으켜 온천지의 시장 적응력을 높인 사례를 살펴본다. 단, ①, ②가 ③을 강화하는 한방향 관계가 아니라, 반대로 유후인 온천의 경쟁력으로 ①, ②가 강화되는 것도 실제 사례를 들어 증명한다.

이런 고찰을 통해 제4장에서는 ①, ②가 브랜드와 혁신이라는 두 개의 매개체에 의해 ③으로 연결되고, 반대로 ③이 ①, ②를 강화하는 관광마을 만들기 유후인 모델을 최종적으로 제시한다. ①, ②, ③은 한 가지라도 없어서는 안 될 구성 요소며, 세 가지 모두 원인이자 결과로서 상호 순환적인 관계에 있다. 유후인 온천이 관광지로 성공한 원인은 시대 흐름을 외면하면서 지역의 독자적 특성을 지켜낸 것도, 반대로 시대 흐름에 맞춰 관광의 새로운 방향성을 보여주었기 때문도 아니다. 지역의 독자적 특성을 강화하면서 이를 기반으로 지속적인 변화를 추구해 적극적으로 시장에 적응해 온 결과다. 이 모델을 통해 시장 경쟁력을 지속해서 발전시키는 데 필요한 기본 전략과 그 전략을 마을이라는 단위까지 확대, 실천하기 위한 구조를 밝히려고 한다. 그리고 유후인 모델을 적용해 관광을 활성화시킨 와카야마 현 다나베 시의 사례를 살펴본다.

또한, 이 책의 전반부인 제1장과 제2장은 이론적 요소가 많아 조금 복잡하게 느껴질 수도 있다. 유후인을 사례로 관광마을 만들기의 실천적 활용을 모색하고자 한다면, 제4장부터 읽고 전체를 이해한 후 그 예증으로 제3장을 읽어도 괜찮다. 이론에 관심이 있다면 제1장과 제2장부터 읽어도 좋다.

21세기 지역 활성화 모델, 유후인

이 책은 50여 년에 걸친 유후인 온천의 관광마을 만들기 과정을 지역 특성을 기반으로 한 혁신 모델이라는 21세기의 문맥 속에서 재평가하려는 것이다. 모델 자체는 유후인의 경험을 바탕으로 만들었지만, 다른 지역의 관광마을 만들기 또는 관광에 국한하지 않고 농업, 지역산업을 일으켜 지역의 경제 활성

화에도 응용할 수 있는 '21세기형 지역 활성화 모델'이 될 수 있을 것이다

 사람들은 가끔 유후인 마을만들기를 반反 개발, 반反 대자본 혹은 안티 대중관광이라는 20세기의 문맥으로 이해한다. 이 마을은 안이하게 지역 외부 요인에 의한 경제발전에 의존하지 않고, 지역의 독자적 특성을 기반으로 경제발전을 지향해 왔기 때문에 주민이 적극적으로 지역 자원을 활용하여 경제발전을 이룬 성공 사례로 언급되는 경우도 있다. 이것이 틀린 것은 아니지만, 이런 문맥으로 바라보게 되면 마을만들기 이념의 선구성과 개발에 저항한 높은 주민의식 등 안티나 반이 강조되기 쉬워 '왜 마을만들기가 관광지의 성공으로 이어졌는가?'라는 중요한 부분에 대해서는 제대로 관심을 두지 않았다. 그 이유는 내발적 발전 이론 자체가 제대로 발전하지 못했기 때문일지도 모른다. 내발적 발전은 매력적인 이념이지만, 이것이 경제발전을 실현하는 구체적 방법을 제시하지는 못했다.[2] 그 정도로 지역 자원이나 지역의 독자적 가치를 활용한 경제 활성화는 어려운 과제였다고 할 수 있다.

 그러나 21세기에 들어, 지역 특성을 활용한 내발적 지역 활성화 정책의 필요성이 일본 경제 전체, 특히 지방에서 높아지고 있다. 다른 지역의 기업 유치나 성공사례의 모방 같이 지역 외부의 요인으로 경제효과를 기대하는 경제 활성화가 점점 어려워졌

기 때문이다. 경제적 선두주자가 되었기 때문에 유치나 모방해야 할 선행 사례를 쫓아가기 어려운 선진국에서 공통으로 겪는 어려움이며, 이미 성숙기에 들어 있는 일본 관광도 상황은 비슷하다. 그러므로 지금 필요한 것은 지역 특성을 활용한 지역 활성화의 구체적 방법을 보여주는 사례로 유후인 관광마을 만들기를 재평가하는 것이다.

이런 관점에서 이 마을의 성공 요인을 명확히 밝히기 위한 이론적 도구도 21세기 경제 상황을 고려해서 정리했다. 브랜드, 혁신은 21세기의 기업, 특히 선진국 기업이 경쟁에서 우위를 차지하기 위해 반드시 필요한 전략이다. 이것은 지역 단위에서 경쟁력을 설명할 때도 마찬가지다. 유후인 온천의 마을만들기는 오히려 한발 앞서 이런 현대적 전략을 추진했지만, 이런 점이 20세기에는 충분히 설명되지 못했다. 유후인 관광마을 만들기의 경험을 재평가하는 것이 21세기형 지역 활성화 방법을 모색하는 데 유익한 힌트가 될 것이라 확신한다.

주

1   유후인(由布院)이라는 명칭은 원래 유후인 온천이 있던 지역의 지명이었으나, 1955년 인접한
    유노히라 촌(湯平村)과 합병하여 유후인 정(湯布院町)이 되었다. 게다가 2015년에 하사마 정
    (挾間町), 쇼나이 정(庄内町)과 합병하여 유후 시(由布市)가 되고, 현재 주소는 유후 시(由布市)
    유후인 정으로 표기한다. 그래서 이 책에서는 온천 및 그 주변 지명은 유후인(由布院), 행정단
    위 및 주소와 관련되는 지명은 유후인(湯布院)을 사용한다.
2   내발적 발전이라는 개념은 1970년대 발전도상국이 경제발전을 도모하는 가운데 만들어졌다
    (西川潤 1989, 鶴見和子 1989, 1996 참조). 제2차 세계대전 후 북반구에 위치한 선진공업국과
    적도 및 남반구에 위치한 저개발국 사이의 경제 격차를 문제로 하는 남북문제가 세계적인 과
    제가 되면서 '개발도상국의 경제발전은 단순히 서구형 자본주의를 도입하는 외발형·외래형
    개발 방식과는 다른 길이 있지 않을까?'라는 발상에서 시작되었다. 안이한 서구화는 개발도상
    국의 환경을 파괴하고 독자적 문화를 훼손한다. 한층 더 선진국과의 종속관계가 해소되지 않
    고 새로운 국제적 종속관계를 만든다. 그래서 각 국가의 자원이나 사람의 생활양식에 적합한
    경제발전 방향, 즉 반 선진국, 안티 서구형 경제발전이 필요하다고 생각한다. 그러나 그 이후
    개발도상국은 내발적 발전과는 거리가 멀어졌다. 1980년대 이후 많은 개발도상국은 선진국으
    로부터 적극적인 자본과 기술을 도입하여 서구화의 길을 걸으면서 눈부신 경제발전을 이루었
    다. 이런 방법을 모방하면서 효과적인 경제발전을 실현했다. 그래서 내발적 발전이라는 개념
    이 충분히 전개되지 못했다.

연 도	내 용
1924	혼다 세이로쿠 박사가 유후인에서 유후인 온천 발전 방안 강연
1959	유후인 온천(유후인 온천·유노히라 온천·즈카하라 온천)이 국민휴양온천지로 지정
1970	이노세토 골프장 문제. '유후인의 자연을 지키는 모임' 발족
1971	'유후인의 자연을 지키는 모임'을 '내일의 유후인을 생각하는 모임'으로 명칭 변경
1975	오이타 현 중부 지진 발생
	유후인 최초 관광마차 도입
	제1회 '유후인 음악제' 개최
	제1회 '소고기 먹고 함성 지르기 대회' 개최
1976	마을만들기 심포지엄 '이 마을에 아이들이 남아 있을까?' 개최
	제1회 '유후인 영화제' 개최
1984	대형 관광 빌딩 진출에 대한 지역 자치회의 반대 서명 운동
1988	유후인 정 환경 디자인 회의 설치
	'아트 페스티벌 유후인' 시작
1989	'특급 유후인 모리호' 운행 개시
1990	〈풍요로운 마을만들기 조례〉 제정
	유후인 역 신 역사 완공
	'유후인 관광종합사무소' 발족
1997	'유후인 요리연구회' 발족
2000	《유후인 건축·환경디자인 가이드북》 발행
2002	'유후인, 치유의 마을 걷기 좋은 마을만들기 교통 사회 실험' 실시
2003	'하사마·쇼나이·유후인 법정 합병 협의회' 발족
2005	하사마 정·쇼나이 정·유후인 정이 합병되어 유후 시 발족
	NHK 연속 드라마 소설 '바람의 하루카' 방영 개시
2008	〈유노츠보 거리 주변 지구경관계획·경관협정·신사협정*〉 책정
2016	구마모토 지진 발생

* gentlman's agreement. 둘 이상의 당사자 사이에 비공식적이고 법적으로 구속력이 없는 협정.

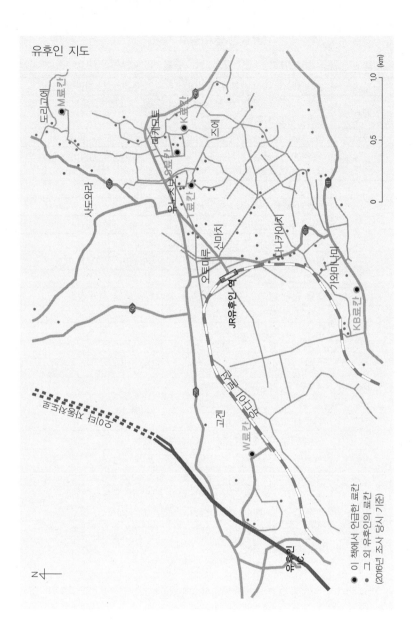

유후인 지도

(km)

그 외 유후인의 료칸
(2016년 조사 당시 기준)

이 책에서 언급한 료칸

제1장

'유후인다움'
지역 특성을 만들다

제1장에서는 유후인 관광마을 만들기의 기반인 독자적 특징에 대해 살펴본다. 그 과정은 관광과 마을만들기를 융합시킨 관광마을 만들기의 선행 사례로 여겨진다. 하지만 그것은 현재 볼 수 있는 지역 만들기에 의한 관광 활성화와도 다르고, 일반적인 의미의 마을만들기와도 다르다.

　첫 번째 특징은 마을만들기에서 관광이 갖는 의미다. 유후인 관광마을 만들기는 마을만들기를 위한 관광이라는 생각에서 출발했다는 것이 본질적 특징이다. 다시 말해, 관광은 그 자체가 목적이 아니라 마을만들기를 위한 수단으로서 의미가 있으며, 살기 좋은 아름다운 마을을 만들자는 목적을 위해 관광이 할 수 있는 것은 무엇인지, 무엇을 해야 하는지에 대해 관광사업자들이 적극적으로 고민하고 노력해 왔다. 이러한 발상의 차이가 유후인 마을만들기의 방향성을 규정하고 있다.

　두 번째 특징은 그들이 실현하려는 아름다운 마을에 관한 개념이다. 그들이 생각하는 아름다운 마을이란 유후인다운 독자적 특징이 있는 마을이며, 이것은 지역 환경, 지역 사회, 지역 경제라는 세 요소의 강한 연계를 통해 실현된다. 관광이 세 요소를 잇기 위한 수단으로 자리매김할 때, 단순히 지역 경제를 지탱하는 하나의 산업이라는 차원을 넘어서 마을을 만드는 데 큰 힘을 발휘한다. 관광의 힘을 이용해 독자적 생활양식이 있는 유후인다움을 지키고 육성하는 것을 목적으로 마을만들기를 추진해 왔다. 이것은 관광을 이용해 독자적 방법으로 지속 가능한 지역을 구체화하는 과정이었다고 할 수 있다.

그리고 관광으로 '유후인다움=지역 특성'을 만드는 것은 관광지로서의 경쟁력을 키우는 전략과 밀접한 관련이 있다. 관광의 힘을 이용해 다른 지역에 없는 유후인다움을 실현하는 것이 다른 곳과 차별화된 마을 브랜드력으로 관광 경쟁력을 강화하게 된다. 독자적 생활양식으로 증명된 브랜드, 즉 정체성으로 마을 전체를 다른 지역과 차별화하는 장기 '브랜드화' 전략으로 유후인은 관광지로 성공하여 현재에 이르고 있다.

1. 마을만들기를 위한 관광의 기본자세

무엇을 위한 관광인가?

유후인 온천이 마을만들기를 하던 중 중요한 전환점을 맞이한 것은 1975년이다. 그해 4월 오이타 현에 중부 지진이 발생해 큰 피해를 입었다. 유후인 정 교외 지역의 철근콘크리트로 된 호텔 일부가 붕괴된 모습이 피해 지역의 상황과 함께 크게 보도되었다. 사실 유후인 온천의 중심인 유후인 분지는 별 피해가 없었지만, 유후인 정 전체가 파괴된 것처럼 근거 없는 소문이 퍼져 숙박 예약 취소가 잇따랐다. 당시 유명한 온천지가 아니었던 유후인은 평소에도 적었던 관광객이 더욱 감소하자 위기감을 느끼고 온천지가 무사함을 널리 알리기 위해 두레박 줄[1]처럼 줄줄이 축제와 이벤트를 쏟아냈다.

1975년 제1회 유후인 음악제, 제1회 소고기 먹고 함성 지르기 대회가 개최되고, 축제를 개최하는 동안 관광마차가 마을을 누비고 다녔다. 다음해인 1976년에는 제1회 유후인 영화제가 개최되었다. 축제는 마을만들기 지도자인 료칸 주인들이 중심이 되어 민간 주도로 이루어졌다. 축제에 행정은 제한적으로 관여하고, 입장권 수입이나 관광사업자, 지역 주민, 외부 협력자의 자금과 노력으로 운영되었다. 이후 이 축제는 지역 명물이 되었으며 '유후인'이라는 이름을 널리 알리는 데 크게 기여했다. 유후인 분지의 풍부한 자연과 조용하고 한가로운 전원지대를 여유롭게 즐기는 관광마차, 영화관 없는 마을에 많은 배우와 영화 관계자들이 모이는 영화제, 야외에서 즐기는 콘서트 등은 우리가 현재 유후인다운 이미지를 떠올리게 하는 데 크게 이바지했다.

다만, 지진이 있을 때마다 쏟아져 나온 다양한 축제는 갑자기 만들어진 것은 아니다. 이후 이런 축제가 민간 주도로 이루어진 것을 보면 알 수 있듯이 마을만들기의 방향성과 잘 맞았다. 유후인다운 축제나 기획을 밀도 높게 단시간에 연속적으로 할 수 있었던 것도 이전부터 오랜 기간 준비해 왔기 때문인 것이다.

축제 준비의 시작은 1970년 이노세토 골프장 문제로 거슬러 올라간다. 환경 보전 운동으로 시작된 5년간은 '내일의 유후인을 생각하는 모임'의 활동 기간에 해당한다. 이 모임에서 나눈 많은 토론과 실천을 통해 마을만들기의 기본 방향성과 전략, 실천을 위한 사람의 연결 방식 등 이후의 과정을 형성하는 기본 요건들이 구체화되고 명확해졌다.[2] 마을만들기 지도자 중 한 사람은 이 모임의 활동을 "유후인 관광의 핵심이 담겨 있는 것 같다"[3]

라고 회고했다.

마을만들기의 발단이 된 이노세토는 벳푸에서 야마나미 고속도로를 타고 유후인 분지로 오는 도중에 있다. 벳푸의 관광 개발 발전이 주변부로 확대되어 1970년 그 지역에 골프장 건설 계획이 대두되었다. 산간지역에 위치한 이 습지는 고산식물의 보고로 골프장 개발로 귀중한 자연환경이 파괴되는 것은 불 보듯 뻔한 일이었다. 행정구역상 벳푸 시에 속하지만, 유후인 온천의 입구에 해당하기 때문에 '유후인의 자연을 지키는 모임'을 조직하여 반대 운동을 시작했다. 모임의 중심은 유후인 온천관광협회였다.

유후인의 자연을 지키는 모임은 각 신문사에 이노세토 보전을 호소하는 투서를 넣고 골프장 건설에 대한 저명인사 설문조사, 건설업자 월례회 참석, 마을만들기 잡지 〈하나미즈키〉(그림 1-1) 발행 등 다양한 활동을 통해 반대 운동을 펼쳤다. 오이타 현 자연애호회 회장이던 당시 유후인 읍장도 반대 운동 확산에 기여했지만, 료칸 주인들의 활동이 주된 역할을 했

그림 1-1 마을만들기 잡지 〈하나미즈키〉

다. 설문조사에는 고객이나 지인 등 모든 인맥을 활용했다. 설문 조사 결과, 예상대로 답변자 대부분이 개발에 반대했으며, 이를 근거로 '지명도가 높은 사람의 의견을 중요시하는'[4] 미디어를 이용해 개발 반대의 목소리를 높였다. 그 결과, 골프장을 건설하려던 개발업자를 단념시키는 데 성공했다.

골프장 개발 반대 운동은 유후인 마을만들기의 출발점으로, 이후 다양한 측면에서 마을만들기에 영향을 끼쳤다. 이것은 단순히 자연을 지키는 것의 소중함을 호소하는 것에 그치지 않았음을 의미한다.

먼저 골프장 개발 반대 운동이 갖는 중요한 의미는 지역에서 관광의 의미와 역할을 관광사업자들에게 다시 한 번 고민하도록 했다는 데 있다. 다시 말해, 귀중한 습지를 파괴하려던 것도 그것을 중지시킨 것도 관광사업자들이다. 관광은 양날의 검으로, 사용하는 사람에 따라 자연을 파괴하기도 보전하기도 한다. 게다가 이 사건은 관광의 힘을 어떻게 이용해야 하는지, 즉 '무엇을 위한 관광인가?'라는 물음을 관광사업자들에게 던진 격이 되었다.

이 물음으로 시작된 것이 유후인 관광마을 만들기의 가장 본질적 특징이다. 왜냐하면, 일반 관광지는 '무엇을 위한 관광인가?'라고 의문을 제기하는 일이 거의 없다. 완전히 역발상으로 '관광을 위해 무엇을 할 것인가?'라는 물음으로 출발한다. 관광

올 위해, 즉 료칸 경영을 위해 혹은 더 많은 관광객 유치를 위해 무엇을 할지를 고민하는 것이 관광사업자로서 당연한 일이지, 다른 어떤 목적을 위해 관광산업이 존재한다고 생각하기는 어렵다. 21세기에 들어서부터 전국 각지가 관광 활성화에 힘을 쏟기 시작했지만, 이런 발상은 현재에도 여전히 변함이 없다.

그러나 유후인 관광사업자들은 소중한 자연을 지킨다는 목적을 달성하기 위한 수단으로 관광의 힘을 이용하는 데 성공했다. 외부 목소리를 모으기 위해 료칸의 인맥을 활용하고, 그것을 효과적으로 알리는 수법도 관광사업자들이 그동안 쌓아온 독보적 비결이었다. 이런 경험을 통해 관광사업자들은 '무엇을 위한 관광인가?'에 대해 끊임없이 고민하였다. 관광산업의 성공과 발전, 즉 관광객이 증가했다거나 지역 소득(정확히는 관광사업자)이 증가했다는 것이 목적이 아니라, 관광이 지역을 위해 무엇을 할 수 있느냐는 물음을 던진 것이 유후인 마을만들기의 가장 큰 특징이다. 관광사업자 스스로 하는 관광은 수단이라는 것을 인지하는 것에서 유후인만의 온천 관광마을 만들기의 역사가 시작되었다.

자연이 밥 먹여 주나?

골프장 문제를 계기로 시작된 자연보호 운동은 유후인 분지의 자연환경을 지키는 의미를 다시 생각하는 계기도 되었다. 이노세토 문제에서는 사태가 절박한 가운데 골프장 건설에 자연보호 단체나 의식 높은 사람의 반대 목소리를 모았던 것이 효과를 거두어 개발을 중지시킬 수 있었다. 그러나 유후인 분지는 인적이 드문 습지가 아니라, 다양한 사람의 생업과 생활이 이루어지는 지역이다. 지역 환경과 경관은 사람의 생활과 밀접한 관련이 있다. 이런 지역은 외부의 개발 반대 목소리를 모으는 방법만으로는 자연을 지킬 수 없다. 지역 환경을 만들고 지키는 것은 지역 주민과 산업이다. 자연을 지키는 운동 또는 환경을 만든다는 의미를 마을 차원에서 깊이 고민할 필요가 있었다.

또한, 자연을 지키는 운동은 비단 관광 차원에서만 추진되는 것이 아니다. 산업과 주민 생활을 포함한 유후인 전체의 문제로서, 살기 좋은 아름다운 마을을 만들자는 입장에 서서 추진해야 한다는 마을만들기 시점으로 승화되었다. 이와 함께 자연을 지키기 위해 관광의 힘을 이용한 경험이 이번에는 마을만들기를 위한 수단으로 관광을 이용하자는 생각으로 발전했다. 다시 말해, 마을만들기를 위한 관광이라는 생각이 유후인 마을만들기의 출발점이자 기본자세로 이어지게 되었다.

이런 변화와 함께 관광협회를 중심으로 발족한 '유후인의 자연을 지키는 모임'도 1971년 초 '내일의 유후인을 생각하는 모임'으로 발전했다. 구성원은 가능한 한 전 지역에서 나이, 직업, 이해에 관계없이[6] 선정하여 농업 5명, 관광 5명, 상업 2명, 기타 4명과 의사인 회장을 포함한 17명이 실천회원으로 참가했다. 또한 지역 내 조직의 대표 17명을 평의원으로 선출했다. 이후 분야나 조직을 넘어선 사람과 사람의 연결 방식은 마을만들기에서도 중요한 역할을 했다. 이런 의미에서도 '내일의 유후인을 생각하는 모임'의 활동이 출발점이라 해야 할 것이다.

'내일의 유후인을 생각하는 모임'의 발족을 전후해서 마을의 자연을 지킨다는 의미를 보다 첨예하게 고민하였다. 1971년 유후인 정 주변에 개발되지 않은 습지가 아니라, 유후인 정 소유지를 대형 레저시설을 건설하기 위해 팔아넘긴 사건이 발생했다. 이노세토 골프장 반대 운동을 이끌었던 료칸 주인들은 그 연장선에서 반대 운동을 시작했다. 그러나 내일의 유후인을 생각하는 모임 참가자들의 의견이 반드시 반대만은 아니었다. 오히려 "마을 전체를 보면 찬성하는 사람이 더 많을 것 같다"[7]라며 일부 료칸 주인이 신문 인터뷰에서 내일의 유후인을 생각하는 모임의 전체 의견인 양 반대 의견을 표명한 것이 문제가 되었다.

대형 관광시설 유치에 당시 영향력이 있다고 알려진 유후인 읍장이 지대한 역할을 했다. 원래 읍장은 자연을 소중히 하는 온천 휴양지라는 방향으로 처음 이끌었던 사람이었다. 오이타 현 자연애호회 회장인 그는 실제 이노세토 골프장 건설 반대 운동에서도 활약했었다. 읍장 입장에서 보면 외부 자본의 유치는 휴양형 온천 관광지라는 노선을 좀 더 확실히 하기 위한 것이었다. 당시는 고도성장기로 장래가 밝지 않은 농림업용 토지를 효율적으로 이용해서 '관광산업을 성공시켜 농민을 흡수하겠다'[8]는, 관광을 지역 기간산업으로 하여 지역을 일으키는 것을 생각해야 할 시기였다. 읍장은 개발업자에게 자연을 파괴하지 않는다는 조건을 반드시 지키도록 하면 유후인의 자연을 활용한 관광개발이 마을을 위해서도 바람직하다고 생각했다.

그러나 마을만들기 활동을 처음 시작하는 지도자들은 외부 자본에 의한 관광 개발은 마을만들기에 도움이 되지 않는다고 생각했다. 문제는 자연을 지키면 된다는 것도, 관광만 발전하면 된다는 것도 아니었다. 관광이 마을만들기의 수단인 이상, 관광은 마을 사람의 생활과 조화를 이루어 살기 좋은 아름다운 마을을 만드는 데 적극적으로 이바지해야 한다. 외부 자본이 마을만들기에 이바지한다는 자세로 관광을 개발하는 것은 기대할 수도 없었다. 이러한 관광 개발에 마을의 미래를 맡기는 것은 마을의 방향성을 결정하는 권리와 책임을 포기하는 것과 같아서 반대할 수밖에 없었다. 그러나 마을만들기를 위한 관광이라는 입장에서 개발을 반대하는 것을 두고 농가를 포함한 관광 이외의 다른 업종에 종사하는 사람은 이해하기 어려웠다. 이로 인해 마을만들기 지도자들은 복잡한 대립 관계에 놓이게 되었다.

농가에서는 이 문제를 '미래가 없는 농업' 대 '미래가 있는 관광'이라는 대립구조로 이해했다. 이런 구조에서 관광을 위해 자연과 목장을 지키라는 것은 료칸의 이기심이라며, "쌀 농가는 먹고살기 어려우니 이용 가치가 없는 토지를 팔아서 먹고사는 수밖에 방법이 없다"[9] "자연도 좋지만, 실제로 먹고살기 어려우니 자연을 팔아 돈도 벌고 직업도 갖고, 이것이 농가를 살리는 거지"[10]라는 의견도 나왔다. 이번 토지 매각도 유후인 정 소유지를 유지, 관리하는 입회권을 갖는 농가가 "관리하는 것만도 부담스러우니 공유지를 팔아 생활하는 수밖에 없다"[11]고 한 의견에 따라 유후인 정이 민원 해결 차원에서 팔아넘긴 것으로 밝혀졌다.

이런 상황에서 유후인의 자연을 지키기 위해서는 단순히 자연과 고즈넉함을 지키라고 한다고 해서 해결되지 않는다. 환경을 지키는 것이 중요하니 토지를 매각하지 말라고 아무리 설득해도 "자연이 밥 먹여주지 않는다"라는 농가의 고민을 해결하지 않는 한 농지와 목초지는 결국 외부 관광 개발업자에게 매각될 것이다. 마을 환경과 경관을 지키는 것이 그 환경 속에서 삶을 영위하는 농가 산업인 농업을 지키는 것이며, 농업을 지키는 것이 농가 소득을 지키는 것임을, 이 문제를 통해 명확히 알 수 있었다.

내일의 유후인을 생각하는 모임에 참가한 관광 개발업자들은 농업 대 관광이라는 구조로 이 문제를 생각하지 않았다. 관광은 농업과 대립할 정도로 독특한 이해관계가 있는 산업이 아니라, 오히려 관광을 수단으로 이용함으로써 농가가 지역산업 활성화에 이바지할 수 있다고 생각했다. 또한, 관광사업자들은 유후인의 농가를 지키고 더 나아가 상업 등 지역산업을 지키기 위해 어떻게 하면 관광의 힘을 활용할 것인지 고민하게 되었다. 문제는 주민 스스로가 마을 산업의 바람직한 모습을 함께 고민하고 방향성을 공유하면서 실현을 위해 산업의 이해관계를 넘어 서로 협력할 수 있을지가 관건이었다. 지도자들은 산업과 조직을 수평적으로 잇기 위한 장소 만들기를 적극적으로 추진했다.

결국, 이 문제는 대형 레저 개발 자본의 진출을 용인함과 동시에 개발사업자와 유후인 정이 함께 자연을 보호하기 위한 계약서를 작성하고, 미래를 위해 〈유후인 자연보호 조례〉를 제정하여 서로 부담을 나누는 것으로 마무리되었다. 그러나 내일의 유후인을 생각하는 모임에서 계속된 업종 간 교류를 통해 마을만들기의 기본자세를 공유하고 이것을 구체화하기 위한 실천적 활동으로 이어졌다.

2. 지속 가능한 지역을 만들다

마을만들기의 세 가지 핵심

지도자들이 목표로 하는 '살기 좋은 아름다운 마을'은 어떤 형태로 구체화되었을까? 내일의 유후인을 생각하는 모임은 목표 달성을 위해 다음과 같이 세 가지 핵심[12]을 설정했다.

① 산업을 육성하여 마을을 풍요롭게 한다.
② 아름다운 거리와 환경을 만든다.
③ 따뜻한 인간관계를 만든다.

이 세 가지 핵심을 위해 '산업부', '환경부', '인간부'의 세 개 부문을 설치하고 적극적인 활동[13]을 시작했다.

흥미롭게도 내일의 유후인을 생각하는 모임에서 정한 세 가지 핵심을 지역 경제, 지역 환경, 지역 사회로 바꿔 말하면 지속 가능한 관광을 설명하는 [그림 1-2][14]와 일치한다. 이 그림은 지속

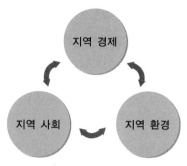

그림 1-2 지역을 구성하는 3요소

가능한 지역(커뮤니티)을 설명할 때 자주 인용된다. 어떤 경우에
도 지속 가능성은 세 요소가 균형을 이루었을 때 성립된다고 하
는데, 이것은 21세기의 가장 중요한 과제다. 하지만 유후인은 이
미 50년 전에 이 세 요소를 고려해 마을만들기를 구상했다.

관광이 마을만들기를 지속시키다

유후인 온천 마을만들기의 목적은 일반적인 의미의 지속 가
능한 관광이 아니다. 지속 가능한 관광은 관광산업 성장이 초래
한 폐해의 반작용으로 20세기 말부터 등장한 개념이며, 21세기
관광에서 가장 중요한 과제로 여겨진다. 이것은 환경문제가 전
세계적 관심사인 가운데 관광산업이 성장함에 따라 야기되는

환경 피괴가 키다란 문제로 인식되고 있는 것이 하니의 배경이다.[15] 관광산업은 원래 귀중한 자연환경이나 경관 등 지역 환경이 있어야 성립되지만, 관광산업이 성장하면서 지역 환경을 파괴하는 현상이 종종 발생한다. 이렇게 되면 관광을 지속해서 추진할 수 없게 된다.

또한, 경제 성장을 지향하는 발전도상국이 외화 획득을 위해 관광 개발을 추진할 때 흔히 볼 수 있듯이, 선진국의 관광 개발 사업자에 의한 난개발이나 대규모로 몰려오는 외국인 관광객과 현지인의 문화적 차이로 인한 문제도 발생했다. 이러한 문화적 차이뿐만 아니라, 개발 과정에서 지역의 전통적 생활방식이나 문화가 파괴되는 등 관광은 지역 사회에도 악영향을 미친다. 지역 사회의 황폐는 관광산업 자체의 지속성을 저해하는 것으로 문제시되고 있다.

그러므로 관광을 지속해서 추진하기 위해서는 관광산업의 경제적 수익성을 확보하는 것이 물론 중요하지만, 이것만을 추구하기보다 지역 환경과 지역 사회가 조화를 이루어 관광산업 발전에 이바지할 수 있는 관광 방식을 모색해야 한다고 생각한다. 지역 환경과 지역 사회야말로 관광산업에 황금알을 낳는 거위인데, 이것이 파괴되면 아무런 의미가 없다. 그래서 경제, 환경, 사회가 보전되고, 서로 조화롭게 균형을 이룰 수 있는 얼터너티브 alternative 투어리즘(또 하나의 관광)이나 커뮤니티 베이스트 투어리즘(지역을 기반으로 한 관광)이라는 지속 가능한 관광의 필요성을 특히 관광 연구자들이 강조하는 것이다.

지속 가능한 관광과 유후인이 목표로 하는 마을만들기가 크게 다른 점은, 전자에서 문제가 되는 것은 관광산업 자체의 지속성이라는 점이다. 여기서 관광산업은 어디까지나 지역 경제의 일부로 인식되어 이것을 지속해서 추진하기 위한 조건으로 지역 환경과 지역 사회에 부담을 주지 않도록 해야 한다. 그러므로 관광으로 인한 폐해 개선과 예방이 우선 과제이며, 지역 환경과 지역 사회에 악영향을 미치지 않도록 관광산업의 성장을 관리하거나 관광에 의한 경제효과를 지역 사람들에게 배분하는 것이 최우선 과제라고 생각한다. 이런 의미에서 대형 레저시설 유치 문제에서 유후인 읍장의 태도는 지속 가능한 관광을 지향하는 것이었다.

그러나 마을만들기 지도자들이 지향하는 것은 관광 자체의 지속 가능성도 아니고, 관광을 지역 경제 구성 요소의 하나로 본 것도 아니다. 관광은 마을만들기를 위한 수단이며, 관광이 지역에 악영향을 미처선 안 될 뿐 아니라, 관광의 힘으로 지역의 자연환경은 물론, 농업 등 다른 지역산업=지역 경제, 더 나아가 지역 사회에서 사람 본연의 자세에도 도움이 되는 적극적인 기능을 할 수 있다는 생각이 내일의 유후인을 생각하는 모임의 세 가지 핵심에 나타나 있다. 실제 산업부는 '유후인의 농업을 생각하다'를 주된 주제로 설정하고, 이를 위해 관광이 할 수 있는 것은 무엇인지 끊임없이 논의했다. 여기서 관광산업 자체의 지속성을 주제로 한 적은 없다. 즉, 유후인 마을만들기는 관광을 수단으로 마을 자체의 지속 가능성을 추구하는 활동이었다.

지역 경제, 지역 환경, 지역 사회를 연결하다

앞서 언급했듯이 지속 가능한 관광뿐 아니라, 지역의 지속성도 지역 경제, 지역 환경, 지역 사회라는 세 요소의 조화와 균형으로 성취된다고 생각한다. 내일의 유후인을 생각하는 모임 활동의 주된 주제도 유후인 지역의 지속성이다. 이런 생각은 모임의 활동을 계승한 1976년 유후인에서 개최된 전국 규모 마을만들기 심포지엄의 주제를 '우리 마을에 아이들이 남아 있을까'[16]로 정한 것에서도 엿볼 수 있다. 이 주제는 다음 세대에도 지역이 지속할 수 있을지 단도직입적으로 묻고 있다.

유후인의 마을만들기 실천에서 나타난 것은 세 가지 핵심의 조화와 균형 그 이상의 것이었다. 그 이유는 내일의 유후인을 생각하는 모임이 세 요소를 개별적으로 보전하는 것이 아니라, 하나로 연결해서 보전해야 한다고 생각하기 때문이다. 그래서 내일의 유후인을 생각하는 모임의 세 개 부문은 서로 독립된 것이 아니라, 상호 연결된 관계로 이루어져 있다.

내일의 유후인을 생각하는 모임은 1973년 활동 보고에서 산업부에 대해 "경제적 자립이 가장 중요하다는 것은 우리들의 기본 생각이다. 환경부도 산업이 발전한 생활공간이 가장 바람직한 환경이라고 생각해서 산업을 중시했으며, 인간부도 산업을 자립정신 혹은 커뮤니티 연대감의 기반으로 생각해 왔다"[17]고 기술하였다. 다른 한편으로 환경부에 대해 "환경문제가 단지 풍경 문제로 취급되는 것이 걱정이다"라면서 환경문제는 아름다운 풍경론도 환경문화론도 아니기 때문에 지역 경제를 지탱하기 위한 '최저한의 생활 수단이라는 발상'[18]이 저변에 있다고 기술하였다. 즉, 지역을 기반으로 한 산업을 지키는 것이 환경을 지키는 것이며, 반대로 지역 환경을 지키는 것이 산업 활성화로 이어진다고 믿고 있다. 환경을 지키는 것이 생활 수단으로서 지역 경제를 일으킬 수 있는 이유는 아름다운 환경을 조성함으로써 특수시장을 형성할 수 있기 때문이다. 이 부분에 대해서는 나중에 다시 설명할 것이다.

또한, 인간부에서는 사람과 사람의 연결에 대해 논의했지만, 그것은 지역의 아름다운 환경과 다양한 산업으로 자립정신이나 커뮤니티의 연대감이 만들어지는 것만은 아니라는 것을 의미한다. 환경을 지키고 산업을 육성하기 위해서는 지역 내 다양한 단체나 개인의 연결을 재구축하고 심화할 필요가 있었다.[19] 관광을 수단으로 마을을 만들기 위해 어떻게 하면 관광을 지역 내 다양한 산업이나 주민들과 개인적 이해관계를 초월해 연결할 것인지가 인간부의 주된 주제였다.

이처럼 지역 경제, 지역 환경, 지역 사회를 연계함으로써 아름다운 마을을 만들 수 있다는 생각은 1970년대 내일의 유후인을 생각하는 모임 활동을 통해 구축되었고, 이후 마을만들기 과정에서도 일관된 기본 전략으로 존재하고 있다. 초기 주제였던 환경문제에서도 유후인의 지역 환경을 지키기 위해서는 농업을 지켜야 하지만, 반대로 농업을 지키기 위해서는 지역 환경을 최대한 활용하고 지역의 인간관계를 재구축할 필요가 있었다. 지역 환경에서 생산되는 소재를 사용하고 산업이 자립함으로써 사람

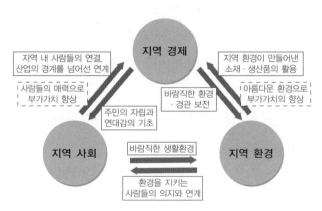

그림 1-3 지역을 구성하는 3요소의 관계
점선은 관광에 의한 지역 생산품의 브랜드화 전략을 나타냄.

의 관계가 발전한다. 반대로 사람의 관계를 재구축하는 것으로 지역 환경을 기반으로 한 산업의 자립성을 강화한다. 앞에서 설명한 세 요소를 상호 연계함으로써 상호 보전하고 발전시킬 수 있다. 세 요소의 상호 촉진적인 플러스 관계 만들기가 '연결하다'가 의미하는 것이다(그림 1-3).

제3장에서 사례를 들어 설명하는 것과 같이 관광사업자가 마을만들기 과정에서 추진한 다양한 실천에서는 항상 이 세 요소가 서로 도움이 될 수 있도록 연결하는 것을 의식하고 있다.

유후인의 마을만들기는 다르다

세 요소를 개별적으로 보전하는 것이 아니라, 상호 연결하는 것이 유후인 마을만들기의 독자성이라고 기술했다. 하지만 이것을 설명하기 위해서는 마을만들기 활동의 배경과 의미를 설명할 필요가 있다. 유후인 관광마을 만들기가 '관광'에 특별한 의미를 부여한 것과 같이, 마을만들기도 일반적인 방법과는 다른 특징을 가지고 있다.

지역(커뮤니티)의 지속성을 말할 때 지역 경제, 지역 환경, 지역 사회라는 세 요소의 조화와 균형을 강조하는 이유는, 근대화로 인해 경제 요인만 거대화되고 세 요소의 균형이 무너지고 있기 때문이다.

근대화란 시장경제의 침투와 이에 따른 자본주의 사회로의 변화를 의미한다. 이런 근대화의 물결은 산업·공장 유치 등에서 전형적으로 보이는 외부에서 공업화를 받아들이는 '외래형' 경제발전과 외부 근대화의 성공사례를 적극적으로 모방하는 '외발형' 개발로 추진된다. '외래형·외발형'[20] 경제발전이 외부에서 무작정 밀어닥치거나 지역 사회가 적극적으로 유치, 모방함으로써 자본주의화가 진행되고 지역 경제가 급속하게 성장한다.

자본주의 사회는 생산력을 비약적으로 증대시키는 특징이 있기 때문에 근대화에 따른 경제발전은 사람에게 물질적 풍요로움을 안겨준다. 그러나 경제만 성장하면 세 요소의 균형이 무너지고 지역 환경, 지역 사회에 악영향을 미치게 된다. 시장경제·자본주의 사회는 ① 시장을 통한 사회적 관계(화폐 관계)의 전면화, ② 경제성장지상주의, ③ 경제 효율성 추구라는 특징이 있는 반면, 지역 사회에 다양한 문제를 일으키고 있다.

먼저, ① 시장 관계의 전면화와 침투는 과거 지역 사회에 존재한 다양한 상호부조나 공조, 협동 관계를 화폐 관계로 대체함으로써 지역 내 다양한 인적 관계가 해체된다. ② 경제 성장 추구로 인한 공해 문제에서 흔히 볼 수 있듯이 자연과 생태계가 파괴될 뿐 아니라, 지역 사회의 전통적 가족관계나 생활문화가 변용되기도 한다. ③ 경제 효율성의 추구는 지역 개성과 독자성을 잃게 하고 사람에게 균일한 생활양식을 갖게 한다. 편리한 주생활 추구를 위해 전통적 건축물과 경관이 파괴되거나, 교외 간선도로로 확산하는 대형 점포로 중심 시가지가 쇠퇴하거나, 음식문화의 균질화로 전통적 향토 요리가 사라지는 등 거주방식과 생활방식이 획일적으로 변화하였다.

그래서 사람이 지역 사회와 단절되는 고립화·무연화, 지나친 개인주의, 개발에 의한 지역 환경의 파괴, 전통적 생활양식의 해체, 편리성 추구에 의한 개성 없는 경관 형성, 획일적인 소비생활 등이 근대화의 전형적인 문제점이다. 일본은 제2차 세계대전 후 고도 경제 성장으로 자본주의가 급속하게 성장하면서 물질적 풍요로움은 이루었으나, 이와 동시에 근대화로 인한 다양한 문제도 함께 지역 사회를 덮쳤다.

마을만들기 활동은 근대화 과정에서 지역 경제 성장으로 야기된 다양한 사회문제에 대항하는 활동으로 일어났다. 근대화 대항 운동은 노동 운동, 환경보호 운동 등 다양한 형태로 나타나지만, 마을만들기는 자신들이 생활하는 장소인 마을을 거점으로 지역 사회 연계, 전통적 생활문화 보전, 생활기반인 지역의 독자적 자연환경이나 생활환경을 보전하려는 주민의 적극적인 활동으로 시작되었다(그림 1-4).

그래서 일반적인 마을만들기는 자본주의 경제의 거대한 성장과 침투로 발생하는 악영향에 저항하는 혹은 경제로부터 지역

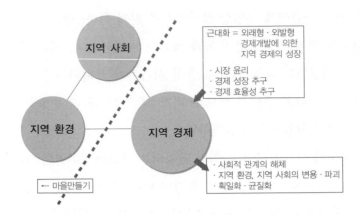

그림 1-4 근대화에 의한 지역 경제 성장과 마을만들기의 일반적인 관계

사회나 지역 환경을 분리함으로써 지역의 독자적 특성을 보전하
는 활동이다. 또 어떤 의미에서는 외부에서 밀려오는 경제발전
의 흐름에 대항하는 내적 운동으로 일어났다. 이에 대해 니시무
라 유키오 교수가 "원래 마을만들기는 지역 사회와 지역 환경의
유지, 향상이라는 내적 문제의식에서 출발하기 때문에 지역 경
제를 발전시킨다는 대외적 의식은 약하다"[21]라고 간단히 정리한
것과 같다. 마을만들기에서 아마추어리즘이 존중받는 이유도 이
것이 지역 경제라는 전문적 생업과 관련된 영역과 선을 긋는 차
원의 활동이기 때문이다.

　다만, 니시무라 교수가 계속해서 언급하듯이 이것은 지역 경
제가 안전하다는 전제[22]하에서 성립되는 마을만들기다. 경제개

발의 힘이 강하면 이에 저항하는 마을만들기의 힘도 강해지고 이것이 갖는 의미도 커진다. 외부 힘으로 개발을 억제해 지역의 자연환경을 지킨 이노세토 골프장 반대 운동은 [그림 1-4]로 설명된다.

그러나 내일의 유후인을 생각하는 모임으로 시작된 활동은 이러한 마을만들기와 다르다. 대형 레저시설 문제로 분명해진 것은 외부 자본 유입에 의한 경제 성장에 반대하는 것만으로 자연을 지킬 수 없다는 현실이었다. 유후인의 지역 환경은 농업 등 지역산업으로 만들어진 것이어서 지역 경제가 무너지면 지역 환경을 지킬 수 없다. 게다가 유후인의 자연을 파괴하는 일이 없도록 한다고 해서 좋은 것도, 관광산업만이 성장한다고 해서 좋은 것도 아니었다. 그렇기 때문에 개발 반대 운동이나 보전 활동을 넘어 마을만들기의 목적이 필요했다.

이러한 마을만들기를 위해서는 지역 환경과 지역 사회를 각각 개별적으로 보전할 뿐 아니라, 이것을 지역 경제와 적극적으로 연계할 필요가 있었다. 경제개발 물결로부터 지역 환경과 지역 사회를 분리하는 것이 아니라, 지역 환경과 지역 사회를 지역 경제와 적극적으로 연계해서 지켜나가는 전략이 구상되었다. 이를 위해 지역 환경과 지역 사회를 기반으로 한 지역 경제 방식이 필요했고, 내일의 유후인을 생각하는 모임은 그 방식을 지속해서 모색해 왔다.

3. 마을만들기에서 관광의 힘

그러면 세 요소가 연계된 마을을 실현하기 위해서 왜 관광을 수단으로 사용하는가? 관광은 외부에서 사람을 불러들여 외부와 접촉하는 특성이 있는 산업이다. 유후인과의 만남을 창출하는 활동으로서의 관광은 단순한 지역산업 중 하나에 그치지 않고 특별한 힘을 발휘할 수 있다.

특수시장을 겨냥하다

관광의 가장 큰 힘은 특수시장을 만들어내는 것이다. 관광이 만들어내는 특수시장[23]의 개념은 1972년 내일의 유후인을 생각하는 모임에서 '왜 농촌에서는 먹고살기 힘든가?'라는 주제로 토론할 때 관광과 농업의 융합을 지향하면서 그 의미가 명백해졌다.

농업 경영의 어려움에는 다양한 요인이 있지만, 농가는 외부 시장, 일반 시장의 불안정이 가장 큰 문제라고 지적했다. 지금도 농산물의 주요 시장은 소비 산지인 도시며, 지방에서는 이런 외부 시장 출하에 의지한 농업이 이루어지고 있다. 그런데 모든 산지가 이런 시장을 지향하기 때문에 다른 산지 작물과 경쟁할 수밖에 없다. 이런 경쟁으로 가격이 하락하기 쉽고, 농가의 안정적 경영을 어렵게 한다.

불안정한 외부 시장·일반 시장에 비해 관광은 특성상 특수시장을 형성할 수 있다. 이것은 두 가지 의미가 있다. 첫 번째, 외부 시장에 기대지 않고 내부 시장을 만들어낸다는 의미가 있다. 관광은 외부에서 '사람=소비자'를 불러들이는 산업으로, 지역 내부에 지역 생산품 소비시장을 만들어낼 수 있다. 예를 들면, 료칸에서 제공하는 요리의 식자재나 토산품이 대표적인데, 이것은 지역 내 시장이므로 다른 산지와 경쟁하지 않아도 되는 특수시장이다.

다만, 관광지에는 외부에서 식자재나 토산품이 유입되는 예도 있다. 관광산업의 규모가 커질수록 외부 의존도가 높아지는 경향이 있다. 대규모 관광객을 유치하기 위해서는 식사나 토산품을 안정적으로 대량 공급해야 하므로 비용이나 안정적 조달 측면에서 지역 생산품을 사용하기 어렵기 때문이다. 관광사업자들이 수익성만 추구한다면 다른 지역의 저렴한 식자재를 사용하는 것이 유리하므로 지역 생산품을 사용하지 않게 된다. 이것은 일본 관광지에서 일반적으로 볼 수 있는 현상인데, 유후인 온천의 경우에도 지역 생산품을 사용한 명물이 만들어질 때마다 저렴한 원재료를 외부에서 사들이는 것이 반복되고 있었다.

또한, 지역 농부와 관광사업자들이 지역 농업을 지키자는 공동 목표와 식자재, 토산품에는 지역 생산품을 사용하자는 연대 의식이 없으면 지역 농업과 특산품을 위한 내부 시장을 만들어 낼 수 없다. 무리하게 지역 생산품을 고집했다가 료칸이나 관광사업자의 수익이 떨어지게 되는 경우도 많지만, 유후인 관광사업자들은 '마을만들기를 위해서'라는 생각을 바탕으로 지역산업을 위해 지속해서 이러한 시장 만들기에 도전해 왔다. 지산지소를 추구한 것이 유후인 온천의 큰 특징이라는 것은 제3장에서 다시 다루겠지만, 료칸에서 사용하는 식자재뿐 아니라, 료칸 스스로가 적극적으로 지역 생산품을 활용한 토산품 개발에도 참여했다. 내일의 유후인을 생각하는 모임에서는 된장 만들기와 된장 절임 음식을 유후인 명물로 만들자는 활동이 추진되었다.

그리고 내부 시장에서 파는 것은 식자재와 토산품만이 아니다. 관광으로 외부에서 소비자를 불러올 수 있다면 외부로 실어낼 수 없는 경관이나 자연환경에도 시장을 개척할 수 있다. 대표적 사례가 1975년부터 시작한 관광마차다. '유후인의 아름다운 경관은 외부로 실어내지 못하므로 지역 경제가 외부 시장에만 의존하면 경치나 자연은 돈이 되지 않는다'는 것이다. 그러나 관광마차는 '돈이 되지 않을 것' 같던 경관을 '돈으로 바꾸기 위한 수단'이 되었다.

다만, 내일의 유후인을 생각하는 모임에서 기획한 만큼 지역 경관을 돈으로 바꾸는 것으로 지역 환경을 지역 경제와 결합한 것만은 아니다. 유후인의 경치를 보기 위해 돈을 지불하는 사람이 있다는 사실을 만들어냄으로써 유후인의 자연과 경관의 가치를 마을 사람에게 인식시키는 것도 하나의 목적이었다. 지역 환경은 그 가치를 이해하는 지역 주민이 지키는 것이므로, 지역 환경을 지역 경제와 결합함으로써 지역 사회의 의식을 변화시키는 것이 필요하다. 그런 의미에서 관광마차는 단순히 유후인의 경치를 보여주는 관광요소가 아니라, 앞에서 언급한 세 가지 요소를 결합하는 기획이었다(그림 1-5).

또한, 이런 내부 시장은 외부로 실어낼 수 없는 지역 내 대인 서비스 산업에도 새로운 시장을 개척할 수 있다. 유후인이 항상 체류형 관광지를 지향한 것도 관광이 창출하는 내부 시장 효과를 지역 내 각종 서비스로 확장하고 확대해 나가기 위해서다. 료칸 주인들은 방문객들에게 제3장에서 언급하는 미술관과 박물관은 물론, 지역 상점, 심지어 이발소까지 추천해 왔다. 내부 시장 효과를 높이기 위해서는 료칸이 투숙객을 독점하지 않고 지역 상점과 음식점도 관광객에게 매력이 있다는 것을 양측이 합의할 필요가 있다. 이런 인간관계를 만들면 내부 시장의 효과를 높일

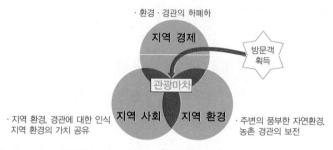

· 환경 · 경관의 하폐하

지역 경제

방문객
획득

관광마차

· 지역 환경, 경관에 대한 인식
지역 환경의 가치 공유

지역 사회   지역 환경

· 주변의 풍부한 자연환경,
농촌 경관의 보전

그림 1-5 관광마차에서 볼 수 있는 3요소의 관계

수 있고 바람직한 경관이 형성된다. '하라주쿠화'라고 비판을 받
는 유노츠보 거리에도 지역 외부에서 밀려드는 다양한 상점과
음식점이 붐비는 가운데 이런 전략을 공유하기 위한 연결로 경
관을 정비해 가는 활동이 활발히 이루어지고 있다.[24]

그리고 관광에 의한 특수시장이 갖는 또 하나의 의미는 일반
시장보다 차별화된 시장을 만든다는 것이다. 이에 대해 내일의
유후인을 생각하는 모임은 다음과 같이 정리하였다.

"관광농업은 단지 농산물을 료칸이 요리 재료로 사용하는
것만이 아니야. 예를 들면, 손님이 유후인 토마토를 사러 오
고, 선물로 사가서 유후인 토마토를 선전해. 이런 것이 유후
인 토마토 시장을 확대한다고 생각할 수 있잖아. 이것이 관광
농업의 힘 아닐까?"[25]

이런 관광 효과가 차별화된 시장을 의미한다. 이것은 단순히 관광을 통해 생산품을 홍보한다는 의미가 아니다. 유후인 생산품은 외부 시장에 출하하면 단순한 물건에 지나지 않는다. 그것이 만들어지는 곳의 경치나 그것을 만든 생산자의 얼굴은 보이지 않는다. 그러나 관광은 외부에서 소비자를 현지로 불러들여 지역의 아름다운 경관과 유후인 사람을 직접 만날 수 있는 장소를 만들 수 있다. 이를 통해 생산품은 단순한 물건이 아니라, 지역 이미지와 하나되어 차별화된 시장에서 고객에게 인식된다(그림 1-3의 점선 제외).

이런 차별화된 시장은 브랜드화된 시장으로 바꿔 말할 수 있다. 관광지로서의 유후인 전략에서도 브랜드화가 중요한 의미가 있다는 것은 나중에 설명하겠지만, 관광을 수단으로 사용해 지역 생산품을 브랜드화할 수 있다. 다만, 이런 전략의 핵심에는 최근 많은 지역이 하는 지역 브랜드와는 조금 다른 의미가 있다. 일반적으로 브랜드화는 지역 생산품의 높은 생산기술이나 품질 보증 등 외부 시장에서 다른 산지와 차별화를 도모하는 것이라 여겨진다. 그러나 유후인의 브랜드화는 "와서 보세요. 이 상품이 어떤 곳에서 어떤 사람이 만들었는지 봐 주세요. 한눈에 알아볼 수 있어요"라는 것이 지역 브랜드의 기본 전재라는 생각을 바탕에 두고 있다.[26] 즉, 다른 산지와 '차별화'한 근원은 각 생산품의 품질이나 기술력이 아니라, 지역 환경, 사람들과 일체화된 마을 매력이다.

관광은 지역 생산품과 지역 전체 이미지를 연계하기 위한 수단이므로 지역 내부뿐 아니라, 외부에도 지속해서 특수시장을 새로 만들 수 있다. 앞에서 언급한 것과 같이 환경문제가 아름다운 풍경론도 환경문화론도 아닌 최저한의 생활 방편[27]인 것은, 아름다운 마을이 갖는 매력으로 유후인 자체를 특수시장화해서 '유후인의 ○○○라는 부가가치로 승부하자'[28]는 생각이 깔려 있기 때문이다. 관광으로 유후인의 매력을 체감하도록 하여 지역의 열렬한 팬을 확보해서 고객과 깊은 인간관계를 만들어 지역 생산품의 부가가치를 높이는 차별화된 시장을 만들어낼 수 있다. 또한, 아름다운 지역 환경과 편안한 지역 사회를 보전하는 것이 지역산업을 자립시키는 데 반드시 필요하다. 내일의 유후인을 생각하는 모임에서는 '유후인의 ○○○'라는 명물화 후보로 된장절임, 차, 토마토, 표고버섯 등도 검토했다. 특수시장에 의한 농업 활성화 구상은 이후 '유후인식 그린 투어리즘' 혹은 '유후인 친인척 모임'이라는 활동으로 계승되었다.

이처럼 외부에서 사람을 불러들여 지역 매력을 느끼게 하는 행위인 관광은 지역산업에서 특수시장(내부 시장과 차별화된 시장)을 만들어내는 독특한 매력이 있다. 이런 특수시장을 통해 이 지역 토양에서 만들어진 것이 있고, 그것을 만드는 사람이 있고, 농가나 장인들이 만든 것을 관광 상점에서 판매하는[29] 것이 내일의 유후인을 생각하는 모임에서 구상하고 실천으로 옮긴 것이다. 지역 농업, 지역 생산품을 고집하는 것은 관광 명물을 만들기 위한 것이 아니다. 지역 농업을 위해서 관광을 이용하여 특수시장을 만들겠다는 마을만들기의 전략이 밑바탕에 깔려 있다. 모임 활동이 종료된 후에도 유후인에서 생산된 소재와 그것으로 만든 생산품의 부가가치를 관광의 힘을 이용해 비싸게 판매하겠다는 장기적 시도가 마을만들기로 이어지고 있다.

관광, 외부 자원을 끌어들이다

관광이 갖는 또 하나의 독특한 힘은 외부 자원의 도입 창구가 된다는 것이다. 관광이 지역에 불러들이는 방문객은 단순히 소비자로서의 특수시장을 만들어내는 것뿐 아니라, 다양한 자원을 지역에 들여온다. 자원은 자금인 경우도 있고, 정보, 지식, 기술이나 인력 등도 있다. 료칸이 고객과 친밀한 관계를 만들면 이런 자원도 더욱 효과적으로 끌어들일 수 있다.

마을만들기의 계기가 된 이노세토 골프장 문제에서 료칸의 인맥을 활용하여 지명도 있는 사람의 목소리를 모으는 것으로 개발을 막을 수 있었다. 외부의 반대 목소리가 반대 운동에 효과적이라고 생각한 관광사업자들은 목소리라는 자원을 도입하였다.

유후인 마을만들기는 관광을 통해 외부 자원을 끌어들이고 이것을 적극적으로 활용했다.

외부 자원을 활용한 대표적인 사례는 내일의 유후인을 생각하는 모임에서 시작한 '소 한 마리 목장 운동'이었다. 이것은 1971년 대형 레저 자본 유치 문제의 연장선에 있다. 이 문제로 분명해진 것은 관광 개발로부터 미개발지를 보호하기 위해서는 목축을 보호해야 하고, 목축을 보호하기 위해서는 목축 농가의 경영을 보호해야 한다는 것이었다. 축산 농가가 먹고살기 힘들어지면 목장은 매각되거나 방치된다.

그래서 내일의 유후인을 생각하는 모임에서는 목축을 하는 농가가 어떻게 하면 유지될지를 논의했다. 유후인의 농가가 놓여 있는 힘든 상황은 앞서 논했던 것처럼 일반 시장의 불안정이 주된 이유지만, 그 외에도 많은 이유가 있었다. 수입 농산물이나 겸업농가의 증대 등 일본 농업의 공통 문제부터 토지가격 상승과 가까이에 일자리가 있는 유후인 특유의 문제까지 다양하게 거론되었다. 그중 하나가 4~5년 동안 버틸 자금 문제[30]였다. 많은 농산물은 바로 결실을 보아 이익을 얻을 수 있는 것이 아니라, 투자 후 성장할 때까지 시간이 필요하다. 축산도 송아지를 사서 출하할 때까지 현금 수입이 없다. 농가 경영에서도 자금 융통은 중대한 문제였다.

그래서 생각한 것이 "별장 주인보다 목장 주인이 되지 않겠습니까?"라는 슬로건[31]을 내건 '소 한 마리 목장 운동'이었다. 도시 사람에게 송아지를 지원받아 유후인 농가의 목장에서 5년간 기르고, 송아지 주인에게 지역 특산품을 이자로 보내는 것이다. 그리고 소를 출하하는 단계에서 자금을 반환하면 축산 농가의 초기 투자 부담을 줄일 수 있다. 송아지 주인인 도시 사람은 아름다운 자연에 매료되어 유후인을 방문한 유후인 료칸의 단골이었다. 유후인의 아름다운 초원을 지키겠다는 그들의 선의와 그것을 뒷받침하는 자금(당시 20만 엔)과 유후인 농가를 연계함으로써 농가의 경영을 지원하여 목장을 지키고 있다.

이 활동은 축산농가와 료칸의 연계에서 농가와 료칸 고객을 연계하여 외부 자금을 도입한 것으로, 자금 융통 문제의 부담을 줄여 농가의 경영을 개선함으로써 목장을 보호한다는 세 요소를 연계한 대표적인 사례다(그림 1-6). 물론 이런 활동은 농가, 료칸, 투자자인 고객이 유후인의 목장을 보호한다는 공통의 목표를 공유함으로써 가능한 일이다.

앞서 설명한 유후인의 명물인 '소고기 먹고 함성 지르기 대회'는 원래 소 주인과 농가의 교류를 목적으로 시작되었다. '소 한 마리 목장 운동'은 1971년에 시작하여 17년간 지속한 후 종료했지만, 소고기 먹고 함성 지르기 대회는 지금까지 매년 개최하고 있다. 교류회라고는 하지만, 풀밭에서 소고기 바비큐를 먹은 후 넓은 목장을 향해 고함을 지르는 단순한 축제다. 이 행사는 매년

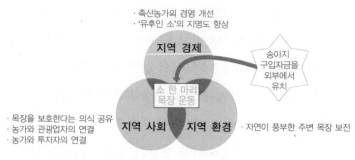

그림 1-6   소 한 마리 목장 운동에서의 3요소의 관계

가을에 열리는 연례행사로 뉴스 등에 보도되었다. 소 한 마리 목
장 운동도 흥미로운 프로그램으로 외부의 관심을 끌 만한 기획
이었지만, 소고기 먹고 함성 지르기 대회는 더욱더 매스컴을 타
게 하는 장치가 있었다. 이런 일련의 프로그램은 유후인을 알리
고 유후인 소의 지명도를 높이는 데 공헌했다. 그러나 소고기 먹
고 함성 지르기 대회의 중요한 의미는 축제에 의해 유후인의 이
름을 외부에 알리는 것보다 내부 사람이 마을만들기의 출발점과
전략을 체감하고 공유하기 위한 장을 만들었다는 데 있다. 이에
관해서는 제2장에서 자세히 설명하겠다.

  관광으로 도입된 외부 자원은 골프장 반대 목소리나 송아지를
지원하는 선의의 자금뿐만이 아니다. 외부 관광객들이 가져오는
지식과 정보, 료칸 주인들의 인맥을 통해 기술과 인력도 적극적
으로 도입하고 마을만들기에 활용하였다. 특히, 유후인의 자연

과 농업에서 생산되는 소재를 부가가치가 높은 상품으로 가공하기 위한 기술과 그 기술을 가진 인재 도입에 적극적으로 나섰다. 돈이 되는 매력적인 상품을 만들 여력이 없던 유후인에서는 이런 인재 도입으로 지역산업의 약점을 극복하려고 했다. 제3장에서 설명하는 것처럼 유후인의 농산물을 활용하는 요리사 외에도 지역 내 잡목을 식기로 가공하는 목공 기술자 등 외부 인재가 료칸의 인맥으로 초청되었다. 이런 기술도입으로 농업에 국한하지 않고 목공이나 의류 등 지역 환경이 만들어낸 소재를 사용한 다양한 상품 만들기가 시도되어 지역 환경을 지역 경제와 연계하는 작업이 지속해서 이루어졌다.

1975년부터 개최된 음악제와 다음해의 영화제도 외부의 다양한 지식과 인력의 도입으로 성사되었다. 료칸은 외부에서 초청된 연주자나 영화관계자에게 숙박과 음식을 제공하고 축제 운영진들도 료칸과 지역 주민에게 식사나 잠자리 등을 받아 유후인에서 활동하고 있다.

그러나 외부 자원의 도입은 항상 양날의 검이다. 특히 외부 인재가 중심인 활동의 경우, 외부인이 유후인에서 장소를 빌려 마음대로 한다는 지역 주민들의 냉랭한 반응을 초래할 수도 있다. 실제로 영화제나 음악제는 관광사업자들과 외부인이 하는 축제로 지역 주민과 관계없다는 비판이 항상 나오고 있다. 이런 지역 주민의 인식을 불식시키기 위해 외부에서 도입되는 자원을 내부화하는 장기적 활동도 마을만들기에서 진행하고 있다.

바람, 지역의 토양과 섞이다

관광은 특수시장을 창출하고 외부 자원을 끌어들이는 창구가
되어 마을만들기 수단으로서 역할을 할 수 있다. 또, 실제 마을
만들기 지도자들은 이런 의도로 관광의 힘을 사용해 왔다. 외부
와 서로 의지할 수 있는 좋은 관계를 만들지 않고는 지역의 활기
와 안정을 유지할 수 없다[32]는 생각에서 지역과 외부를 잇는 만
남의 장을 만들게 되었다. 관광이 갖는 특별한 기능을 유후인 사
업자들은 자주 '바람'이라는 용어를 사용해 상징적으로 표현하
고 있다. 1980년대에 마을만들기 활동의 중심이 된 모임 중 하나
는 '니시카제(서풍) 모임'이라 부르고, 간행물은 '바람의 계획'이
라 지었다. 유후인을 무대로 한 2005년 아침 드라마 제목이 '바
람의 하루카'였던 것도 은유 중 하나였다.

관광은 언제나 외부와의 접촉으로 이루어지고 외부에서 다양
한 것을 지역으로 들여온다. 관광은 외부의 바람을 받아들이기
위한 지역의 열린 창이라고 할 수 있다. 유후인 관광사업자는 이
런 관광의 효과를 마을만들기에 적극적으로 활용해 왔다. 지역
의 창으로서 지역으로 소비자를 불러들여 시장을 만들고 외부

의 다양한 지식과 기술을 도입했다. 처음에 설명했던 것처럼 계속 변화하는 것이 유후인 마을만들기의 특징이다. 마을에 변화를 일으키는 바람을 불러오는 것이 관광의 중요한 역할이며, 지도자인 료칸 주인들은 의도적으로 이것을 마을만들기의 수단으로 사용했다.

그러나 외부 바람이 너무 거세면 지역 토양이 날아가 버려 지역의 독자성을 잃게 된다. 외래형의 근대화가 그랬던 것처럼 많은 지역이 이런 경험을 하고 있다. 그렇다고 해서 반대로 바람이 불지 않으면 지역은 정체한다. 그래서 외부 바람을 유후인의 토양과 혼합하여 변화를 일으키고 지역 전체의 지력을 높여 지역의 경제적 자립을 목표로 해 왔다. 유명 관광지가 된 1990년대에 제2차 유후인 온천관광 5개년 계획(1995-99)의 주제로 '꽃 피는 것보다 뿌리를 튼튼하게'라는 슬로건을 사용했던 것처럼, 관광만 급성장하는 것이 아니라, 관광 효과를 토양과 섞는 작업의 중요성이 강조되었다. 관광을 수단으로 지역 환경과 지역 사회를 지역 경제와 연계하는 전략은 관광으로 외부에서 들여온 바람을 내부화하여 유후인의 토양과 섞어 독자성 있는 새로운 풍토를 계속해서 만들어내는 것을 의미한다.

4. 마을 브랜딩으로 경쟁력을 키우다

살기 좋은 마을이란?

유후인 마을만들기는 지역 환경과 지역 사회를 지역 경제와 연계하여 지속 가능한 지역을 만드는 것이다. 지속시키려는 것은 단순히 인구나 고용, 관광객 수가 아니다. 세 요소가 맞물려 만들어지는 지역의 독자성, 즉 '유후인다움'이다. 유후인의 환경에서 생산되는 소재를 사용해 산업이 자립하고, 지역 사람들끼리 좋은 관계가 이루어져 유후인의 독자적 생활방식이 만들어진다. 유후인 마을만들기가 세 요소를 연계하려는 것은, 이것으로 다른 지역에는 없는 독자적 생활양식이 만들어지기 때문이다. 이것은 '유후인다움=지역 특성을 만든다'라는 독자적 생활양식[33]을 만드는 것을 의미한다.

'살기 좋고 가고 싶은 마을만들기'라는 슬로건은 유후인 온천이 발상지로 알려져 있고, 관광마을 만들기의 기본을 표현하는 단어로 자주 사용된다. 주민 생활을 최우선으로 생각하고 주민이 편안하게 생활할 수 있는 마을을 만드는 것이 관광을 일으킬 첫걸음으로 여겨진다. 그러나 생활 인프라 정비, 사회 서비스의 충실, 도시로의 편리한 교통 등 일반적인 의미에서 살기 좋은 마을이 반드시 매력적인 관광지와 일치하지는 않는다. 유후인도 이런 의미에서는 결코 살기 좋은 마을이 아니다.

살기 좋은 마을이 되기 위해서는 물론 수입원인 산업이 없으면 안 된다. 그래서 많은 지역이 외부에서 산업을 유치하고 성공 사례를 모방하여 경제적 풍요로움과 편리한 생활을 얻었다. 공장이나 대형 상업시설 유치, 대도시에서 성공한 비즈니스 모방, 편리한 생활과 도시형 생활양식에 대한 욕구, 이러한 경제 성장과 경제 효율성을 우선시하는 것이 살기 좋은 마을이 되는 것으로 생각했다. 그러나 근대화로 인해 지역 환경과 지역 사회가 파괴되고 지역 특유의 생활문화와 함께 그 지역 토지에서 생활하는 특유의 즐거움은 잃었다. 오히려 도쿄와 같은 살기 좋은 곳을 찾을 정도로, 도시가 되려고 해도 될 수 없는 시골은 열악한 지역으로 생각하여 즐거움이 없는 따분한 곳이라고 주민 스스로 생각하게 되었다.

유후인뿐 아니라, 'ㅇㅇ다움'을 정의하는 것은 어려운 문제며, 다양한 정의를 내릴 수 있다. 유후인은 마을만들기 초기 단계에서 세 요소를 연계한 특유의 아름다운 마을을 목표로 했다. 세 요소가 연계되어야 바람직한 지역 생활이 성립한다고 생각했기 때문이다. 유후인의 독사성은 환경을 기반으로 하며, 환경과 그 곳에서 생산되는 생산품을 기반으로 경제가 자립하고 사람 간의 온화한 관계가 만들어진다. 여기에 유후인다운 특유의 생활이 유지된다. 유후인이 지향하는 살기 좋은 아름다운 마을은 개성 있는 독자적 생활양식으로 생활의 즐거움이 유지되는 마을을 의미한다. 이것은 굉장히 높은 차원 이상으로 장기적이고 꾸준한 활동으로만 실현할 수 있다.

이미 앞에서 설명한 관광마차와 소 한 마리 목장 운동과 같이, 제3장에서 설명하는 작은 숙소, 농업과 요리, 예술과 경관 등 마을만들기 실천에서도 세 요소의 연계를 생각하며 '지역 특성=유후인다움'을 만들어 왔다. 물론 유후인다운 생활은 시대에 따라 변하며 변해야 한다. 그래서 마을만들기 지도자들은 관광으로 외부에서 시장과 자원을 끌어들여 지역을 끊임없이 변화시켜 왔다. 이로 인해 세 요소의 연계를 완고히 지킴으로써 유후인다운 생활을 지속해서 영위하기 위한 마을만들기가 추진되었다.

브랜드 힘의 원천 '유후인다움'

관광으로 지역 특성을 지키고 만드는 마을만들기는 관광사업자의 일방적이고 헌신적인 봉사활동이 아니다. 지역 독자적 매력이야말로 관광 경쟁력을 높이는 관광 활성화 전략과 밀접한 관계가 있다. 마을만들기 지도자들은 관광으로 유후인다움을 만들 수 있다면 그 지역만의 독특한 매력이 관광의 힘이 된다고 생각했다. 그리고 어디에도 없는 독특한 유후인다움을 관광 경쟁력으로 변환하는 열쇠가 바로 브랜드화다. 특유의 생활양식으로 증명된 브랜드가 관광지인 유후인 강점의 원천이다.

현대의 기업에서 경쟁우위를 획득하기 위해 브랜드가 꼭 필요한 것처럼, 지역을 일으키기 위해서도 브랜드화가 필요하다고 여긴다. 이를 위해 최근 점점 지역 브랜드에 대한 대응이 각지에서 활발하게 이루어지고 있다. 그러나 조금 전에 설명한 것처럼 일반적인 지역 브랜드를 지역 매력이나 특산품의 높은 품질을 널리 알리고 지명도를 높이는 것으로만 여긴다. 관광 활성화에서도 브랜드화의 필요성이 인식되고 지역 특유의 음식과 식자재, 역사와 생활문화, 자연환경과 경관 등의 매력이 외부로 활발히 알려지고 있다.

그러나 관광지라는 지역 차원의 경쟁력과 연계되는 브랜드화는 단순히 개개의 관광자원과 매력의 브랜드화[34]가 아니라, 그 지역을 방문하고 싶게 하는 지역 전체의 브랜딩이 필요하다. 이것은 명물이나 명승지의 홍보보다 더 넓고 깊다. 품질과 분위기만으로 대결한다면 다른 관광지와의 경쟁에 휘말리게 된다.

브랜드의 본질적 기능은 전체적인 차별화로 경쟁을 회피하는 것이다. 이런 브랜드의 핵심이 브랜드 정체성[35]인데, 이것은 포괄성과 차별화[36]가 필요하다. 관광지 브랜드화에서는 이런 포괄적이고 다른 곳과는 다른 브랜드 정체성의 근거가 되는 것이 지역 사회 정체성이며, 지역자원과 연계된 생활양식의 독자성이다.

지역 독자성은 그곳에 사는 사람의 생활이나 마음과 이어져야 특유의 살아 있는 매력이 된다. 박물관처럼 보존된 경관이나 지역 사람들이 먹지 않는 특산품, 규제와 행정의 힘으로 보호되고 있는 자연 등 지역 주민의 생활 기반을 잃어버린 것은 지역 매력이 될 수 없다. 유후인 관광사업자들이 지역 환경, 지역 사회, 지역 경제라는 세 요소의 강한 연계를 유지하려고 한 것은, 이것으로 살아 있는 생활문화가 발전하고 다른 지역에는 없는 독자성이 유후인의 지역 매력이라고 생각했기 때문이다.

이런 지역 특성은 다양한 형태로 관광 경쟁력을 강화한다. 먼저 유후인다움은 관광객이 방문하고 싶게 하는 동기를 부여한다. 관광지로서 유후인은 신기하게도 관광객을 유치하기 위한 장치나 '유후인은 ○○'라는 명물이 거의 없다. 또한, 온천과 경관, 요리와 토산품 등 각 요소를 보면 유후인이 다른 관광지보다 우수하다고 말할 수도 없다. 실제로 유후인을 방문하는 많은 관광객에게 무엇 때문에 왔는지를 물어도 명확한 대답을 얻을 수 없고, 매력을 구체적으로 이야기하지도 못하는 경우가 많다.

유후인의 매력은 자연과 농촌 모습이 조화를 이루는 마을의 모습이며, 지역 속에서 만들어진 것을 즐기는 편안한 생활환경이다. 이것은 유후인 특유의 브랜드가 되어 많은 방문객을 부른다. 또한, 관광사업자들이 마을만들기에 참여하여 오랜 시간에 걸쳐 만들어 온 것이다. 일부 료칸이 만들어낸 세련된 이미지에 매료되어 많은 관광객이 찾아온다는 의견도 있지만, 여기저기 흩어져 있는 몇 개의 료칸만으로 지역 전체의 매력을 만드는 것은 불가능하다.

그리고 브랜드화로 지역 가치를 높이면 프리미엄 가격으로 판매할 수 있다. 그 지역에만 있는 가치는 다른 상품과 경쟁하지 않고 독점적 가격을 형성할 수 있다. 유후인은 료칸을 필두로 토산품과 요리 등의 가격이 전체적으로 비싸다고 알려졌지만, 반대로 말하면 이런 가격대에도 고객을 획득할 수 있을 정도로 브랜드화되어 있다. 이것은 각 료칸의 세련된 모습과 서비스만으로 이루어진 것은 아니다. 제3장에서 설명하듯이 료칸의 경영 자체가 지역 매력과 일체화되어 료칸의 매력을 만들어내고 있다.

또한, 브랜드화로 고객 로열티를 높여 고객의 재방문을 증대시키고 장기간 인기 있는 관광지를 만들 수 있다. 유후인 료칸 경영에서 없어서는 안 될 재방문자를 위한 전략에 관해서는 나중에 설명하겠다. 그리고 한 번 브랜드화에 성공하면 이를 확장하여 더욱 다양한 브랜드 상품을 만들 수 있다.[37]

그림 1-7 유후인다움 = 지역 특성과 관광의 상호관계

브랜드의 기반이 되는 지역 특유의 생활양식을 보전하여 지역 전체를 차별화하고 관광지로서 높은 시장 경쟁력을 획득할 수 있다. 물론 높은 브랜드 인지도를 얻기 위해서는 단순히 다른 지역과 다른 생활양식을 보전하는 것뿐 아니라, 이것이 고객에게 매력으로 다가갈 수 있도록 다양한 브랜드화 전략이 필요하다. 유후인 관광사업자들은 이를 위해 외부에서 다양한 요소를 받아들이고 고객이 이해할 수 있도록 계속 노력했다. 외부에 홍보하기 좋은 축제나 품위 있는 료칸의 모습 등은 유후인 브랜드의 중요한 요소다. 그러나 이런 모든 것은 유후인다움을 전제로 구상한 것이며, 포괄적 차별화는 그 중심에 지역 독자성이 없으면 실현될 수 없다. 관광은 지역 특성과 연계된 산업이기 때문에 지역 특성을 강화하는 관광이 필요하다는 발상이 유후인의 경쟁력을 만들고 있다. '유후인다움=지역 특성을 만든다'라는 마을만들기 슬로건과 관광의 관계를 그림으로 표현하면 [그림 1-7]과 같다.

그러나 유후인다운 생활양식을 만들고 지역 전체를 포괄적으

로 차별화하는 관광 전략은 마을만들기 지도자만으로 실현할 수
는 없다. 이를 위해서는 마을이라는 범위 내에서 지역의 독자성
을 만드는 작업을 실천하기 위한 구체적 시스템이 필요하다. 이
것이 어떻게 만들어졌는지는 제2장에서 살펴보겠다.

주

1   中谷健太郎(2006ｂ) p.191.

2   그 동안의 경과는 1970년부터 9권 발행한 내일의 유후인을 생각하는 모임(No.1–2는 유후인의 자연을 지키는 모임)의 회보 마을만들기 잡지 〈花水樹〉에 상세하게 기록되어 있다. 이후 이 것은 中谷健太郎가 편집한 〈花水樹〉 완전 복각판으로 만들어졌다. 이하 〈花水樹〉에서 인용한 것은 호수와 페이지를 기재한다.

3   中谷健太郎(2006ｂ) p.172.

4   中谷健太郎(2006ｂ) p.157.

5   花水樹 창간호, p.16.

6   中谷健太郎(2006ｂ) p.171.

7   花水樹 No.5, p.21.

8   상동.

9   상동.

10 花水樹 No.5, p.22.

11 花水樹 No.5, p.8.

12 花水樹 No.5, p.51.

13 상동.

14 西村幸夫(2009) p.11의 그림을 참고하여 필자 작성.

15 지속가능한 관광이라는 개념의 형성과정은 宮本圭範(2009) 참조.

16 심포지엄에 관해서는 일본지역개발센터(1977)에서 정리.

17 花水樹 No8, p.20.

18 花水樹 No8, p.22.

19 인간부에서는 기존의 여러 단체에 들어가서 깊은 인간관계를 맺어야 한다는 생각과 기존 단 체는 물론 모든 인간관계를 끊고 개인으로서 확립한 후 새로운 인간관계를 맺어야 한다는 의 견 차이가 있어서 결론을 얻지 못했다고 보고되었다(〈花水樹〉 No8, p.24). 하나의 연결 방식 에 대한 모색 결과로서 '동적 네트워크'에 도달한 내용은 제2장에서 살펴본다.

20 내발적(endogenous) 발전과 반대 개념인 외발적(exogenous) 발전의 의미에 관해서는 鶴見和 子(1989) p.47 Talcott Parsons의 유형화가 소개되어 있다.

21 西村幸夫(2009) p.13.

22 상동.

24 유후인의 경관을 지키기 위한 다양한 시도는 제3장 관광마을 만들기의 실천 사례 3에서 상세 하게 기술한다.

25 花水樹 No.6, p.5.

26 中谷健太郎(2006a) p.34.

27　花水樹 No8, p.22.

28　상동.

29　일본지역개발센터(1977) p.19.

30　花水樹 No.6, p.9.

31　中谷健太郎(2001) p.38.

32　中谷健太郎(2006a) p.21. 유후인 온천을 포함한 유후인 정은 행정구분으로는 정(현재는 유후
　　시의 일부)에 해당하지만, 마을만들기 지도자들은 유후인이라는 지역 단위를 자주 촌(村)이라
　　부른다.

33　猪瓜範子(1989)는 유후인에서 볼 수 있는 마을만들기형 관광 활성화 방식을 '잊히는 전통문화
　　의 세련된 부분이나 특색 있는 부분을 생활 속에 담은 새로운 생활양식을 만드는 것'이며 '매
　　력 있는 생활양식을 영위하는 지방도시 만들기'라고 했다.

34　관광마을 만들기의 효과를 지역 브랜드라는 관점에서 살펴본 것으로 敷田麻美, 内田純一, 森
　　重昌之 편저(2009)가 있다.

35　石井淳蔵(1999)는 브랜드 정체성을 브랜드의 보편적 통일성보다 조금 강하고 브랜드 가치의
　　원천, 브랜드의 (다른 것으로 대체할 수 없는) 절대적인 본래의 가치(의미)(p.112)로 정의했다.
　　이 개념을 모델화한 David Aaker는 전략적이고 높은 이상을 추구하는 이 개념의 성질을 자주
　　언급한다(Aaker David(2014) p.39)라는 이유로 브랜드 정체성이 아니라 브랜드 비전이라는 용
　　어를 사용한다.

36　石井淳蔵(1999) p.91.

37　田中章雄(2012)는 지역 브랜드의 효과로서 가격 경쟁에서 탈피, 이미지 연상, 고객에 의한 정
　　보전달, 상품 수명의 장기화, 브랜드 확장, 수익성 향상을 언급했다(p.16).

제 2 장

'동적 네트워크'
사람과 사람을 연결하다

제1장에서 설명한 마을만들기의 기본자세와 전략은 유후인의 이념 또는 사상으로 불린다. 이것은 지도자인 료칸 주인들의 생각에서 시작되었다. 그들은 어떤 의미에서 리더십이 강한 지도자며, 중심 생각을 유지하면서 이를 실천하기 위한 다양한 아이디어와 기획을 만들어 마을만들기를 추진해 왔다.

　그러나 아무리 선견지명이 있는 이념과 전략이어도 이것이 개인의 생각에 머물렀다면 마을 전체로 확대되지 못했다. 그리고 관광을 이용해 농업을 비롯한 지역산업을 활성화하고 지역 환경을 지킨다는 장대한 구상을 실현하기 위해서는 관광사업자뿐 아니라, 다른 산업과 지역 주민으로 이념을 확장하고 협동 작업을 끌어내는 구체적 시스템이 필요하다. 즉, '누가, 어떻게' 마을만들기를 추진하느냐는 프로세스가 무엇보다 중요한 과제다.

　초창기에 농가와 관광사업자 사이에 대립이 있었던 것처럼, 지역 내 각종 산업은 각각의 사정과 이해관계로 서로 이해하기도 쉽지 않았다. 또한, 관광의 힘을 지역을 위해 사용한다고 해도 료칸 주인을 포함한 관광사업자들 사이에서조차 지도자들의 관광 전략을 공유하기는 어려웠다. 유후인의 지역 특성이 관광의 힘이 된다는 전략은 장기간에 걸친 노력이 필요하고, 당시의 관광 활성화 방향과 크게 달랐기 때문이다. 그래서 료칸 주인들도 뜻을 모으지 못하고 심각한 내전 이 반복되고 있었다.

　이런 상황에서 마을만들기를 실현하기 위해서는 각 료칸과 관광사업자뿐 아니라, 농업, 다른 산업 등 마을 전체로 확장되는 사람의 연결이 필요했다. 유후인 마을만들기의 실천은 철저하게 연결을 만드는 과정이었다. 실효성 있는 프로그램은 각 분야의 조직 대표나 겸직 담당자가 참석하는 형식적인 지역 연계가 아니라, 하고 싶은 사람이 적극적으로 참여해서 역할, 직책과 관계 없이 대등하고 평등한 연결로 추진되었다. 마을만들기를 주도하는 료칸 주인들이 가장 심혈을 기울인 것은 과거 지역 사회에 없던 새로운 연결을 만들기 위해 모두가 관심을 가지고 적극적으로 참여할 수 있는 장을 지속해서 만드는 것이었다.

이 책에서는 참가자의 적극적인 참여로 분야나 조직의 수평적이고 대등한 연결을 '동적 네트워크'라고 부른다. 동적이라고 명명한 이유는 두 가지다.

첫째는 이런 연결이 어느 정도 실천으로 만들어지기 때문이다. 유후인 마을만들기 과정은 얼굴을 보고 대화를 나누다 보니 서로를 깊이 이해하게 된 것이 출발점이라는 특징이 있다. 그뿐 아니라, 그들이 지향하는 마을을 실현하기 위해 행동하고, 실천하면서 연결을 만들었다. 이런 새로운 실천 과정에서 하고 싶어 하는 사람이 하고 싶은 것을 함께 한다는 연결 방식은 대단히 효과적이었다. 이런 연결 방식은 의사결정이 분산되어 개인이 발의한 안이 기점이 되는 새로운 움직임을 만들기 쉽다. 실천에 의한 공동 체험과 경험의 공유 등 체감 차원의 연결은 마을만들기에서 중요한 의미가 있다.

둘째는 마을만들기에서 만들어진 동적 네트워크는 연결 속에서 다양한 지식이 교류하여 새로운 움직임을 연속적으로 만들어내는 주체가 되기 때문이다. 조직과 분야를 넘어 실천을 통한 공통 체험으로 마을만들기 이념이 공유될 뿐 아니라, 이런 이념을 기반으로 혁신이 계속 일어나는 창조적 장이 된다. 중층적으로 존재하는 동적 네트워크를 통해 다른 지식이 활발히 교류함으로써 발전하는 창조적 환경에서 다발적 혁신이 이루어진다. 이런 높은 빈도와 속도가 유후인 온천의 경쟁력을 유지하는 또 하나의 요인이다.

제2장에서는 마을만들기 활동에서 만들어지는 '사람과 사람의 연결=동적 네트워크'의 특징과 기능을 상세하게 살펴보고자 한다.

1. 사람과 사람을 잇다

내일의 유후인을 생각하는 모임의 동적 네트워크

유후인 마을만들기가 민간 주도로 이루어졌다는 점이 중요한 특징이라는 것은 지금까지도 지적되고 있다. 많은 지역의 마을 만들기나 마을 활성화가 정도의 차이는 있지만, 행정 주도로 이루어져 유후인과 대조적이다. 또한, 상공회나 관광협회 등 지역 조직도 주도적인 역할을 하지 못한다. 오히려 조직과 규정으로 사람을 움직일 수는 있겠지만, 활기가 없다[2]는 생각에서 가능한 한 조직으로부터 자유로워지려고 노력하는[3] 마을만들기가 추진되었다.

행정과 업계 단체, 자치회 등 기존의 지역 조직을 기반으로 하지 않고 마을만들기를 추진하기 위해 유후인 마을만들기는 독특한 연결 방식을 채택했다. 앞서 설명했듯이 마을만들기의 출발이 된 내일의 유후인을 생각하는 모임은 농업, 상업, 관광 등 다양한 분야에서 17명의 중심 구성원으로 구성되었다. 이 모임은 규약 등에 구애받지 않고 모여 서로 소소한 이야기를 나누면서 여러 가지 주제를 만들어 기획과 계획을 구체적으로 만들어 가는 실천의 주체가 되는 것을 목표로 했다. 이를 위해 17명을 실천회원이라 불렀다. 각 분야에서 사람을 모집했다고는 하지만, 실천회원은 어떤 조직을 대표한 것이 아니라, 개인 입장으로 참가했다. 마을의 각 조직의 대표가 평의원에 속해 있기는 하지만, 실제 활동은 하지 않는다.

내일의 유후인을 생각하는 모임은 규약과 명확한 역할분담 등 공식적 구조를 갖지 않고 계층적 지휘 명령 계통도 없이 참가자 모두가 대등한 입장으로 참가했다. 한 사람 한 사람이 대등하게 연결된 네트워크형 조직 구조다. 회장과 사무국장은 있지만, 이들은 주최자 뒤에서 돕는 역할을 할 뿐 어떤 것을 결정하거나 지시하는 위치는 아니었다. 원래부터 내일의 유후인을 생각하는 모임은 조직으로서 통일된 의사결정을 하지 않았다.

또한, 세 개의 부를 만들었지만, 구분이 명확하지 않았으며 구성원도 고정적이지 않고 중복된 경우도 많았다. 부의 경계도 모호하고, 필요에 따라서 각 구성원이 외부 지식인을 초청하기도 하고 일반 시민이 회의 도중에 참여하기도 했다. 오히려 모임을 17명의 실천회원으로 국한하지 않고 개방하여 다양한 지식과 정보를 공유하고 교류하도록 했다.

내일의 유후인을 생각하는 모임은 1973년에 '내일의 지역 사회를 만드는 주민활동상'을 수상했는데, 당시 심사위원장은 "리더십이 강력한 인물을 중심으로 한 지역 지도자 집단은 각지에서 볼 수 있지만, 그것은 불안정하다. 유후인 그룹은 창조적이고 자율적 여론 형성자 집단으로 높이 평가할 수 있다. 이런 집단이 어떻게 유지되는지 정말 흥미롭다"고 논평했다. 또한, 이것은 지역 사회의 민주적 재편성⁵이라는 과제와 공통되는 부분이 있다고 언급했다.

동적 네트워크는 무엇으로 만들어지는가?

이후 내일의 유후인을 생각하는 모임 활동의 연결 방식은 유후인 마을만들기 활동에도 계승되었다. 이 책에서 '동적 네트워크'라고 부르는 것이 이런 연결이다. 어떤 의미에서 지역 사회를 재편성하는 것과 관계가 있다. 먼저 마을이라는 범위에서 활동하기 위해서는 산업 분야와 개별 조직의 경계를 넘어선 연결이 필요하다. 그러나 각 조직은 내부에 의사결정 시스템을 갖고 있어서 수평적 연결 속에서 의사결정을 하나로 모으거나 사람의 행동을 통제하기는 대단히 어렵다. 그래서 조직을 수평적으로 연결하는 온화한 네트워크형 연결이 마을만들기를 효과적으로 추진하는 데 필요하다.

이런 연결을 만들기 위해서는 몇 가지 조건이 필요하다.

먼저, 참가자의 자발적인 참여 의욕, 즉 적극적인 참여가 연결을 유지하는 기본 조건이다. 그리고 연결로 이어지는 실천 활동의 관여도 어디까지나 개인 의사와 열정에 따른다. 그래서 참가·불참의 판단부터 모임의 토론이나 활동에 어느 정도 깊이 관여할지도 참가자 개인 의사에 맡기며, 모임의 결정으로 참가자에게 어떤 행동을 하도록 하지 않는다. 하고 싶으면 하고, 하고 싶지 않으면 하지 않는 것이 기본자세다.

그리고 참가자의 적극적인 참여를 유도하기 위해 구성원들이 공유할 수 있는 목표와 과제가 설정되어 있다. 내일의 유후인을 생각하는 모임에는 이름대로 내일의 유후인을 생각해서 만든다는 커다란 공통의 목표가 있다. 자신들의 마을의 미래를 스스로 만들어 간다는 공통과제를 설정하고, 이에 대해 이런 마을이면 좋겠다고 생각하는 구성원이 모였다. 이것은 중심이 된 관광사업자들의 마을만들기를 위한 관광이라는 입장이 강했기에 가능했다. 관광을 위해라는 목표로는 다른 산업과 공유하기가 불가능하다. 각각의 이해관계를 넘어 커다란 공통의 목표가 설정되었기 때문에 분야를 초월한 연계가 가능했다.

그러나 아름다운 마을에 대한 생각이 달랐고, 이것을 실현하는 방법에 대한 생각은 더욱 달랐다. 이것을 조정, 보완하고 서로 이해하기 위해 시간을 가지고 대화를 나눌 필요가 있었다.

내일의 유후인을 생각하는 모임에서는 몇 번이고 설전을 반복했는데, 이후 마을만들기를 실천하는 과정에서도 서로 얼굴을 맞대고 설득과 이해가 만나 불꽃 튀게[6] 대화를 나누는 시간을 만들었다. 적극적인 참여는 참가자가 이해해야 가능한 것이므로 이를 위해 시간을 가지고 계속 대화를 했던 것이 마을만들기의 출발점이 되었다. 이것이 유후인 마을만들기의 중요한 특징이다.

또한, 이런 대화가 끊임없이 이어져 구체적으로 실천하는 협동의 장이 프로젝트처럼 만들어졌다. 이런 실천 역시, 구성원의 적극적인 참여 의욕에 맡겨지므로 제안한 사람이 모두의 관심을 받아 스스로 참여할 수 있도록 유도하거나 장치를 만들어 함께 할 참가자를 모으는 방식을 채택했다.

이런 점에서 기획자[7]로서 지도자의 아이디어가 커다란 힘을 발휘했다. 제1장에서 설명했듯이 그들은 관광을 수단으로 새로운 마을만들기를 기획하고, 여기에 지역 내 다양한 사람을 엮어서 협동의 장을 만들어 분야와 상관없는 연결을 만들었다. 내일의 유후인을 생각하는 모임에서는 농가와 관광이 연계한 유후인 특산품 만들기, 축산 농가와 료칸이 함께 한 소 한 마리 목장 운동, 농업 · 상업 · 관광업을 지역 내에 적절하게 배치하기 위한 산업 적정 분포도 작성, 환경설계를 위한 도로와 간판 디자인 연구 등의 활동이 이루어졌다. 서로 다른 분야의 사람들이 공통된 관심을 가질 수 있는 주제가 선정되었다. 물론, 이런 모든 활동이 참가자의 의욕을 불러일으킨 깃도 아니고, 지속해서 이루어진 활동도 적은 편이다. 활동 자체는 실패로 끝났지만, 실천을 통해 협동 작업을 함께 경험했기 때문에 참가자 사이의 강한 연결이 만들어졌다. 마을만들기 지도자 스스로가 즐거워서 계속할 수 있었다고 말한 것처럼, 항상 모두가 참여하길 잘했다고 할 만한 활동을 생각해서 시도와 실패를 반복하며 실천해 나갔다.

　이처럼 ① 공통의 목표와 관심사 설정, 적극적인 참여 → ② 참가자들의 많은 대화 → ③ 협동 프로젝트 제안과 실천이라는 일련의 흐름이 동적 네트워크를 만드는 프로세스다. 이런 연결 방식을 마을만들기 지도자 중 한 사람은 '여기 붙어라'[8] 방식이라고 부른다. 참가자가 자율적이고 적극적인 의사로 하고 싶은 사람이 구성원을 모아 실천하는 방식이다. 마을만들기 과정에서 만들어진 수많은 명물 축제의 실행위원장도 마을에서 높은 지위에 있지 않았다. 잘하는 사람이나 젊은 사람이 실행위원장이 되어 실행위원회를 이끌어간다. 관심 있는 사람이 관여하는 방식으로 추진되었다. 좋아하는 것을 적극적으로 하고 스스로 신속하게 프로젝트를 추진하니 행사가 활기차게 추진될 수 있는 것이다.[9]

동적 네트워크의 특징

　이러한 연결 방식과 진행 방식은 일반적으로 볼 수 있는 기존의 지역 조직과 크게 다르다. 행정 조직과 각 산업 단체에서 볼 수 있듯이, 대부분은 외부에 닫힌 계층형(피라미드형) 트리 구조로 되어 있고, 조직 내에서 중앙 집약적으로 의사결정을 한다. 그리고 집약적 의사결정 사항은 조직 구성원을 구속하고, 구성원은 이런 조직 전체의 의사결정에 따르지 않으면 안 된다.

　그리고 가끔 의사결정자와 실행자가 달라서 모든 것이 수직적인 지시, 명령, 통제로 진행된다. 우두머리가 군림하고 모든 것을 결정하는 하향식 조직체계가 되기 쉬운데 지역 조직에서 자주 보인다. 우두머리가 없더라도 모두가 "결정한 것이니까 이에 따라 할 수 있는 것은 하자"라는 민주적 중앙집권에 의한 활동이 된다. 의사결정이 독단적으로 이루어지든, 민주적으로 이루어지든 계층형 조직은 통일된 의사결정과 참가자의 행동에 통제가 따르게 된다.

　마을에서 전통적 계층형 지역 조직과 연계해서 활동하기는 쉽지 않다. 분야나 조직을 초월하므로 기존의 의사결정 시스템도 그 속에서는 통제되기 어렵기 때문이다. 최근 농상공의 연계나 관광마을 만들기에서 지역 연계가 자주 회자되지만, 조직을 초월한 연결은 기존 조직의 의사결정 구조를 초월한 연결 속에서 누가, 어떻게 결정해서 실제로 추진할지가 불분명해서 어렵다는 것이다. 그래서 형식적인 정보교환이나 의견교환이 되기 쉬워 실효적인 활동이 만들어지기 어렵다.

이에 비해 동적 네트워크는 개인의 적극적인 참여로 조직과 분야를 넘어 수평적 연결을 만들어낸다. 하고 싶은 사람이 하고 싶은 것을 하는 연결 방식이므로 의사결정자(머리)와 실행자(손과 발)가 같다. 또한, 의사결정이 집약되지 않으므로 본인 의사로 할 일을 결정할 수 있다. 그리고 자신이 결정하므로 참가자가 책임을 갖고 사업을 수행한다. 즉, 사업이 자기 일이 되는 것이다. 이런 연결에서는 참여자 각각이 파트너로서 사업을 만들어 가므로 조직 구조는 트리 구조가 아닌 네트워크형 구조가 되고, 그 속에서 참가자는 대등한 입장에서 상호연계와 협동이 이루어진다.

그래서 유후인 마을만들기의 지도력은 전통적 지역 사회 구조와 다르다. 유후인 지도자들은 조직적 명령과 관계없이 공통의 목표와 관심사를 설정하고 적극적으로 참여할 사람들을 모아서, 그들과 장시간의 토론을 통해 협동 프로젝트를 제안하고 실천하는 관계형 지도력을 도입했다. 공유와 협동의 장 만들기를 반복하여 설득과 이해에 의한 의사소통으로 참가자의 주체성을 끌어내고 흥미를 갖도록 실천하면서 끊임없이 사람을 연결함으로써 수평적 네트워크를 만들었다. 유후인 지도자들을 '강력한 지도력'으로 부르는 이유는 마을만들기 이념을 만든 것뿐 아니라, 분야나 조직을 넘어 많은 사람을 연결하는 장을 지속해서 마련해 아름다운 마을만들기를 실천하면서 다양한 활동을 만들어냈기 때문이다.

유후인 마을만들기에서 보이는 동적 네트워크의 특징을 전통적 지역 조직과 비교하여 정리하면 [표 2-1]과 같다.

표 2-1 전통적 지역 조직과 동적 네트워크의 비교

	전통적 지역 조직	유후인의 동적 네트워크
조직 형태	• 계층형의 트리 구조	• (분야·조직을 초월한)네트워크형 비트리 구조
결합 방식	• 명령과 통제	• 연계와 협동[10]
사람과 사람의 연결 방식	• 조직으로서 계층적 권력구조 • 규약·규칙과 역할분담	• 공통의 가치관, 목적과 목표에 대한 적극적인 참여
의사결정과 행동양식	• 중앙집권적 하향식형 • 결정자와 실행자의 분리 • 통일성 • 집약적 의사결정과 참가자 행동 통제	• 자율분산형 • 결정자와 실행자의 일치 • 다양성 • 각 참가자의 자율성 존중
행동 기점	• 집약적 의사결정과 지휘	• 의사소통에 의한 설득과 이해
새로운 행동이 일어나는 방식	• 단발적, 산발적	• 다발적, 연속적
조직의 경계	• 명확하고 내부 폐쇄적	• 모호하고 오픈되어 있음
지도력	• 결정하고 명령하는 지도력	• 장을 만들고 사람을 엮어서 연결하는 지도력

관광이 마을만들기에 생기를 불어넣다

유후인 마을만들기가 동적 네트워크와 같은 조직 형태로 실천된 것은 지도자들이 관광사업자라는 것과 관계가 있다. 관광은 원래 지역 밖 외부 사람과의 접촉을 만드는 것으로, 마을만들기에서 관광을 수단으로 사용한다는 것은 외부와의 접촉을 항상 의식하며 활동하는 것을 의미한다. 관광이 외부와 관계를 갖는 특수시장을 만들어 기술과 정보, 인재 등 외부 자원의 도입 창구가 된다는 것은 제1장에서 설명했다. 외부와의 접촉은 지역 내부에서 움직이는 권력 구조와 의사결정 구조, 또는 이를 위한 계층형 조직 형태를 해체하고 변혁하는 작용을 한다. 읍장이나 조직의 대표는 외부 혹은 조직 외의 사람에게는 큰 의미가 없기 때문이다. 적어도 조직 내 의사결정으로 지역 외, 조직 외의 사람을 움직일 수는 없다.

그래서 관광에 의한 외부와의 접촉은 기존 지역 조직과는 다른 새로운 지역 사회 구조를 만드는 데 효과적이라고 평가받는다.[11] 관광사업자가 항상 접촉하는 것은 고객과 지지자 등 외부 사람이었다. 이런 사람도 포함한 마을만들기를 위한 연결을 만들기 위해서는 그들이 적극적으로 관여하도록 하여 대등한 파트너로서 연계해 갈 필요가 있다. 유후인 마을만들기 과정에서 서로 겹치는 동적 네트워크는 외부 사람의 시점을 갖는 관광의 특성을 각종 기획과 실천에 적용함으로써 만들어진다.

물론 관광사업자가 모두 이런 수평적 조직 형태를 좋아하는 것은 아니다. 전통적 조직 구조의 의사결정과 실행을 선호하는 경우도 많다. 혹은 관광사업자 이외의 사람이 이런 연결을 만드는 경우도 자주 있다. 그러나 외부를 항상 의식하고 외부 관광객과 자원을 적극적으로 도입해서 마을만들기를 하는 유휴인 마을만들기의 기본 전략에는 종래의 지역 조직과는 다른 연결이 필요했다. 관광을 수단으로 삼은 마을만들기를 위해 새로운 지역사회 구조를 만드는 것으로, 다양하고 새로운 행동이 만들어지고 이를 통해 마을만들기가 활발히 이루어졌다.

2. 동적 네트워크와 혁신

동적 네트워크의 빠른 기동력

수평적 조직 형태의 가장 중요한 특징은 '새로운 움직임=혁신'을 일으키기 쉬운 기동성이다. 조직적 결정을 거치지 않고 개인이 기점이 되어 이에 찬성하는 사람, 관심 있는 사람, 도와주는 사람이 분야나 조직과 상관없이 대등한 형태로 연결되기 때문에 움직임이 빠르다. 계층적 조직 구조에서는 새로운 것을 하려면 조직적 합의를 거쳐야 하므로 행동이 느려 늦어질 수밖에 없다. 새로운 기획이 있어도 조직의 윗선으로 올라갈 때마다 합의가 되어야 하므로 현장에서 제기된 아이디어가 조직 내 중간 단계 혹은 최종 결정 단계에서 거절당하기도 한다. 계층 구조는 결정된 것을 지속해서 추진하는 데에는 매우 효과적인 조직 구조인 반면, 새로운 것을 만들기 어렵고 행동이 패턴화되기 쉽다. 특히, 분야나 조직을 횡단하는 협동 작업을 하려면 몇 가지 조직적 결정이 필요하므로 새로운 움직임을 만들어내기에는 몇

배 더 어렵다.

　관광지뿐 아니라, 지역 경쟁력을 유지하기 위해서는 지속적인 혁신이 필요하다. 최근 이에 대한 중요성이 커지고 있다. 21세기에 들어 사회 환경이 급속하게 변화하는 가운데 경쟁력을 지속해서 유지하기 위해서는 시장 적응을 위한 새로운 행동과 변혁이 필요하기 때문이다. 변화를 예견하고 뭔가 새로운 것-새로운 기술, 새로운 제품 디자인, 새로운 제조 프로세스, 새로운 마케팅 기술, 새로운 유통 채널, 새로운 고객 서비스[12] 등-으로 현재 모습을 끊임없이 변화시킬 필요가 있다. 기업에 국한하지 않고 관광 활성화 방법 혹은 더 크게 지역 경제 방향성도 끊임없이 변화해야 한다. 하지만 견고한 구조의 지역 조직 속에서 전례를 답습하는 패턴화된 의사결정이 반복되어 지역 활력을 잃어버리는 경우가 많다.

　동적 네트워크는 경직되기 쉬운 기존 지역 구조를 깨고 이들을 잇는 새로운 관계를 만듦으로써 지역 내에 새로운 움직임을 만들어내는 작용을 한다. 또한, 하고 싶은 사람이 하고 싶은 것을 한다는 분산적 의사결정이 가능하므로 새로운 것을 다발적으로 실행할 수 있다. 개인 아이디어와 이에 찬성하고 협력해 줄 몇 명의 구성원이 있으면 새로운 것을 시작할 수 있어서 아이디어 개수, 이것을 만들어내는 사람 수만큼 새로운 것이 만들어진다. 1975년에 연속 히트한 축제에서 알 수 있듯이, 새로운 축제와 기획을 연속적으로 할 수 있었던 것도 동적 네트워크가 이런 특성을 발휘했기 때문이다. 한편 조직 내 집약적 의사결정이 일어날 때는 비록 새로운 사업이 일어난다고 해도 단발 또는 산발적일 수밖에 없다.

물론 기존 지역 조직이 선도하는 형태로 새로운 것을 하는 예도 있다. 실제 1980년대부터 아이디어 대장이나 일 잘하는 행정 직원이 주도하여 지역 활성화에 성공한 사례도 많이 볼 수 있다. 행정 주도의 지역 활성화는 한 번의 지시로 시작할 수 있기 때문에 효과적이고 효율적으로 보인다. 그러나 반대로 이것은 불안정하며 지도자의 참신한 아이디어와 파격적 행동력이 있을 때만 지속할 수 있다. 이런 지도력이 2대에 걸쳐 지속하는 경우는 거의 없어서 새로운 프로젝트도 바로 패턴화되고 초기에 있었던 의욕과 성과를 계속 기대할 수 없게 된다. 실제 1980년대 후반부터 1990년대까지 행정 주도의 성공사례가 많이 있었지만, 현재까지 그 성과를 유지하는 곳은 적다. 이것은 주도자의 변절이나 기세가 약해졌기 때문도 아니고, 후계자가 없거나 역량이 부족해 그런 것도 아니다. 변화가 일어나기 힘든 계층형 조직이 갖는 구조상의 문제다.

유후인 마을만들기는 외부 개발 압력으로부터 자연과 고즈넉함을 지킨 점이 강조되는 반면, 대단히 빠른 속도로 계속 변화해 왔다는 것이 중요한 특징이다. 이런 특성은 마을만들기에서 중층적으로 만들어진 동적 네트워크로 가능했다. 반복되는 활발한 혁신이 관광지로서의 시장 경쟁력을 만들어내는 또 하나의 원천이다.

유후인다움을 기반으로 한 혁신

아무리 혁신이 많이 일어난다고 해도 이것이 유후인다움과 관계없거나 유후인다움을 잃어버린다면 경쟁력의 원천은 강화되지 않는다. 동적 네트워크의 '하고 싶은 사람이 하고 싶은 것을 한다'는 행동 방식은 오히려 마을만들기가 갈피를 잡지 못할 수가 있다. 각자의 적극적인 활동이 활발하기 위해서는 저마다 자기 마음대로 하는 활동이 많이 일어나야 한다. 실제 유후인이 관광지로 유명해질수록 많은 외부의 중소 사업자들이 들어오고, 지역 사람들도 참여하여 각자의 생각을 실현하기 위해 다양한 활동을 펼쳤다. 유노츠보 거리가 하라주쿠화되었다고 평가받는 것처럼, 이래서는 방향성과 전략을 공유한 마을만들기는 진전되지 않는다.

이끌어 가는 이들의 이념, 전략과 동떨어진 활동을 막기 위해서는 행동 규칙과 규정, 조직적 지시, 구속하는 방법도 있다. 하지만 이런 방법은 그들이 바라는 것도 아니었고, 또 그렇게 할 수 있는 강한 권력도 가지려고 하지 않았다. 이런 규칙과 지시는 사람의 자유로운 발상을 방해하고 의욕을 빼앗기 때문이다. 마을만들기 실천과정이 적극적인 의욕에 의존하기 때문에 참가자의 의욕이 없어지는 것은 실패를 의미한다. 그러므로 의욕을 잃게 만드는 규칙과 지시에 의한 경직된 조직 운영은 피할 수밖에 없었다.

동적 네트워크의 진정한 의의는 단순히 새로운 것을 일으키기 쉬운 기동성에 있는 것이 아니다. 분야나 조직을 넘어선 다양한 지식의 교류를 통해 마을만들기의 이념을 공유하는 시스템이 갖춰지면서 유후인다움을 기반으로 한 혁신이 연속적으로 발생한다는 점이다. 제3장에서 설명하듯이, 현재 우리가 가진 유후인 온천의 이미지는 40여 년 전부터 만들어진 것이며, 현재도 유후인다움을 기반으로 한 변화가 지속해서 일어나고 있다. 혁신이 유후인다움을 기반으로 발생하는 이유를 설명하기 위해서 사람과 사람을 연결한다는 의미를 조금 더 구체적으로 살펴볼 필요가 있다.

뛰어난 전략과 새로움으로 경쟁하다

혁신이 방향을 제대로 잡고 유후인다움을 기반으로 반복되는

시스템을 설명하는 데 도움이 되는 것이 조직적 지식창조 이론
이다.

이 이론은 원래 기업경영에서 지식을 관리하는 시스템을 설명
하는 이론이다. 기업이 혁신의 원천이 되는 새로운 지식을 조직
적으로 만들어 가는 요건을 설명한다. 이 이론에서는 기업 내에
존재하는 지식 자산과 이것을 역동적으로 활용하는 지식 순환
에 의해 기존 지식에서 새로운 지식이 만들어지는 시스템이 모
델화되어 있다.[13]

기업에서 지식이 대단히 중요한 자원으로 인식된 것은 지식
사회로 이행되면서 경쟁 조건에 변화가 있었기 때문이다. 즉,
생산요소의 매매 비용과 규모 경제에 의한 정적인 경쟁이 아니
라, 전략의 차이와 혁신으로 결정된다[14]는 동적인 경쟁이 현실
적 경쟁이다. 지금까지와 같이 인건비가 저렴하다거나 어느 특
정 재화 서비스를 저렴한 가격으로 조달할 수 있다는 조건이 아
니라, 생산성을 끊임없이 향상해 경쟁력의 원천을 강화해 가는
혁신, 즉 지속적이고 혁신적인 개혁과 개선이 기업 경쟁력에서
중요하다.

이것은 관광산업에도 해당한다. 관광객의 요구가 다양화, 고
급화하면서 고객이 원하는 가치를 끊임없이 제공하기 위해서는
끊임없는 개선과 갱신이 필요하다. 이런 혁신을 만들기 위해서
는 한정된 관광사업자의 지식뿐 아니라, 지역에 있는 다양한 매

력을 활용할 필요가 있다. 지역에는 지역 매력을 뒷받침하는 다양한 지식이 존재한다. 역사와 자연에 관한 지식, 농업과 전통적 지역산업에 집적된 지식은 물론, 관광사업자가 가진 비결 등 다양한 지식을 지역에서 교류하고 관광지 내에서 끊임없이 혁신을 만들어내는 것이 관광지의 경쟁력을 좌우한다.

이를 위해 지역에 있는 다양한 지식을 얼마나 효과적으로 경영해서 새로운 가치를 만들어내느냐가 관광지 경쟁 전략에서 중요하다. 지식은 개인이 만들어내는 것이며, 기업도 기업 전체라는 조직 차원에서 활용하기 위해서는 개인과 조직 간의 지식을 동적으로 순환시키는 시스템이 필요하다. 이와 함께 지역 내 다양한 지식을 마을 차원에서 활용하고 새로운 가치를 만들어내기 위해서는 개인과 마을 사이에서 지식을 순환시키는 과정이 반드시 필요하다. 동적 네트워크는 개인과 마을 사이에서 역동적으로 지식을 순환시키는 시스템 역할을 하고 있다.

조직적 지식창조 프로세스에서 혁신을 만드는 지식을 활발히 움직이게 하는 힘[15]은 노나카 이쿠지로 등의 'SECI 프로세스'다(그림 2-1). 이 프로세스는 개인 지식이 조직 차원으로 확대되고, 이것이 개인에게 다시 돌아감으로써 조직적인 지식의 활용이 이루어지는 것을 보여준다.

이 과정은 먼저 '지식'에는 '형식지'와 '암묵지'라는 두 가지가 있다는 전제하에 시작한다. 두 가지 지식의 순환적 상호교환으

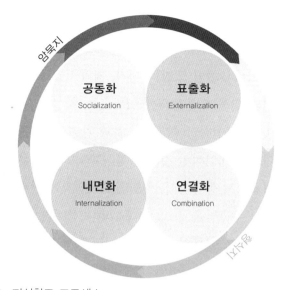

그림 2-1 지식창조 프로세스

출처 : NoNAKA Ikujiro, TAKEUCHI Hirotaka, 1996, p.93

로 혁신이 일어난다고 한다.

형식지는 형식적, 체계적, 윤리적 지식이며, 일반적인 의미의 지식을 말한다. 언어와 숫자로 표현이 가능하고 엄밀한 데이터, 과학 방정식, 명시화된 절차, 보편적 원칙 등의 형태로, 쉽게 전달, 공유할 수 있는[16] 특징이 있다. 언어와 데이터 등 어떤 형태로든 표현되는 형식지는 정보통신기술로 주고받을 수 있는 지식이기도 하다.

그에 비해 암묵지는 주관에 따른 통찰, 직감, 감 등 개인적인 지식이다. 암묵지는 개인의 행동, 경험, 이상, 가치관, 감정[17]과 깊은 관련이 있다. 개인의 경험을 바탕으로 하는 기능과 비결뿐 아니라, 스키마타*, 멘탈 모델**, 생각, 지각 등 사물과 세계를 인지하는 개인의 안목이 포함되어 있다. 즉, 사물을 보는 시각과 생각 등 간단히 표현하기 어려운[18] 것과 관련이 있다. 그러므로 암묵지는 대단히 개인적인 것으로 형식화되기 어려우므로 다른 사람에게 전달해서 공유하기 어렵다[19]고 한다. 형식지와는 달리 인터넷 등에서 주고받을 수 없는 종류의 지식이다.

조직적 지식창조 이론의 특징은 지식의 원천인 암묵지를 중시하는 데 있다. '조직은 개인 없이 지식을 만들어낼 수 없으며',[20] '새로운 지식은 항상 개인에게서 시작된다'.[21] 그러므로 새로운 지식이 풍부한 미개척의 원천[22]이 되는 것이 암묵지다.

단, 암묵지는 다른 사람에게 언어와 데이터로 전달하기 어렵다. 개인과 개인의 밀접한 공동체험으로 얻을 수 있어서 장소와 시간을 공유한 사람 이외에는 공유하기 어렵다. 그래서 암묵지를 누구나 알 수 있도록 언어나 숫자로 바꿔야 한다.[23] 개인의 경험을 바탕으로 하는 암묵지가 형식지로 전환되면 개인 지식을 조직 차원으로 확대해서 이용할 수 있다. 그리고 그것이 반복적

---

* schemata: 과거의 경험이나 반응에 의해 만들어진 지식 또는 반응체계.
** mental model: 사물이 실제로 어떠한 방식으로 작동할 것이라고 생각하는 인간의 사고 과정.

으로 개인에게 환원되면서 역동적인 지식창조가 일어난다. '개인이 만들어내는 지식을 조직적으로 증폭하고, 조직의 지식 네트워크로 결정화[24]하는 프로세스'로 조직 차원에서 지식을 활용할 수 있다.

이런 지식의 동적인 움직임을 설명하기 위한 구조가 SECI 프로세스다. 이 프로세스는 암묵지와 형식지 두 가지의 지식이 상호 교환하는 지식 변환[25] 과정으로, ① 암묵지→암묵지, ② 암묵지→형식지, ③ 형식지→형식지, ④ 형식지→암묵지의 네 가지 형식이 있다. 이것은 각각 ① 공동화Socialization ② 표출화Externalization ③ 연결화Combination ④ 내면화Internalization로 부른다(SECI). 암묵지와 형식지의 연속된 형식 변화로 개인 차원의 암묵지에서 시작하는 지식이 조직 차원으로 확대되어 지식을 조직적, 동적으로 활용할 수 있다.

첫 번째 형식인 '공동화'는 개인의 암묵지를 개인과 개인 사이에 공유하는 과정이다. 경력, 시점, 동기가 다른 복수의 개인이 체험을 공유하여 신체적, 정신적 리듬을 일치시키는 장소에서 직접 대화를 통해 상호 작용하는 것[26]으로 암묵지가 공유된다. 직접 얼굴을 보고 장소와 시간, 경험을 공유함으로써 체험으로 획득하고 언어로는 쉽게 전달되지 않는[27] 암묵지가 전달되는 형식이다.

두 번째 형식인 '표출화'는 공유된 암묵지로 만들어진 새로운 지식을 형식지로 변환하여 명확한 콘셉트를 만드는 프로세스다. 이런 변환은 대화, 즉 공동사고로 일어난다.[28] 그러나 암묵지에서 바로 만들어진 콘셉트는 명확히 체계화된 것이 아니므로 은유나 유추 등 비유 혹은 가설, 모델 등으로 표현된다. 이처럼 새로운 지식이 구체적 형태를 갖추기 위한 대략적인 전체상이 추상적이면서 상징적, 직감적으로 이해할 수 있는 형태로 표현된다. 개인으로부터 만들어진 지식은 이 형식에서 그룹 차원으로 공유된다.

세 번째 형식인 '연결화'는 형식지로 표현된 콘셉트를 좀 더 구체적 형식지로 만드는 과정이다. 새로운 지식을 분석하고 조직 안팎에 있는 기존 형식지와 조합하고 정리, 분류해서 체계화하는 작업이다. 데이터 분석과 새로운 제품 설계, 제조 관리 수법 개발 등 사업을 구체적으로 구축해 가는 작업이며, 통상 지적 작업으로 생각하는 많은 것들이 이 형식에 속한다. 콘셉트를 형식지화된 지식의 조합에 의해 구체화함으로써 새로운 지식은 조직 수준의 지식으로 변환된다.

네 번째 형식인 '내면화'는 조직 내에서 체계화된 형식지를 개인 차원의 암묵지로 전달하는 과정이다. 이것은 행동에 의한 학습[29]으로 획득할 수 있다. 사업에 참여하여 문서로 만들어진 설명서를 습득하거나 상품과 서비스를 사용하는 등 행동에 의한 체험을 통해 조직 차원의 지식이 개인의 암묵지로 내재화된다.

그리고 SECI 프로세스 혹은 지식 순환을 촉진하는 요건에는 '의도', '자율성', '변화와 창조적 카오스', '복잡성', '최소 유효 다양성'[30]의 다섯 가지가 있다. 의도는 목표에 대한 생각이며 지식창조는 목표에 관한 개인의 적극적인 참여가 필요하다. 자율성은 개인 차원에서 자유로운 발상과 행동을 확보하는 것이다. 변화와 창조적 카오스는 외부 환경과의 상호작용으로 발생하며 종래의 체재와 습관 등 기존 지식의 틀을 벗어남으로써 새로운 지식을 얻을 수 있다. 복잡성은 형식지로 체계화된 효율성에서 벗어나는 부분이지만, 얼핏 비효율로 보이는 무의미나 중복이야말로 암묵지의 공유가 촉진되고 자극을 받는다. 최소 유효 다양성은 다양한 환경에 적응하기 위해 조직 내부에 확보되어야 하는 다양성을 말한다. 이런 요건으로 네 개의 지식 변화 형식을 끊임없이 활발하게 상호 순환함으로써[31] 조직적 지식창조가 가능하다고 한다. 반대로 말하면, 효율적 작업을 위한 엄밀한 매뉴얼과 규칙에 맞추어 개인의 주체성과 자유를 인정하지 않고 다른 사람의 일에도 관여하지 않는 수직 사회에서 개인이 고립된 상태로 작업하는 조직에서는 혁신이 일어나기 어렵다.

정리하자면, 개인의 밀접한 공동체험을 통해 다른 지식이 섞여서 새로운 지식이 만들어지지만, 이것이 암묵지에 기반을 두고 있는 이상 같은 장소와 시간을 공유하지 않는 사람에게는 전달되기 힘들다. 콘셉트(아이디어, 가설, 모델)로 표출되면서 형식지화된다. 그리고 콘셉트를 정리, 분석해서 체계화하고 기존 지식과 조합하면서 구체적 사업과 제품으로 연결되어 조직 전체(혹은 지역 전체) 차원에서 활용할 수 있는 지식이 된다. 또한, 이런 조직 차원의 지식에 개인이 참여하고 체험함으로써 조직 내 개인에게도 내면화된다. 그 지식이 개인의 암묵지로 축적되고 다시 암묵지 차원의 공동화를 통해 섞여 새로운 지식이 다시 만들어진다. 이런 지식 변환을 반복하면서 지식이 개인과 조직을 연계하여 연속적 혁신이 일어난다.

그리고 이런 지식의 동적 활동을 일으키기 위해서는 지식의 원천이 되는 암묵지가 활발히 작용하도록 개인이 목적을 공유하면서 적극적으로 자유롭게 생각하고 행동하며, 외부 요인을 받아들이면서 기존 사고의 틀을 끊임없이 변화시키고 얼핏 불필요하게 생각되는 것도 공유하면서 조직 내에 다양성을 확보해 나갈 필요가 있다.

조직적 지식창조 이론을 사회에 응용하다

원래 조직적 지식창조 이론은 기업 경영에서 혁신을 일으키는 조직의 모습을 설명하기 위해 만들어진 것이다. 그런데 이것을 기업 외부를 비롯한 사회 차원에서 응용함으로써 혁신을 일으키는 사회 구조와 요건을 밝히려는 시도가 제기되고 있다. 그러나 SECI 프로세스를 사회(혹은 그중 하나인 지역)에 응용할 때에는[32] 기업과는 다른 요건이 필요하다. 그것은 '사회적 과제와 위기의식의 공유', '생태학적 접근', '현장 지도력*'의 세 가지다.[33] 이것은 지역에 응용하면서 새롭게 추가되는 요건이라기보다는 앞서 설명한 SECI 프로세스를 촉진하는 다섯 개의 요건을 더 강화한 것 혹은 사회 차원에 맞추어 특별 주문한 것이라 할 수 있다.

기업에서는 프로젝트팀과 태스크포스 등 분야(부서)와 상관없이 다양한 지식을 모을 수 있는 수평적 네트워크를 통해 SECI 프로세스를 기동시킴으로써 지식창조가 일어나기 쉬워진다. 기업은 전체적으로 보면 계층형 조직 구조이므로 수평적 네트워크 자체는 조직의 명령으로 만들 수 있다. 기업에서는 물리적인 동기(외인적 동기)를 사용하여 - 예를 들면 금전적 계약으로 - 관계를 구축할 수 있기[34] 때문에 혁신을 유발하기 쉬운 구조 자체는 조직적 지휘 명령 계통 내부에 형성할 수 있다. 그러나 지역의 경우에는 지역 내에 존재하는 수직적 조직을 수평적으로 연결하는 네트워크를 조직 외부에 만들어야 한다. 이를 위해 앞의 세 가지 요건이 필요하다.

먼저, 지역 내 다양한 사람을 연결하기 위해서는 사회적 과제

---

* 현장에서 발생하는 문제에 잘 대응하는 능력.

외 위기의식의 공유가 필요하다. 이것은 모든 사람이 공유할 수 있는 지역 과제인 경우도 있고, 반대로 말하면 과제 해결로 실현하는 미래상이라고도 할 수 있다. 이런 과제 의식과 미래상의 공유로 참가자의 적극적인 참여를 촉진하고 원래 지역에 없었던 연결을 만들어내는 구심력이 생긴다.

또한, 지역에서 공유해야 하는 과제보다 상위에 있는 것이 '공통선善'이다. 공통선은 서로 존엄을 인정하는 인간이 공통으로 가진 윤리적·도덕적 가치관이며, 좋은 사회를 만들고 지역과 조직 사람들의 생활의 질을 향상해 더 나은 삶을 살고 싶다[35]는 공통된 의식이다. 선이라는 단어로 표현하면 무책임하게 생각되지만, 얼핏 실리적이지 않게 보이는 이념은 지역 차원에서 하나의 연결을 만들기 위해 반드시 필요하다. 그것은 기업의 경우에는 조직적으로 하나의 이해관계를 갖고 있지만, 각각의 이해관계가 있는 지역 내 산업과 조직은 다양한 이해관계 속에서 지역 사람들이 활동한다. 그러므로 이런 개개의 이해를 초월한 높은 수준의 이념과 목적이 공유됨으로써 이해가 다른 참가자가 같은 방향으로 걷는 파트너로 손잡을 수 있고, 지식의 동적 교류를 발전시키는 연결을 만들 수 있다.

그리고 지역 차원의 수평적 조직 관계는 다양한 문화를 갖는 지역 내 조직의 역학 관계를 연결함으로써 실현된다. 그러므로 이런 지역 생태계를 구축하는 것과 같은 네트워크 구조가 된다.

사람과 조직은 적극적인 의사에 의존해 연결되기 때문에 네트워크의 경계도 모호하고 참여도 사퇴도 자유롭다. 이런 임기응변으로 형태를 바꾸는 동적인 조직 구조로 네트워크 내의 개인과 각 조직의 이해와 자율성이 확보된다. 각 구성원은 수직관계의 명령에 따르는 것이 아니라, 각 활동을 보면서 본인의 판단으로 공통의 과제해결을 위해 협동하게 된다. 통일된 의사결정기구와 지휘 명령 계통이 없으며, 각각 분산적이고 자율적 의사결정을 기본으로 서로 연계의 장을 만들어가는 것이 '생태학적 접근'이다.

그리고 이런 역동적 조직 구조에서 다양한 사람을 연계하기 위해서는 참가자의 적극적인 참여를 유도할 수 있는 공통과제를 설정하고, 공통과제 해결과 공통선 실현을 위해 사람을 이끌 강력한 지도력이 필요하다. 이를 위해서는 다양한 참가자가 적극적·자율적으로 협동하도록 융통성 있게 자리를 마련하고, 조직과 개인을 엮어서 계속 자극하는 지도력이 필요하다. 그때 공통의 이념을 항상 참가자 모두에게 재인식시키고, 각자가 공통의 목표를 향해 할 수 있는 일과 장점을 활용할 수 있도록 서로 조율해 가며 새로운 지식과 해결법을 만들도록 유도하는 것이 '현장 지도력'이다.

이런 세 가지 요건은 기업 내 조직적 지식 관리에도 필요하지만, 지역에 응용할 경우에 그 중요성이 더욱더 크다. 조직 내에 수평직 연결을 만드는 것뿐 아니라, 기존 조직을 가로지르는 새로운 연결을 만드는 것이 어떤 의미에서 전통적 지역 조직의 행동 양식을 해체하고 재편하는 과정이기 때문이다. 지역 속에서 의사결정 시스템을 변경하고 이념과 과제 설정으로 사람을 모아서 그것을 실현하고 해결하기 위한 실천의 장을 만들기 위해서는 앞의 세 가지 요건을 구사하는 노력이 끊임없이 필요하다.

3. 유후인 마을만들기와 지식창조 프로세스

관광마을 만들기는 강력한 리더십만으로 할 수 없다

유후인 마을만들기의 과정은 조직적 지식창조 이론을 지역에 응용한 좋은 사례다. 이런 시점에서 살펴보면 마을만들기를 어떻게 추진할지에 대한 중요한 힌트를 얻을 수 있다.

지역 만들기에서는 가끔 강력한 지도력이 있는 인재의 존재에 대해 지적하는데, 유후인 마을만들기에서도 이 강력한 지도력이 매우 중요한 역할을 했다. 그러나 그들의 이념은 신의 계시처럼 개인의 독창적 발상에서 만들어진 것이라기보다 지역 사람들과의 상호작용으로 만들어졌다. 또한, 마을만들기는 다양한 사람의 합의와 협동이 필요하지, 그들의 이념만으로 마을만들기가 가능할 리가 없다. 유후인에서는 개인과 마을이 상호작용하는 동적 네트워크를 통해 사람들의 생각이 마을만들기로 확장되었다. 개인과 마을 사이에 지식이 활발하게 순환됨으로써 지속적인 혁신이 일어났다.

마을만들기의 핵심인 이념과 전략은 유후인에서 관광업을 꾸려 나가는 지도자들이 만든 것이다. 그것은 유후인다운 살기 좋은 마을을 만들겠다는 목표와 그것을 자립경제의 핵심으로 하겠다는 공통선을 향해 지역 변혁을 지향했다. 그러나 이런 목적과 전략은 그들 개인의 경험과 문맥(관점과 견해)에 기반을 두는 것이다. 지역 내 다양한 사람의 생각과는 달랐고, 지역 내 각 산업도 간단하게 공유할 수 있는 것이 아니었다. 내일의 유후인을 생각하는 모임이 초기에 보였던 대립은 물론, 이후 반복된 대립은 암묵지를 기반으로 한 지식을 마을이라는 차원에서 공유하기 어렵다는 것을 설명한다.

그래서 그들은 먼저 다른 산업과 다른 조직·그룹 사람들과 대화를 반복하고 암묵지 차원에서 공유를 시도하고 있다(공동화). 지역에서 함께 살고 있어도 농업과 관광업은 관점, 견해, 행동 양식이 전혀 다르다. 암묵지 차원에서 생각의 차이를 극복하고, 서로 같은 방향을 보도록 하고, 서로 지식을 교류하기 위해서는 얼굴을 마주한 진중한 대화가 필요하다. 이것이 모든 마을만들기의 출발점이며, 분야나 조직이 다른 다양한 사람들 사이에서 마을의 미래에 관한 생각이 암묵지 차원에서 공유된다. 유후인 마을만들기 과정에서는 이런 경계를 허문 다양한 대화의 장이 의도적으로 많이 만들어졌다.[36]

이런 대화 속에서 지역 안팎의 다양한 지식이 교류한다. 다양한 입장의 사람과 다양한 견해를 가진 사람의 지식이 뒤섞여야 지도자들이 생각하는 마을만들기의 방향성을 나타내는 새로운 콘셉트가 만들어진다(표출화). 그것은 단순히 새로운 아이디어가 아니라, 마을만들기에 관한 그들의 이념과 전략을 나타내며, 실현하기 위한 새로운 실천의 씨앗이 된다. 이런 콘셉트는 먼저 '여기 붙어라'로 모인 그룹 안에서 공유된다.

그러나 공통 체험으로 획득한 암묵지에서 만들어진 콘셉트를 마을 차원으로 확산하기 위해서는 구체적 형태로 만들어야 한다. 콘셉트를 구체화하는 과정에서 지역 내 개인과 조직의 기존 지식이 재편되고, 외부의 다양한 기술과 노하우를 받아들이면서 다양한 기획과 축제, 관광 관련 상품·서비스, 혹은 료칸 경영방식 등 체계적 형식지로 변환된다(연결화). 이런 사업을 통해 유후인다움과 마을만들기의 전략은 형식지화되고 마을 차원으로 확대되어 간다.

그리고 형식지화된 축제에 참여하거나 상품과 서비스를 경험하는 것으로 마을만들기의 이념과 전략이 다시 개인의 암묵지 속으로 변환되고 반영된다(내면화). 이런 프로세스를 통해서 개인의 지식과 조직(마을)의 지식이 역동적으로 상호작용하면서 혁신이 일어난다. SECI 프로세스에 의한 지식창조 과정과 이를 위해 필요한 요건을 유후인 마을만들기의 경험에 비추어 단순화한 것이 [그림 2-2]다.

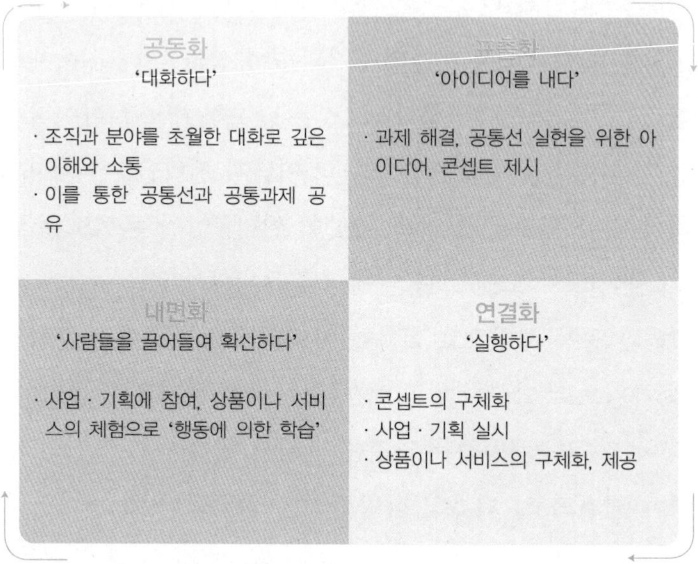

공동화	공존화
'대화하다'	**'아이디어를 내다'**
· 조직과 분야를 초월한 대화로 깊은 이해와 소통 · 이를 통한 공통선과 공통과제 공유	· 과제 해결, 공통선 실현을 위한 아이디어, 콘셉트 제시
내면화	연결화
'사람들을 끌어들여 확산하다'	**'실행하다'**
· 사업 · 기획에 참여, 상품이나 서비스의 체험으로 '행동에 의한 학습'	· 콘셉트의 구체화 · 사업 · 기획 실시 · 상품이나 서비스의 구체화, 제공

'지역'에서 SECI 프로세스가 작동하는 요건
· 공통의 목표(과제) 설정, 적극적인 참여
· 분야와 조직을 초월한 연결
· 자리를 만들고 사람들을 끌어들여 움직이는 리더십

그림 2-2 마을만들기에서의 지식창조 프로세스

조직적 지식창조 프로세스에서 알 수 있듯이 암묵지 차원의 지식을 체감하면서 공유하는 형식과 그것을 형식지화해서 지역으로 확대하는 형식 모두 마을만들기 과정에서는 매우 중요한 의미가 있다.

마을만들기를 추진하는 데 중요한 것은 마을 사람들의 축적된 지식이다. 산업 관련 지식, 지역의 역사와 매력에 관한 지식, 이것을 시장에 내보내는 지식 등 지역 내에는 다양한 지식이 존재하고 지역 생활은 다양한 지식의 총체로 성립된다. 그러나 같은 지역에 살고 있어도 개인이 가진 서로의 지식을 깊이 교류할 수 있는 장과 기회는 매우 적다. 다양한 지식은 개인의 관점, 견해와 깊은 관련이 있어서 암묵지 차원의 지식을 공유하기 위해서는 깊은 대화가 필요하다. 지역의 다양한 지식이 교류되면서 마을만들기로 연결되는 새로운 콘셉트가 만들어지기 때문에 반드시 대화를 나누며 서로 이해시킬 자리가 필요하다.

그러나 이런 콘셉트는 대화에 참여하여 시간과 장소를 공유하지 않은 사람은 이해할 수 없다. 그곳에서 콘셉트(아이디어)를 기록, 데이터 혹은 사업, 제품 등 형태(형식지화 함)로 만들 필요가 있다. 즉, 다양한 형식지를 조합해서 축제 등을 기획하거나 제품 제조, 이를 위한 활동과 홍보 등을 구축하는 지적 작업이 필요하다. 또한, 대화 과정 자체를 기록과 데이터 등으로 형식지화하는 것도 중요하다. 유후인은 마을만들기 과정을 기록으로 남기는 데 큰 노력을 기울였다. 이런 형식지로 많은 사람이 마을만들기의 의미와 방향성을 체험할 수 있었고, 지식은 마을로 확장되었다. 축제 사업에 참여하거나 료칸이 제공하는 상품과 서비스 체험, 문서와 데이터에 의한 체험을 통해 콘셉트는 지역 차원으로 널리 공유되었다.

유후인의 동적 네트워크는 암묵지와 형식지 모두를 중시한 지식의 공유를 통해 지역 차원에서 지식을 역동적으로 만드는 프로세스로 기능하고 있다.

소 한 마리 목장 운동이 지켜낸 것들

유후인 마을만들기에서 지식창조 프로세스의 최초 사례가 내일의 유후인을 생각하는 모임에서 만든 '소 한 마리 목장 운동'이다. 이미 설명한 것과 같이 이것은 내일의 유후인을 생각하는 모임의 관광사업자와 축산농가, 그리고 다른 실천회원들의 대화에서 시작되었다. 그중에서 먼저 축산농가의 경영이 어려운 이유를 회원들끼리 서로 이해하고 목장을 지키자는 마을만들기의 방향성을 공유했다. 그리고 관광이 가진 외부 자원(고객과의 연결)을 이용하여 축산농가의 경영을 지원하는 '소 한 마리 목장 운동'이라는 콘셉트가 만들어졌다. 이것은 단순히 축산농가의 경영지원도, 관광 명물 만들기도 아니다. 농가와 하나된 아름다운 경관을 지킨다는 마을만들기 자세와 전략을 명확히 하여 산업과 산업을 이어 목장을 지켜낸 아이디어였다.

이 콘셉트는 운영 시스템을 만들고 외부 자본을 도입함으로써 구체적 형태로 실현되었다. 사업구조는 축산에 관한 농가의 지식과 고객을 설득하는 관광사업자의 지식이 만나 기존 지식이

공동화	표출화
· '내일의 유후인을 생각하는 모임'에서 농가, 관광사업자, 그 외 실천회원들의 대화 · 마을만들기의 방향성과 과제의 공유	· '소 한 마리 목장 운동'이라는 콘셉트
내면화	연결화
· 축산농가, 관광사업자, 투자자가 참여한 행동에 의한 유후인의 가치 체험	· '소 한 마리 목장 운동' 사업의 기획, 실시 · 농가의 지식과 관광사업자의 지식 재편 · 외부 투자자 도입

SECI 프로세스 작동에 필요한 요건
· '목장을 보호한다'는 공통 목표에 적극적인 참여
· 축산농가, 료칸, 고객 등 조직과 분야를 초월한 수평적 연결
· 농가, 료칸, 투자자를 끌어들이는 리더십

그림 2-3 '소 한 마리 목장 운동'에서의 지식창조 프로세스

정리되고 연결되었다. 송아지 주인이 된 투자자는 이자를 목적으로 자금을 투자하는 것이 아니라, 유후인 목장을 지킨다는 공통선에 공감하여 사업에 참여했다.

그리고 이 사업에 다양한 사람이 참여함으로써 내일의 유후인을 생각하는 모임의 회원 외에 관광사업자와 농가, 그리고 외부 투자자도 실천적 학습으로 유후인의 자연환경과 경관의 가치,

마을만들기의 이념과 전략을 암묵지로 획득했다(그림 2-3).

소고기 먹고 함성 지르기 대회를 열다

SECI 프로세스는 단 한 번의 원을 그리는 것이 아니라, 반복되는 소용돌이처럼 확장함으로써 새로운 혁신을 일으킨다. 유후인의 동적 네트워크도 역동적 지식창조 사이클을 반복함으로써 혁신을 연속해서 일으켰다. 유후인의 명물 축제의 하나인 '소고기 먹고 함성 지르기 대회'는 소 한 마리 목장 운동에서 파생한 것이다. 이것은 매년 가을에 개최하는 목장 바비큐 대회이며, 원래 송아지 주인이 된 투자자와 축산 농가가 자신들이 지켜낸 목장을 함께 체감하고 그곳에서 자란 소고기 맛을 보기 위한 축제로 기획하였다. 유후인의 다양한 사람들이 모여 축제를 구성하고 이끌어 가면서 각각의 지식이 재편성되었다.[37] 사람들은 축제에 참여하여 목장의 아름다움과 이것을 지킨 마을만들기의 의의를 체험하게 된다.

그리고 바비큐 대회장에서 참가자가 함성을 지르는 요소를 추가하여 매스컴의 관심을 끌어 홍보력을 높였다. 매스컴을 이용하여 '관광지 유후인'의 자세를 축제 참가자 이외의 외부인들에게 널리 알렸다. 매스컴을 활용하는 지식은 관광사업자가 체득한 것이었다. 축제를 영상으로 홍보하는 것은 외부에 선전하는 것은 물론, 유후인 사람들에게 지역 가치를 체험하게 하는 중요한 의미가 있다.

축제 운영 또한 유후인 마을만들기의 연결 방식을 체험할 수 있는 방식으로 추진하였다. 소고기 먹고 함성 지르기 대회는 매년 100여 명의 자원봉사자에 의해 운영된다. 이른 아침 운영진 회의에서 실행위원장은 대회장인 목장을 지키는 것이 유후인 마을만들기의 원점이라는 것을 먼저 설명한다. 실제 운영에서는 대략적인 역할 분담이 정해져 있지만, 실행위원장과 각 세션 지도자의 지시는 거의 없다. 본인이 잘하는 곳에서 경험 있는 운영진의 움직임을 보면서 적극적으로 행동함으로써 축제를 진행한다. 그 외 일하는 사람들의 일하는 방식도 자유로워서 각자 책임감을 가지고 어떻게 하면 축제 참가자들이 좋아할지를 스스로 생각해서 행동한다. 이런 방식으로 운영진들이 적극적으로 참여하고 명령 없이 자율적 행동으로 협동의 장이 만들어진다. 이런 축제 운영 방법을 지도자나 운영진이 경험함으로써 동적 네트워크도 개인 차원의 암묵지로 습득하게 된다(그림 2-4).

소고기 먹고 함성 지르기 대회와 같은 명물 축제는 모두 마을만들기의 지식이 순환되는 장으로서 중요한 역할을 했다. 유후인은 축제를 통해 홍보가 정교하고 외부 선전이 능숙하다는 말을 듣지만, 이런 축제는 마을만들기의 기본자세를 지역 내부에

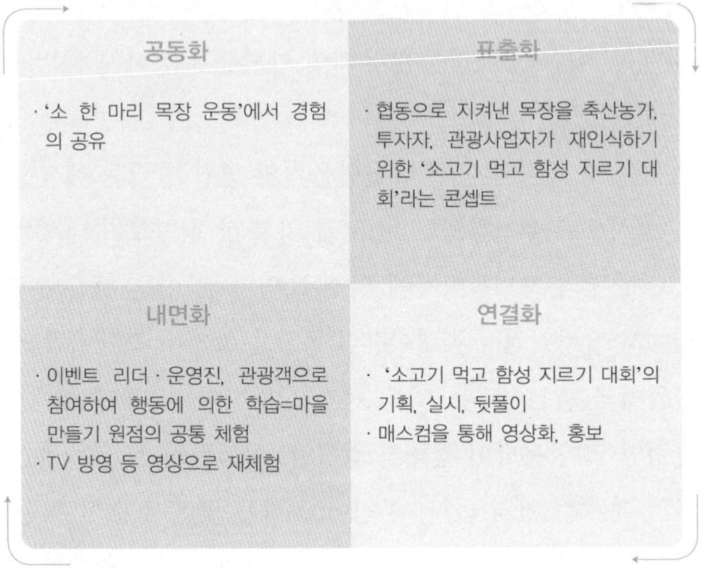

공동화	표출화
· '소 한 마리 목장 운동'에서 경험의 공유	· 협동으로 지켜낸 목장을 축산농가, 투자자, 관광사업자가 재인식하기 위한 '소고기 먹고 함성 지르기 대회'라는 콘셉트
내면화	**연결화**
· 이벤트 리더 · 운영진, 관광객으로 참여하여 행동에 의한 학습=마을만들기 원점의 공통 체험 · TV 방영 등 영상으로 재체험	· '소고기 먹고 함성 지르기 대회'의 기획, 실시, 뒷풀이 · 매스컴을 통해 영상화, 홍보

SECI 프로세스 작동에 필요한 요건
· 마을만들기 원점을 재확인하는 공통의 목표에 적극적인 참여
· 분야와 조직을 초월한 자원봉사자의 참여
· 자원봉사자의 적극적인 참여를 유도하는 리더십

그림 2-4 '소고기 먹고 함성 지르기 대회'에서의 지식창조 프로세스

알리고 지역 사람들을 연결하는 실천의 장이 되었다. 중심 구성원이 공유한 암묵지로 만들어진 새로운 콘셉트는 축제라는 구체적 형식지로서 마을에 확산됨으로써 축제 참가자들에게 공유된다. 이런 축제를 통해서 지역 사람들이 마을만들기의 방향성을 체험하고 유후인다움을 공유하는 데 중요한 의미가 있다. 또한, 뉴스에 영상으로 나오는 형식지화된 것을 봄으로써 축제에 참가

하지 않은 주민도 유후인다움을 체험할 수 있게 된다.

유후인을 유명하게 만든 다른 축제도, 예를 들면 유후인 영화제인 '영화관 없는 곳에서의 영화제', 유후인 음악제인 '별 밤 콘서트' 등의 콘셉트는 모두 유후인의 생활환경 속에서 함께 문화를 즐기는 사람들의 새로운 연결을 만들었다. 또 지역의 문화력을 높임으로써 질 높은 지역 생산품과 서비스를 만들어 지역 경제를 활성화한다는 마을만들기의 전략을 단적으로 보여준다. 이런 콘셉트가 실제로 축제라는 형태로 구성되고, 그곳에 운영진과 손님으로 참여함으로써 마을만들기의 기본자세가 다양한 사람들에게 내재화된다.

그리고 다음 장에서 서술하겠지만, 지식창조 프로세스를 움직이는 동적 네트워크로 기능하는 요소 중 하나가 료칸이다. 마을만들기 지도자들이 경영하는 료칸은 마을만들기 이념과 전략을 보여주는 '작은 숙소'라는 콘셉트가 표출되어 숙소의 모습과 경영 방법에 유후인이 지향하는 구체적 모습이 구현되었다. 숙박객뿐 아니라, 숙소 직원, 혹은 숙소에 자주 드나드는 지역 사람들이 료칸의 모습과 제공되는 서비스를 체험함으로써 새로운 암묵지를 내면화한다. 료칸은 그런 장으로서 해야 할 역할을 하고 있다.

또한, 유후인 마을만들기의 경험을 전하는 이야기도 지식 순환에서 중요한 역할을 하고 있다. 처음에 기술한 세 명의 젊은이가 유럽 여행에서 얻은 경험은 세 명이 공유한 암묵지였다. 그 공유 체험에서 발상을 얻은 마을만들기 방향성을 지역으로 확대하기 위해 '온천휴양지'라는 콘셉트가 표출되었다. 이 콘셉트는 자연과 고즈넉함이라는 유후인 가치의 중요성을 설명한 1924년 세이로쿠 박사의 강연과 마을만들기 지도자들과 지역 주민의 활약상을 담아 재구성함으로써 유후인의 가치와 전략을 구체적으로 담은 성공담이 만들어졌다. 젊은 료칸 주인들의 기행뿐 아니라, 이 마을의 경험은 많은 이야기로 전승되고 있다. 이것은 허구는 아니지만, 마을만들기의 이상과 전략을 잘 전달하도록 재구성되었고, 이런 이야기를 듣거나 읽음으로써 마을만들기의 의미와 방향성을 체험할 수 있다.[38]

유후인 마을만들기 과정에서 만들어진 동적 네트워크가 품은 이런 지식창조 프로세스가 지속해서 혁신을 일으키는 기반이 되고 있다.

4. 혁신, 관광 경쟁력을 높이다

  유후인 마을만들기에서 ② '연결을 만든다'는 관광으로 마을 만들기를 위한 동적 네트워크를 만드는 것이며, 그것으로 만들어진 지속적인 혁신이 관광 자체의 경쟁력을 배양하는 상호 촉진적 관계다. 유후인은 마을 차원에서 실천하기 위해 분야나 조직을 넘어 참가자의 적극적인 참여로 사람을 연결하고, 마을만들기의 이념과 전략을 지역 전체에 확대하려고 했다. 그리고 사람과 사람의 연결이 분야를 넘어 다양한 지식을 교류하는 장이 되는 것으로 새로운 시도가 생긴다. 즉, 마을만들기를 위한 관광을 실천하는 연결이 연속적 혁신의 기반이 되고 관광지로서 경쟁력이 높아진다.

  특히, 유후인에서 혁신이 중요한 의미가 있는 것은 마을 경쟁력의 원천이 유후인다움이라는 지역 특성이기 때문이다. 유후인은 유후인다운 생활양식을 만들어 지역의 독자적 특성을 높여서 다른 관광지와 차별화하여 브랜드화하는 전략이 관광지로서의 경쟁력의 원천이 되고 있다. 이런 전략은 진정한 혁신을 필요로

한다.[39] 앞선 성공사례나 모범적 모델을 따라 하는 모방은 독자적 방향성을 내세우는 전략에서 제한되기 때문이다. 지역 특성으로 경쟁력을 얻기 위해서는 지역 특성을 활용하는 방법도 독자적일 필요가 있다. 이를 위해 지역 특성을 활용하고 강화하는 '새로운 독자적 대응=혁신'이 지속해서 일어나지 않으면 브랜드를 배양할 수도 경쟁우위를 획득할 수도 없다.

그러나 기업에서도 혁신을 반복하여 브랜드 정체성을 배양하고 강한 브랜드력을 구축하기는 쉽지 않다. 거기에는 다층적 브랜드 매니지먼트 수법이 필요하다. 이것을 지역 차원에서 실천하기는 더욱더 어려운 과제다. 지역에는 다양한 이해관계가 얽혀 있고 합의 형성이 어려우면서 보조를 맞추도록 하는 지휘 명령체계가 존재하지 않기 때문이다. 그래서 지역 독자성을 주민과 사업자 스스로가 함께 인식하게 할 시스템을 고안하고, 그 특성을 활용한 혁신을 지속해서 일으켜 포괄적인 유후인다움을 만들 필요가 있다.

이런 점에서 동적 네트워크에 의한 조직적 지식창조 프로세스에는 마을만들기의 기본 이념과 전략을 공유하는 형식이 포함됨으로써 혁신의 방향성을 정하는 기능이 있다. 동적 네트워크에서는 마을만들기 이념이 참가자의 적극적인 참여를 끌어내기 위한 공통 목표로 설정되어 있으며, 유후인다운 살기 좋고 방문하기 좋은 마을을 만든다는 공통선에 의해 사람들의 연결이 만들어져 있다.

그리고 처음에 마을만들기의 기본이 된 이념과 전략이 암묵지 차원에서 공유되고 거기에서 새로운 콘셉트가 만들어진다. 그래서 새로운 콘셉트는 마을만들기 자세와 방향성을 표현하며 유후인다움이 기반이 된다. 이 콘셉트는 구체적 축제와 기획이 형태가 되어 지역 차원으로 확대된다. 관광사업자와 각 산업 그리고 지역 주민과 외부 손님, 지지자는 행동을 통해 그것을 체감함으로써 마을만들기의 이념과 방향성을 내면화한다.

물론 이런 내면화는 축제에 참여하거나 상품과 서비스를 체험함으로써 체득할 수 있으며, 기존 지역 조직과 같이 명령에 따라 많은 지역 주민이 참여하는 방법과는 다르다. 그러므로 지도자들은 동적 네트워크를 수없이 만들고 그 범위를 확대함으로써 보다 다양한 관계자와 주민이 참여하도록 끊임없이 노력했다. 이런 장을 통해서 마을만들기의 이념이 암묵지로서 지역 내에 확대되고 유후인다움을 기반으로 한 새로운 기획과 활동이 지속해서 만들어졌다.

관광과 동적 네트워크의 상호작용 관계를 정리하면 [그림 2-5]와 같다.

지식창조 프로세스의 출발점인 암묵지는 우리가 가진 것은 '이러하다'는 '현실상'과 '이래야 한다'는 '미래 비전'[40]이 반영되었다. 그리고 혁신의 본질은 어떤 이상과 비전에 따라 세계를 변

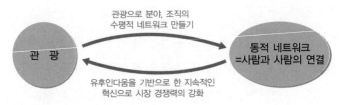

그림 2-5 관광과 동적 네트워크의 상호관계

화시키는 것이다.[41] 즉, 동적 네트워크는 이런 암묵지를 마을로 확대하여 마을만들기의 의미와 방향성을 다양한 사람이 체득할 수 있도록 하는 것이며, 유후인의 전략을 실현하기 위한 연속적 혁신을 일으키는 기반으로 기능하고 있다.

주민 사이에 공유된 유후인다움을 기반으로 이것을 실현하는 혁신이 반복됨으로써 관광지로서 유후인의 경쟁력은 계속 유지된다. 그 과정은 제3장에서 밝히고자 한다.

주

1 中谷健太郎(2006b) p.192.
2 中谷健太郎(1995) p.79.
3 中谷健太郎(1995) p.156.
4 花水樹 No.3, p.5.
5 花水樹 No.8, p.16.
6 中谷健太郎(1995) p.46.
7 中谷健太郎(2006b) p.200.
8 溝口薫平(1988) p.194.
9 溝口薫平(1988) p.195.
10 영어부분은 Thomas L. Friedman(2008) p.300 참조.
11 大澤健(2018) p.94-95 및 安村克己(2006), 森重昌之(2014), 岩崎正弥(2016), 阿比留勝利(2010) 참조.
12 野中郁次郎, 竹内弘高(1996) p.3.
13 野中郁次郎, 紺野登(1999) 참조.
14 Michael E. Porter(1999) p.80.
15 野中郁次郎, 竹内弘高(1996) p.84.
16 野中郁次郎, 竹内弘高(1996) p.8.
17 野中郁次郎, 竹内弘高(1996) p.8-9.
18 野中郁次郎, 竹内弘高(1996) p.9.
19 野中郁次郎, 竹内弘高(1996) p.8.
20 野中郁次郎, 竹内弘高(1996) p.88.
21 野中郁次郎, 竹内弘高(1996) p.17.
22 野中郁次郎, 竹内弘高(1996) p.126.
23 野中郁次郎, 竹内弘高(1996) p.9.
24 野中郁次郎, 竹内弘高(1996) p.88.
25 野中郁次郎, 竹内弘高(1996) p.90.
26 野中郁次郎, 竹内弘高(1996) p.126.
27 野中郁次郎, 竹内弘高(1996) p.126.
28 野中郁次郎, 竹内弘高(1996) p.95.
29 野中郁次郎, 竹内弘高(1996) p.102.
30 野中郁次郎, 竹内弘高(1996) p.109-124.
31 野中郁次郎, 竹内弘高(1996) p.105.
32 조직적 지식창조 이론의 지역 적용에 관해서는 Michael E. Porter(1999)의 클러스터 이론과 관

련지이 논하는 경우가 많다(예를 들면, 友澤和夫(2002)). 또한, 유후인의 경험을 클러스터로 예를 든 지적도 있다(山崎朗(2002) p.12). 단지, 野中郁次郞, REINMOLLER Patrick, 柴田友厚 (1998)은 이러한 개념(클러스터나 네트워크)은 형식지를 전제로 하며 지식창조에 필요한 암묵지를 주요 구성 개념으로 하지 않는다(p.5)고 한다. 명확히 클러스터 이론이 명시적으로 암묵지를 주요 구성 개념으로 하지 않은 것은 맞지만, 이 이론은 암묵지 등을 기반으로 한 관계를 제공하는 모태(友澤和夫(2002) p.36)로서 지리적으로 근접하는 산업 집적에 중요한 의미를 미친다고 생각할 수 있다. 이 책에서도 두 이론은 밀접한 관계를 맺는다고 인식하고 있으며 유후인 마을만들기를 클러스터라는 시점에서 살펴보는 것도 가능하다고 생각한다.

33 野中郁次郞, 廣瀬文乃, 平田透(2014) 제2장 및 제4장 참조. 여기서는 사회적 과제와 위기의식의 공유, 생태학적 접근, 다양한 사람의 지혜로 각 요소에 영향을 미쳐 새로운 질서가 형성되는 지식창조(SECI) 프로세스, 현장 지도력의 네 가지가 사회적 가치를 함께 만드는 요건이다. 이 책에서는 지식창조 프로세스 이외의 세 가지로, 기업에 적용할 때의 요건의 차이를 기술한다.

34 野中郁次郞, 竹内弘高(1996) p.57.

35 野中郁次郞, 竹内弘高(1996) p.59.

36 中谷健太郞(2006a) p.148에 "먼저, 처음은 대화부터 시작한다. 음악제도 영화제도 소 한 마리 운동도 관광마차도 음식 축제도 오곡풍요를 기원하는 축제도 모두 대화에서부터 시작했다. 대화는 사람과 장소로 이루어진다"라고 기술하였다.

37 그 모습을 다음과 같이 묘사하였다. "작년 소 품평회에서 농림부 장관상을 받은 萩重利 씨는 가장 맛이 좋은 소를 선별하여 도축하고 발골까지 했다. 여성들은 냄비, 솥, 그릇, 식칼을 가지러 가파른 언덕을 올라갔다. 남성들은 다리가 불편한 손님을 경운기에 태워서 옮겼다. 공무원인 秋吉 씨는 소음 측정기를 가지러 달려 왔고, 전 상공회 지도원인 佐藤雄也 씨는 축제 사나이의 체면을 짊어지고 대북을 쳤다. 초대받은 淸水 읍장과 高田 의장은 기대한 대로 상금 후원자를 자청하고 …"(中谷健太郞(2006ㄴ) p.195). 지역의 다양한 사람들의 지식과 노력, 자금을 규합하고 재편함으로써 축제를 기획해 가는 모습은 유후인의 다른 축제에서도 마찬가지다.

38 '암묵지를 크게 잃지 않고 지식을 전달할 수 있는 형태 이야기'의 중요성에 대해서는 野中郁次郞, 紺野登(2012) p.106~118에서 기술하였다.

39 Michael E. Porter, 竹内弘高(2000) p.139.

40 野中郁次郞, 竹内弘高(1996) p.9.

41 野中郁次郞, 竹内弘高(1996) p.12.

제3장

'시장 경쟁력' 관광지로 성공하다

유후인 온천의 관광지로서의 경쟁력은, 제1장에서 언급한 '유후인다움=지역 특성'을 만드는 단계, 제2장의 '동적 네트워크=사람과 사람의 연결'을 만드는 단계가 상호작용하여 만들어졌다. 유후인다움이 다른 관광지와의 차별화로 브랜드화하고 동적 네트워크가 유후인다움을 기반으로 지속적인 혁신을 일으키는 토양을 만들어 관광지로서의 경쟁력이 만들어졌다.

이 장에서는 경쟁력 강화 프로세스를 실제 마을만들기의 경험으로 증명하려 한다. 예로 드는 것은 유후인 경관과 조화를 이루는 '작은 숙소와 경영 방법의 확산', '농업과 음식=유후인의 농업과 요리', '예술과 경관 형성을 포함한 문화 마을만들기'라는 세 가지 영역이다. 현재 우리가 가진 유후인다움의 이미지는 지역 특성의 핵심 영역으로 유후인 브랜드를 구성하는 주된 요소다. 이런 실천 사례로 지역 특성을 뒷받침하는 브랜드 인지도 강화와 이것을 기반으로 한 혁신으로 온천지의 시장 경쟁력이 강화되는 이유를 밝히고자 한다.

1. 유후인다움을 만드는 '작은 숙소' 전략

과감한 선택, 작은 료칸

유후인 온천의 가장 큰 매력은 주변에 풍부한 자연이 남아 있고 전원 풍경이 펼쳐지는 분지 어디서나 바라보이는 유후 산 경치다. 유후 산은 유후인의 상징인 아름다운 산봉우리다. 인기 있는 관광지에서 이런 자연과 경관을 보전하기란 상상 이상으로 어려운 일이다. 관광산업이 성장하면서 목조 건물이었던 료칸은 철근콘크리트 건물로 대형화되고, 고객을 끌어들일 간판과 안내판이 난립하여 경관이 파괴되기 때문이다. 자연과 경관으로 많은 방문객을 유치한 관광지더라도 관광산업의 성장이 오히려 매력을 훼손하는 현상을 많은 관광지에서 볼 수 있다. 특히, 유후인처럼 인기 있는 관광지로 주변에 개발 여지가 남아 있는 경우

에 자주 일어난다. 실제 관광지로 인지도가 높아지면서 이 지역
에도 대형 숙박시설을 건설하려는 움직임이 몇 번이나 있었다.

이런 난개발을 막기 위해서는 조례 등으로 규제하는 방법도
있다. 유후인 정도 고도성장기인 1972년에 〈자연환경보호 조
례〉, 거품경제기 직전인 1984년에 〈주환경보전 조례〉, 거품경제
리조트 열풍 직전인 1990년에 〈풍요로운 마을만들기 조례〉를 제
정하여 거대 개발을 저지한 역사가 있다. 이런 선구적인 조례가
난개발 억제에 중요한 역할을 했다.

그러나 유후인 온천이 규제만으로 자연과 고즈넉함을 지키는
마을만들기를 해 온 것은 아니라고 앞에서 밝혔다. 조례와 규제
를 엄격히 하여 외부 자본 유입을 막는 것은 진정한 의미의 자연
과 경관을 보호하지 못한다. 아무리 규제로 개발을 억제해도 자
연과 경관만으로 살아갈 수 없다면 이것은 관광용지로 매각되
거나 방치된다. 그래서 관광사업자들은 관광을 수단으로 지역의
자연과 경관의 가치를 지역 사람들에게 인식시켜서 경관 보호를
지향하는 마을만들기를 추진해 왔다.

이런 전략에서 주된 의미가 있는 것이 유후인 온천의 료칸이
다. 현재 유후인 료칸의 대표적 이미지는 나무에 둘러싸인 낮은
고 민가풍 별채형 숙소다. 료칸에 따라서는 현대 일본식 혹은 서
양식을 받아들이면서 대부분의 료칸 규모는 작고 수직이 아닌
수평으로 이루어져 있다. 마음껏 유후 산을 조망할 수 있고 여

유로운 생활형 거주공간에서 쉴 수 있는 것이 유후인 온천 료칸의 큰 매력이다.

일부러 료칸을 크게 하지 않기로 한 것은 마을만들기 지도자들이었다. 농지와 상업용지, 주민 생활공간과 관광이 공존하는 유후인에서 료칸만 규모가 커지면 경관은 한순간에 파괴된다. 전원과 생활공간이 조화를 이루는 작은 숙소로 하면 분지 내 자연환경과 경관이 보호되고, 이것이 오히려 관광지의 경쟁력으로 연결된다. 이렇게 생각한 지도자들이 료칸 대형화에 반대만 한 것은 아니다. 솔선해서 본인의 료칸을 작게 하여 경관을 보호하고, 료칸 주변과 부지 내에 많은 나무를 심어 료칸을 눈에 띄지 않게 하면서 마을 전체의 자연경관을 풍요롭게 만들어 나갔다. 분지 경관과 농촌 공간의 공존을 위해 료칸을 크게 하지 않는다는 발상 자체가 지역 특성에 맞춘 특별한 혁신이며 다른 온천 관광지에서는 볼 수 없는 것이었다(그림 3-1).

그러나 소규모 료칸을 경쟁력 있는 료칸으로 꾸려 가는 것은 상상 이상으로 어렵고, 일반적인 온천 료칸 경영과는 다른 특별한 경영 방법이 필요했다. 이런 특별한 경영 방법은 관광으로 유후인다움을 만들고, 이것으로 관광 자체의 경쟁력을 강화한다는 마을만들기 전략과 밀접한 관련이 있다. 작은 숙소야말로 다양한 노력으로 지역 특성을 발전시킬 수 있었고, 이런 유후인의 특성과 일체화하는 것으로 료칸의 매력을 향상하는 경영 방법이

그림 3-1 자연에 둘러싸인 T료칸

만들어졌다. 그리고 료칸의 규모가 작기 때문에 실현할 수 있는 지역 사람들과 고객과의 밀접한 연결도 마을만들기를 위한 관광이라는 유후인 온천의 전략을 실현하는 데 중요한 의미가 있다. 지역 특성에 맞춘 료칸 스타일과 작은 숙소여서 실현할 수 있는 마을만들기와 연동한 경영 방법은 주된 지도자였던 두 사람이 운영하는 료칸에서 시작되었다. 여기서는 먼저 작은 숙소가 유후인다움을 만들기 위해 해 온 역할에 대해 깊이 고민했다.

  그러나 이런 전략을 지역 전체로 확대하는 것은 절대 간단하지 않다. 료칸의 주인들은 각자의 스타일로 경영을 하고 있어서 같은 료칸 주인이라도 온천지 전체가 전략을 공유하기는 매우 어렵다. 더구나 굳이 규모를 작게 운영하는 것은 숙박업소 경영상 바람직하지는 않았다. 이런 전략은 일반적인 온천 관광지나 온천 료칸의 방향성에 역행하기 때문이다. 다른 온천 관광지에서는 고도 성장기부터 거품기까지 료칸의 대형화를 추진하여 많은 단체 관광객을 유치하였는데, 이것이 일반적인 숙박업의 발전 방법이었다. 대부분의 온천 료칸이 수익성을 높일 방법으로 대형화하는 전략을 펼치는 가운데, 료칸 주인으로서 이익을 내지 못하는 선택을 한다는 것은 매우 어려운 일이다. 게다가 마을만들기와 연계되도록 료칸을 경영하는 수법은 당시 일반적인 료칸과는 달리 특별해서 작은 숙소 전략을 쓰기란 유후인 료칸 주인에게는 힘든 도전이었다.

이런 와중에 유후인의 지역 특성에 맞게 만들어진 특별한 료칸 스타일은 어떻게 유후인 온천 전체로 확대되었을까? 유후인의 아름다운 자연으로 만들어진 특별한 생활양식이 관광지 경쟁력의 원천이 된다고 생각한 선구자들의 이념과 이것을 실현하기 위해 작은 숙소 전략을 온천지 전체로 확대시킨 것은 지역 내 새로운 기업가들이었다. 그들은 마을만들기에서 만들어진 다양한 동적 네트워크를 통해 선행한 작은 숙소 이념을 체득하여 숙박업에 참여했다. 창업이 이어지자 선구자들의 전략을 이어받은 숙소가 분지 전체로 확대되었고, 유후인다운 료칸의 모습이 갖춰졌다. 유후인의 경관은 조례에 의한 규제뿐 아니라, 이념과 경영 수법을 체득하고 발전시키려는 료칸 창업자들에 의해 보호되어 왔다.

작은 숙소의 특징

유후인 온천 마을만들기를 이끈 지도자들은 유후인을 대표하던 유명한 료칸의 주인이었다. N씨가 운영하는 K료칸과 M씨가 운영하는 T료칸은 객실 수가 20개 전후고 부지가 넓은 고 민가풍 별채형 숙소였다. 두 료칸 모두 세련된 고객을 만족시킬 수 있는 고급 료칸으로 이 료칸이 확립한 스타일이 이후 유후인다운 료칸의 기준이 되었다.

그 특징은 다음과 같다.

① 높지 않다(저층 건축).
② 객실 수가 많지 않다.
③ 고 민가풍(별채형) 외관이다.

이런 특징은 유후인 분지의 풍부한 자연경관을 배려한 것으로, 이곳에서 이루어지는 전원생활 공간과 조화를 이루기 위해 필요한 것이었다.

④ 료칸 주변과 부지 내에 나무를 심는다.

이것도 두 료칸의 특징이다. 원래 호수였다고 전해지는 유후인 분지 중심부는 진흙땅이며 광활한 논이 펼쳐져 있었다. 그래서 두 료칸은 원래 진흙땅이었던 부지와 주변에 수목을 심어 생활공간 속에 료칸이 두드러지지 않게 하고 마을에 자연을 풍부하게 하여 여유로운 특유의 경관을 만들었다. 사람에게 편안함을 주는 수목의 푸르름은 유후인 경관의 상징이 되었다.

이런 외관상 특징에 더해 작은 숙소는 특별한 경영 방법이 필요하다. 관광산업의 단점은 요일과 계절에 따른 관광객 수 변동이 대단히 크다는 데 있다. 대부분의 손님은 주말과 설, 추석 등 장기 휴가 중에 집중한다. 료칸업은 이익을 낼 수 있을 때 벌어야 하므로 주말 숙박객 수에 맞추어 료칸을 크게 한다는 경영 법칙이 있다. 그래서 대중관광 전성기에는 수익성을 높이기 위해 료칸을 철근콘크리트 고층으로 짓는 것이 일반적인 경영 방법이었다.

이 법칙에 반해 작은 숙소를 성립시키기 위해서는,

⑤ 가격대를 높이 설정한다(고급화 전략).

⑥ 재방문자로 일별 숙박객 수를 균등화하고 평일 가동률을 높여 수익성을 확보할 필요가 있다.

이런 작은 숙소의 경영 전략은 집객 방법이라는 점에서 20세기에는 대단히 어려웠다. 대중관광에서 주된 집객 수단인 여행사의 비즈니스 호텔과 맞지 않았기 때문이다. 여행사는 수수료를 수익원으로 하는 비즈니스 모델이므로 대규모 료칸에 단체손님을 보내야 수익이 커진다. 그래서 작은 숙소에는 거의 손님을 보내고 싶어 하지 않는다. 일본의 유명 온천지 대부분은 여행사에서 보내주는 손님에게 의존하기 때문에 료칸을 크게 하는 선택을 했다. 그래서 여행사에 의존하지 않고 손님을 유치하기 위해서라도 료칸의 브랜드력을 높이고 친밀한 재방문자를 증가시킬 필요가 있었다.

⑦ 이런 고급화 노선, 재방문자 전략에서 중요한 의미는 요리의 수준과 지산지소에 대한 강한 의지가 있다는 것이다.

온천 료칸 특유의 가이세키 요리가 아니라, 특별한 요리를 지속해서 개발해 료칸 만족도를 크게 높였다. 또한, 다른 관광지와 명확히 차별화하기 위해서 지역 생산품을 활용한 지산지소도 추구했다. 일반적으로 료칸의 규모가 커지면 지역 생산품을 사용하기 어려워진다. 대규모 료칸은 동일한 음식을 대량으로 제공해야 하므로 지역 외 대규모 산지에서 식자재를 조달하는 것이 비용 면에서도 안정된 조달을 위해서도 유리하기 때문이다. 작은 숙소로 함으로써 지역의 식자재를 적극적으로 활용할 수 있었고, 이로 인해 식자재 조달과 요리 제공 방법에도 큰 영향을 미쳤다. 작은 료칸이 유후인 요리에 독특한 특징을 만들었다는 것을 다음의 두 가지 사례로 설명하겠다.

그러나 지역 식자재를 고집하는 것이 단순히 료칸의 매력을 높이기 위한 것만은 아니다. 료칸을 통해서 지역 농산물의 매력을 높이고, 지역 생산품의 특수시장을 만드는 것으로 유후인 농업을 지키는 것이 유후인 마을만들기의 전략이었다. 그래서 단순히 료칸이 지역 식자재를 사는 것만이 아니라, 농가와 공동으로 새로운 소재와 명물을 지속해서 개발했다. 구체적으로는 계약 농가, 협력 농가와 연계하여 메밀국수와 토종닭 등 명물화를 추진하고 있다. 이 전략을 실현하기 위해 료칸이 중심적인 기능을 담당해 왔다.

⑧ 음식점, 토산품점, 카페 등 퍼블릭 스페이스를 부지 내에 조성한 것도 작은 숙소 료칸의 특징이다.

대규모 온천 료칸은 료칸에 숙박하는 손님을 대상으로 료칸에서 가능한 한 많은 돈을 쓰고 가도록 하는 것이 목적이다. 그러나 작은 숙소에서 이런 시설이 가능하기 위해서는 숙박객 이외의 손님도 이용할 수 있도록 할 필요가 있어서 퍼블릭 스페이스를 마련해 적극적으로 개방하였다.

부지 내에 마련된 이런 개방된 장소는 단순히 료칸이 수익을 올리기 위한 것만이 아니라, 마을만들기를 추진하는 데도 중요한 의미가 있다. 수목이 울창한 부지 내에 있는 퍼블릭 스페이스는 유후인이 어떤 마을인지를 보여주기 위해 설치한 것으로 마을만들기의 이념을 체감할 수 있는 장소다. 즉, 유후인다움을 암묵적 차원에서 공유하기 위한 장소가 되었다. 그래서 이런 공간은 관광객은 물론, 지역 주민들과 외부 지지자들에게도 유후인다움을 보여주는 장소로서 중요한 역할을 하고 있다. 마을만들기와 관련한 지역 주민들과 지지자 중에는 퍼블릭 스페이스에 자주 드나들던 사람이 매우 많다. 또한, 영화제와 음악제 전야제, 행사 후 파티 장소 혹은 음식 축제 회의장으로 사용되면서 다양한 동적 네트워크를 형성하는 장소가 되었다. 이런 공간이 마을만들기의 이념과 이것을 실천하기 위한 혁신의 확산에도 중요한 역할을 하고 있다.

또한, 음식점과 토산품점은 지산지소를 위해서도 중요한 역할을 하고 있으며, 지역의 식자재를 고집하는 특별한 요리와 토산품 등의 특산품 개발에도 힘을 쏟고 있다. 이런 시설은 지역 생산품 판매장소기도 하고 가공 공장의 기능도 갖고 있다. 그리고 음식점 주방과 토산품점에서 기술을 연마한 요리사와 물품 담당자를 스핀오프*로 독립시켜 마을만들기 이념을 지역 내에 확대하고, 마을을 활기차게 하는 역할을 하고 있다. 이런 요리사의 교류와 스핀오프에 의한 지산지소를 추구한 것이 지역 내에 확

---

* spin-off: 기업이 일부분을 독립시켜 다른 회사를 만드는 것.

대되어 유후인 특유의 요리가 형성된 과정에 대해서도 두 사례로 깊이 들여다본다.

⑨ 료칸의 상징, 오카미가 없다.

이것도 작은 숙소 료칸의 중요한 특징이다. 안주인이 있더라도 어디까지나 여성 경영자로 활동하는 것이지, 일본 전통 의상을 입고 온천 료칸 특유의 '접대'를 하는 오카미(안주인)는 없다. 오카미가 없는 것은 일본의 유명한 온천 지역에서는 매우 드문 특징이지만, 지도자들이 경영하는 료칸의 접대 스타일은 유후인 온천 전체에서 공유하고 있다. 나중에 설명하는 M료칸의 경우, 남편의 미적 감각으로 손님을 접대하는 지도자들의 료칸 스타일이 창업의 동기가 되었다고 한다.

오카미로 상징되는 료칸의 전통적 접객 스타일, 즉 고객에게 술상을 차려주는 서비스를 제공하는 것이 아니라, 주인과 손님이 대등하게 주인의 가치관과 미적 감각을 손님과 함께 공유하면서 대접하는 유후인 료칸의 손님접대는 마을만들기에서도 커다란 의미가 있다. 왜냐하면, 료칸 단골은 유후인의 매력을 사랑하는 사람으로서 어떤 일을 할 때 지원자가 되어 다양한 역할을 해 주기 때문이다. 재방문자로서 료칸과 인연을 맺은 고객을 마을과 연계하여 외부의 강력한 지원자로 만드는 것이 유후인 마을만들기를 지탱하는 큰 힘이 되고 있다. 작은 숙소가 단골을 단

· 고급화 · 재방문자로 료칸의 경영 안정하
· 농산물을 포함한 지역 생산품 판매장, 가공 공장 기능
· 스핀오프에 의한 지역 활성화

지역 경제

고급
료칸으로
재방문자
획득

작은 숙소

· 농가와 료칸의 연결
· 료칸과 고객, 고객과 지역의 연결
· 종업원, 료칸과 료칸 등 지역 내
  다양한 연결 창출

지역 사회   지역 환경

· 주변의 환경, 경관과 조화
· 나무를 심어 환경 조성

그림 3-2 작은 숙소에서의 3요소의 관계

순한 숙박객 이상의 존재로 만들 수 있고, 료칸 자체가 이런 고객을 통해 다양한 외부 자원을 끌어들이는 창구가 된다.

이처럼 작은 숙소는 관광사업자가 적극적으로 자연과 경관의 가치를 높임과 동시에 지역 생산품 판매장과 가공 공장이 되어 농업 등 지역산업을 일으키고 농촌경관을 보전하는 마을만들기를 위한 관광이라는 전략의 핵심이 되었다. 료칸을 작게 함으로써 농가와 지역 내 다양한 사람과 외부 지원자들, 그리고 고객과 밀접하게 연결되고, 이것이 마을만들기 전략을 실현하는 데 중요한 역할을 하고 있다. 이런 의미에서 유후인다운 료칸 스타일은 지역 환경과 지역 사회를 지역 경제와 연계하기 위해 만들어진 유후인 특유의 혁신이었다. 정리하면 [그림 3-2]와 같다.

그러나 지도자들이 유후인의 독자적 특성에 맞게 짜낸 '작은 숙소 전략'은 당시 온천 료칸의 모습과는 너무 달라서 지역 전체로 확산하지 못할 수도 있었다. 실제로 80년대 전후반까지 유후인 온천 내에 동일한 전략을 펼친 료칸은 거의 없었다. 다음에서 유후인 온천의 료칸이 연도에 따라 어떻게 형성되고, 어떻게 유후인다운 료칸 스타일이 분지 전체로 퍼졌는지를 료칸 개업 과정으로 살펴보고자 한다.

2. 유후인에 료칸이 들어서다

새로 문을 연 료칸이 넘쳐나다

연대별로 유후인 온천에 새로 문을 연 료칸 수를 보면 [표 3-1] 과 같다.[1]

이 표로 알 수 있는 것은 경기 변동과 사회 환경 변화에도 불구하고 신규 숙박시설이 지속해서 개업했다는 것이다. 마을 만들기 활동으로 서서히 주목받기 시작한 70년대 말, 80년에 확인된 료칸 수는 43개였다. 유후인이 인기 있는 관광지가 되기 시작하고 거품경제기를 맞이한 1980년대는 39개가 새로 개업했다. 이후 거품경제 붕괴로 일본 관광산업 전체가 정체기에 들어

표 3-1 유후인의 연대별 개업 료칸 수(1970년대까지는 1980년 시점의 수)

년 도	개업수
1970년대까지 (~1980)	43
1980년대 (~1990)	39
1990년대 (~2000)	40
2000년대 (~2010)	32
2010년대 (2011~2016)	9

간 1990년대에도 40개, 2001년 이후 2016년까지는 41개로 거의 같은 속도로 숙박시설이 증가하고 있다. 그중에는 폐업한 료칸도 있었지만, 개업 속도가 훨씬 빨랐다.

40년간의 거품기를 경계로 일본 관광산업이 크게 전환점을 맞아 관광지 라이프 사이클로서 유후인 온천의 인기에도 그림자가 드리워졌다고 한다. 실제 2002년 무렵부터 유후인 온천의 숙박객 수도 감소하고 있다. 그러나 이런 변화에도 높은 빈도로 료칸이 지속해서 개업하고 있으며 온천지 내 료칸 수는 계속 증가하고 있다. 료칸 수의 증가는 장단점이 있어서 경관 보전이라는 점에서는 불리할 수밖에 없다. 실제 마을만들기에서 중심 역할을 하는 이들은 새로운 료칸이 증가하는 것을 억제해야 한다고 생각한다. 단, 이런 걱정을 해야 할 정도로 신규 개업이라는 혁신이 높은 빈도로 일어나고 있는 것은 주목할 만하다.

다음으로 신규 개업 료칸 수를 지역별로 정리한 것이 [표 3-2]다. 지역은 유후인 온천료칸조합이 구분하였다. 유후인 온천의 대략적인 지리적 위치(30쪽 지도 참조)를 보면 유후인 온천을 기점으로 주변이 오토마루, 역에서 동쪽으로 향하는 간선도로변이 신마치, 역에서 남쪽으로 향하는 간선도로변이 다나카이치, 이지역들은 옛날부터 상점가와 관공서가 있는 마을의 중심부였다. 유후인 역과 긴린코의 중간지점이 유노츠보로 현재는 토산품점이 밀집한 가장 번화한 '하라주쿠' 지역이다. 분지 동쪽의 긴린

표 3-2 지역별 새로 문을 연 료칸 수(1970년대까지는 1980년 시점의 수)

	신마치	오토마루	다나카이치	유노츠보	즈에	다케모토	가와미나미	사도와라·도리고에	고겐	불명
1970년대까지 (~1980)	6	5	6	7	6	3	6	0	2	2
1980년대 (~1990)	3	5	3	10	3	6	5	2	2	
1990년대 (~2000)	4	2	2	1	5	7	7	6	6	
2000년대 (~2010)	2	1	1	2	6	2	2	14	2	
2010년대 (2011~2016)	0	0	0	0	1	1	1	3	3	
합계	15	13	12	20	21	19	21	25	14	2

코 주변 북쪽 영역이 다케모토, 남쪽 영역이 즈에다. 다케모토는 이름대로 유후 산에서 이어지는 산봉우리에서 분지로 내려오는 지점에 있으며, 즈에는 논이 펼쳐지는 전원지대에 있다. 여기까지가 분지의 낮은 비교적 평탄한 지역이다. 중심에서 떨어지면서 분지 주변의 부채꼴 모양의 비탈인데, 남쪽 경사지가 가와미나미, 북동 경사지가 사도와라·도리고에, 북서 경사지가 고겐으로 크게 구분된다. 주거와 상점이 뒤섞여 있는 중심부에서 주변에 걸쳐 곳곳에 료칸이 모여 있는, 분지 전체에 료칸이 분포된 것이 유후인 온천의 특징이다.

1970년대 초 유후인 온천은 유후인 역을 중심으로 하는 오토마루, 신마치, 다나카이치 간선도로변에 료칸이 많아 온천지의 중심이었다. 그 외 유노츠보 지역과 가와미나미에 료칸이 모여 있었다. 역 주변에 모여 있는 료칸은 상점과 공공 시설이 뒤섞여 있으며, 대부분이 목조나 철근콘크리트조의 전형적인 온천 료칸이었다. 역에서 떨어진 긴린코 주변의 다케모토, 즈에에는 이런 료칸이 거의 없고 보다 소규모의 민박이 많았다. 중심부의 온천 료칸도 주변부의 민박도 객실 수가 적고 대부분 소규모 숙박시설이었다.

마을만들기 지도자들이 운영하는 T료칸(유노츠보)과 K료칸(즈에)은 중심부에서 조금 떨어진 전원지대의 경계에 위치해 있으며, 당초 고 민가풍 별채 형식의 숙소는 두 개밖에 없었다. 그 외 별채 형식이 아닌 고 민가풍 별채형 숙소가 유노츠보에 두 개 있는데, 이 네 개는 조금 다른 형식의 매우 작은 료칸[2]이었다고 한다.

이 당시 외부 자본에 의한 관광 개발 물결이 유후인에도 밀려왔는데, 이것이 내일의 유후인을 생각하는 모임을 설립한 계기가 되었음은 이미 설명했다. 이노세토 골프장 건설은 중지되었지만, 이후에도 외부 자본에 의한 대규모 별장 개발과 숙박시설 건설이 계획되고 그중 몇 개는 실행되었다. 이런 흐름에 대한 반복되는 반대 운동으로 마을만들기 의식이 서서히 형성되었고, 자연과 고즈넉함을 중요시하는 휴양 온천지라는 방향성이 마을 속으로 침투하기 시작했다.

그러나 1970년대 그 방침은 확고하지 못했다. 약소 료칸 입장에서는 외부 자본으로 주변 관광시설이 개발되어 고객 수가 증가하고 이에 맞춰 료칸의 규모를 확대하는 일반적인 온천지와 같은 전략에 대한 잠재적인 기대감이 있었고 유후인 정 행정도 그것을 지지하는 분위기였다. 그래서 료칸들도 일치단결된 것이 아니어서 마을만들기 활동은 항상 삐걱거렸다. 오히려 K료칸과 T료칸은 독자 노선을 걸을 수 있는 고급 료칸으로 특별하다는 인식을 받기 쉬웠고, 두 료칸 스타일을 따른 료칸은 거의 없었다.

1980년대에 들어와 1985년 전후부터 급속하게 문을 연 펜션들이 증가했다. 산으로 둘러싸인 유후인은 온천지이자 고원 별장지였으며, 전국적인 펜션 열풍과 보조를 맞춰 개업 열풍이 분 것이다.

그러나 다른 지역의 많은 펜션이 산속의 펜션 마을과 별장지에 위치한 것과는 대조적으로, 유후인 온천에서 초기에 개업한 대부분의 펜션은 다나카이치와 유노츠보 등 유후인 중심지역에 뒤섞여 있다. [표 3-2]에서 80년대 유노츠보 료칸 수가 급격하게 증가한 것은 이 때문이다. 이 료칸 중 많은 수는 지역 사람들이 시작한 것으로, 다른 지역처럼 직장을 그만두고 이주해 온 도시 사람이 운영하는 것이 아니었다. 이런 신규 펜션 개업자들은 원래 마을에 토지를 소유한 사람이 많았고, 70년대 마을만들기 활동 참가자거나 이에 가까운 사람이었다.

마을만들기 초기 단계인 1971년 N씨, M씨를 포함한 젊은 료칸 주인 세 명이 독일을 방문한 이후 서양식을 모방한 휴양 온천지 이미지가 마을 안팎으로 퍼져 1978년에는 읍장을 시작으로 마을 연수단이 독일을 다시 방문했다. 1970년대에 이런 온천 휴양지 이미지가 지역에 정착하면서 유후인 온천에는 서양식 료칸이 생기고, 이후에도 펜션에 국한하지 않고 호텔과 료칸에도 유럽 고원식을 도입한 숙박시설이 유후인 온천의 하나의 계보로 현재까지 계속되고 있다.

게다가 이런 펜션은 70년대에 형성된 마을만들기의 새로운 이미지를 받아들여 ③의 고 민가풍이라는 특징을 서양식으로 바꾸면서 작은 숙소라는 특징을 계승했다. 초기의 펜션은 분지의 낮은 부분인 중심부에 상점이나 다른 료칸과 뒤섞여 있어서 고원식 펜션으로 하기 위해 ④의 나무를 심는다는 특징도 공유하여 마을의 경관 형성에 이바지하고 있다. 그러나 펜션이라는 형식은 ⑤의 고급화하기가 어려우므로 본인이 소유한 토지를 활용해서 초기 투자를 줄여 수익성을 확보하고 있다. 반대로 말하면, 나름 토지 가격이 높은 중심부에 펜션을 새로 여는 것은 외지인에게는 경영상 어렵다고 할 수 있다. ⑦에 대해서도 몇 개의 펜션은 오베르주* 형식으로, 지금까지의 일본요리와 향토요리를 서양요리로 확대하였다. 모두 그런 것은 아니지만, ⑧의 퍼

* 레스토랑을 겸한 숙박시설.

블릭 스페이스를 조성한 시설도 보인다. 또한, 펜션이므로 ⑨의 오카미가 없다는 특징도 공통적이다. 이런 작은 숙소 전략은 서양식이라는 혁신을 첨가하면서 펜션이라는 형식으로 전개해 간 것이다.

거품이라는 거대한 물결이 유후인 분지에 밀려온 1980년대 말부터 90년대 초까지 펜션 개업이 계속되었는데, 다른 두 가지 흐름이 추가되어 신규 개업 료칸은 세 개의 트렌드로 함께 나아갔다. 이 시기가 유후인 료칸에 있어서 커다란 분기점이 되었다.

1980년대 후반 또 하나의 흐름은 거품경제를 반영한 료칸의 대형화다. 이 시기 유후인에서도 회원제 리조트 호텔과 리조트 맨션이 계획되어 철근콘크리트조 고층 숙박시설이 지어졌다. 경관을 파괴할 수밖에 없는 리조트가 계획되자 마을만들기와 관련된 구성원을 중심으로 강한 반대 운동이 일어났고, 최종적으로는 1990년 〈풍요로운 마을만들기 조례〉와 도시계획에 의해 높이와 연면적 등을 제한하였다. 그러나 조례로 규모를 제한했는데도 불구하고 지금까지 유후인의 일반적인 료칸보다 대규모로 짓는 것은 충분히 가능해서 비교적 규모가 큰 30실 이상의 료칸이 80년대 말부터 90년대 초기에 건설되었다.

80년대 후반 또 하나의 흐름은 거품기의 대규모 개발과 함께 고급 노선을 명확히 한 고 민가풍 별채형의 작은 숙소가 분지 내에 불이 번지듯 개업했다. 마을만들기 지도자들의 료칸에서 시작된 특별한 작은 숙소 전략을 계승한 숙소가 분지 각지에서 문을 열었고, 마을만들기 이념과 전략을 계승하는 유후인다운 료칸이 지역 전체로 확산되었다.

90년대 후반이 되자 거품 붕괴와 조례에 의한 제한으로 료칸의 대형화가 멈추고 펜션 열풍도 일단락되었다. 이와 함께 고급노선을 취한 작은 숙소 트렌드가 확대하였다. 이것이 현재 유후인 온천 료칸의 모습을 규정하고 있다. 90년대 후반부터 2001년 이후 새로 문을 연 료칸은 고 민가풍이거나 별채형 료칸이 주류를 이루었으며, 고급화를 추구하는 작은 숙소가 온천지 전체로 확대하였다. 그 결과, 유후인 온천은 펜션만 즐비한 고원 관광지나 리조트 개발에 돌입하여 대형 료칸이 난립한 관광지와는 다

표 3-3 숙소형식별 새로 개업한 료칸 수(1970년대까지는 1980년 시점의 수)

	온천 료칸	대형 료칸	민박	펜션	고 민가풍 별채형 숙소	호텔	그 외	불명	합계
1970년대까지 (~1980)	15	4	11	1	3	0	0	9	43
1980년대 (~1990)	13	1	2	16	5	1	1	0	39
1990년대 (~2000)	5	4	4	4	13	5	4	1	40
2000년대 (~2010)	3	2	2	0	19	3	2	1	32
2010년대 (2011~2016)	1	3	0	0	3	1	1	0	9
합계	37	14	20	20	42	10	8	11	163

른 길을 걸었다. 지금까지 설명한 연대별 신규 개업 료칸 스타일의 변화를 정리한 것이 [표 3-3]이다.

'작은 숙소'가 새로 문을 열다

1980년대 후반부터 개업한 초기 고 민가풍 별채형 숙소 대부분은 외부 자본이 아니라, 지역 관계자들이 만든 것이다. 대규모 료칸을 개업하려고 외부 자본이 유입된 거품기에 이에 대항하듯이 지역 사람들이 작은 숙소 전략을 이어받았다. 마을만들기 지도자가 시작한 고 민가풍 별채형 숙소를 온천지 전체로 확대하는 데 중요한 역할을 한 것은, 1987년 S료칸, 88년 W료칸, 92년 M료칸, KB료칸의 신규 개업이었다. 네 개 숙소 중 세 개(S, W, M)는 지역에서 다른 일을 하던 사람이 개업했고, 나머지 한 개(KB)는 기존 료칸의 별관으로 개업했다. 그들은 마을만들기를 이끈 지도자들과 여러 접점을 갖고 있다. 이런 교류를 통해 앞에서 논한 ①-⑨의 특징 모두를 이어받아 료칸을 개업했고 작은 숙소 전략을 발전시켰다.

이런 숙소가 개업하기까지의 경과를 보면, 70년대까지 마을만들기 활동으로 만들어진 사람과 사람의 연결과 이것이 발단이 된 지역 내에서의 일상적 관계, 그리고 지도자들이 운영하는 료칸 퍼블릭 스페이스에서의 교류와 체험 등 다양한 형태의 수평적인 동적 네트워크가 기반이 되어 작은 숙소라는 전략이 지역 내에 전파된 것을 알 수 있다. 그래서 이런 료칸의 개업 과정을 순서대로 살펴보고자 한다.

S료칸-전문 요리사를 발탁하다

먼저, S료칸은 1987년 유후인 온천의 중심인 유노츠보와 인접한 지역에 문을 열었다. 창업자는 마을만들기 지도자들보다 열두 살이나 어렸다. 원래 농가였으며 염수어 양식업도 선대들과 함께 운영하고 있었다. 마을만들기 지도자인 K료칸과는 오래전부터 식자재를 납품하는 업체로 친분이 있었으며, K료칸의 정원은 어린 시절 놀이터였다. 이후 1970년대 마을만들기 활동이 본격화하면서 이미 1972년에 음식업을 시작한 그도 이웃이기도 하여 저녁 무렵에는 K료칸에 딸린 카페를 드나들며 그곳에 모인 사람들과 유후인의 미래에 대해 끊임없이 이야기를 나누었다고 한다.

K료칸의 퍼블릭 스페이스로 만들어진 카페는 유후인다움이 무엇인지를 명확히 보여주었고, 마을만들기 이념과 전략을 전하는 장소로서 중요한 역할을 했다. 고 민가풍 건물에 그레고리오 성가가 흐르고 넓은 정원에 심긴 나무를 느긋하게 바라보는 것으로 유후인의 가치가 자연과 고즈넉함이라는 것을 암묵지 차원

그림 3-3 마을만들기의 거점 중 하나인 K료칸의 카페

에서 체험할 수 있는 장소가 되었다. 이와 함께 밤에는 마을만들기에 관심이 있는 사람이 모여 토론하면서 사람과 사람을 연결하는 장이 되었다. 마을만들기에 관여하는 지역 사람들은 물론 음악제와 영화제 운영진 등도 《수호지》의 양산박처럼 이 카페를 드나들었다(그림 3-3).

 S료칸 창업자는 음식업의 연장선에서 료칸업을 시작했다. 료칸을 시작한 1980년대는 펜션 열풍이 일어난 시기로 개업을 생각했을 당시 펜션도 고려했지만, 료칸 규모와 수익성을 생각하여

고급 노선을 택했다. K료칸과 T료칸의 장점을 반영하기로 했다. 유후인 온천의 중심부에 있던 이 료칸은 본인 소유의 땅에 짓기 위해 먼저 들어선 고급 료칸과 같이 주변에 나무를 심어 마을 중심부의 경관 개선에 이바지했다. 료칸 옆에 친척이 운영하는 토산품점과 음식점 외에도 료칸 내부에 토산품점과 음식점을 두어 퍼블릭 스페이스로 개방했다.

료칸 개업 후 일관연회(일본관광료칸연맹 오이타 현 지부 유후인 연결회)의 활동을 통해 신규 참가 료칸 주인으로서 지도자들과 직접 교류하게 되었다. 일관연회 또는 하츠카회로 불린 이 모임은 원래 료칸의 친목과 연수를 위한 조직이지만, 마을만들기에서도 다양하게 활동하는 집단이었다. 일관연회는 료칸 조합이라는 수직적인 조직에서 만들어진 수평적 조직이며, 동적 네트워크의 중심인 료칸 구성원의 교류를 강화하여 지식을 순환시키는 장이 되었다.

기본 활동으로 스무 개 정도의 료칸이 참가하는 정기 식사 모임을 월 1회 각 료칸을 돌아가면서 개최하였다. 이것이 각 료칸을 개방하여 서로의 기량과 현재 모습을 볼 수 있는 기회가 되었다. 또한, 연 1회 시찰 여행이 있어서 격년으로 국내와 해외 시찰을 반복했다. 길면 1주일을 넘는 해외 시찰 여행에서는 같이 밥을 먹고 함께 체험을 함으로써 유후인의 이념과 전략을 공유할 기회를 만들었다. 시찰은 매번 주제를 정하고 지역을 선정했으며 외부 지식을 적극적으로 받아들이는 것은 물론, 시찰 일정을 스스로 짜면서 스스로 생각하는 문화를 함께 체험해 나갔다. 이런 경험을 통해 얻은 지식을 바탕으로 S료칸은 순차적으로 개축하여 본격적인 별채형 료칸의 모습을 갖추었다. 여기에서 언급하는 S, W, M, KB료칸은 모두 이 모임의 핵심 구성원이다.

그리고 S료칸이 고급화를 추구하기 위해 특히 신경을 쓴 것이 요리였다. 원래 음식점을 운영한 경험이 있어서 처음에는 창업자 집안에서 요리도 만들었다. 그러나 고급화에 어울리는 요리를 제공하기 위해서는 전문 요리사가 필요하다고 판단하여 외부에서 요리사를 초빙했다. 이때 소개받은 사람이 S씨며, 그는 이후 요리연구회를 시작했다. 이 활동이 농가와 교류해 지산지소를 추진하기 위한 혁신을 일으키고 유후인 온천 전체의 요리 수준을 비약적으로 향상시키는 계기가 되었다. 이것은 실천 사례 2에서 설명하겠다. 현재 S료칸의 경영은 창업자에서 다음 세대로 이어졌지만, 후계자도 현재 마을만들기의 젊은 지도자 중 한 사람으로 축제와 각종 기획에서 적극적으로 활동하고 있다.

W료칸-료칸이 마을을 이끌다

W료칸 창업자는 원래 농업과 산림 경영을 주업으로 했다. 1970년대에 관광협회가 기획한 표고버섯 따기에 참여한 농가로, 선대가 료칸 관계자와 인연이 있었다. 이 시기는 내일의 유후인

을 생각하는 모임의 활동기와 겹친다. 표고버섯 따기를 관광과 연결해 농림업을 활성화하려는 전략의 초기계획이었다. 이 계획은 예상을 뛰어넘는 인기로 표고버섯이 부족하고 생육 시기를 맞추기 어려워져 중지되었지만, 이런 실천 활동으로 료칸과 농림사업자가 협동할 기회가 만들어졌다. 이후 마을만들기 활동의 요람기에는 S료칸 창업자와 같은 세대인 W료칸 창업자도 K료칸의 카페에 빈번하게 드나들면서 저녁 모임에 참가했다.

이후 소매점과 조경업을 거쳐 1988년에 료칸을 개업했다. S료칸과 마찬가지로 지역 내 다른 업종에서 옮긴 것이다. S료칸 창업자와 마찬가지로 펜션 개업도 검토했지만, K료칸과 T료칸을 가까이에서 봐 왔고 장래 꿈도 있어서 료칸을 개업했다고 한다. 개업 후 일관연회에도 참가하면서 순차적으로 개축하여 모든 건물이 별채형인 고급 료칸으로 성장했다.[3] 이곳도 고급 료칸에 걸맞는 요리에 대한 의지가 강해서 본인의 농산물을 주재료로 한 특별한 요리를 개발했다. 토산품점과 갤러리(오픈 스페이스)를 퍼블릭 스페이스로 나란히 짓고 독자적인 상품도 개발했다.

W료칸 개업이 갖는 또 하나의 중요한 의미는 분지 북서 경사면에 있는 고겐 지구에 개업한 최초의 본격적인 료칸이라는 점이다. 료칸 부지는 본인 소유였지만, 제2종 주거지역이었기 때문에 료칸 개업은 허가받지 못했다. 그래서 주변 주민들과 충분히 토론하고 공청회를 거쳐 특별히 개업할 수 있었다. 이러한 과

정으로 주변 주민과 료칸과의 조화를 먼저 생각하고 협의를 통한 합의에 의해 개발을 추진하는 유후인의 전통을 답습하게 되었다.

이후 고겐 지구는 1990년대 이후 새로운 개발 영역의 하나가 되었다. 고겐 지구에 새롭게 건설된 많은 숙소는 W료칸을 모방한 나지막한 고급 료칸이며, ①에서 ⑨의 특징을 이어받아 유후인의 이념을 계승하는 료칸으로 성장했다. 또한, W료칸 부지는 원래 침엽수가 많았으나, 개업에 앞서 주변 나무를 벌목하고 대신 잡목을 심었다. 이런 특징도 주변으로 퍼져 독특한 새로운 경관이 만들어졌다. 고겐 지구는 최근 료칸 외에 새로운 문화시설을 짓고 유후인의 새로운 매력이 흐르는 지역이 되었다.

M료칸-작은 숙소에서 한 걸음 더 나아가다

마을만들기 지도자들의 고급 료칸이 먼저 만들어낸 유후인의 이미지를 가장 많이 이어받은 것이 M료칸이다. 창업자는 같은 오이타 현 히타 시 출신으로 젊은 시절 유후인에 왔다가 K료칸과 T료칸의 모습에 깊이 감명받았다. 이후 거의 매주 K료칸의 카페에 와서 유후인의 정신과 사상을 체험했다고 한다. 이후 유후인에 이사를 와서 유노츠보 지구에서 음식점을 개업하고 스스로 유후인의 이념을 계승하는 한 사람이 되었다. 음식점에서 성공을 거두고 다른 업종에 새로 뛰어들어 1992년 도리코 시에 M

료칸을 개업하였다.

M료칸은 K료칸과 T료칸에 깔려 있는 이념에 대한 존경과 이 것을 자기 나름대로 발전시키겠다는 경쟁심에서 만들어졌다. 고 민가풍 별채형 숙소로서, 앞의 두 료칸보다 객실을 키우고 요금 을 높인 최초의 숙소다. 또한, 주변에는 나무를 많이 심어 도로 에서 료칸이 보이지 않게 했다. 그리고 앞의 두 료칸을 모방해서 퍼블릭 스페이스로 토산품점, 카페, 소바 가게 등을 두었다. 숙 박객이 아니어도 이용할 수 있는 오픈 바를 둔 료칸은 유후인에 서 M료칸이 최초다.

상품 개발에도 열정적이어서 롤 케이크 가게, 초콜릿 가게 등 온천 관광지 토산품으로는 잘 볼 수 없는 개성 있는 점포를 료 칸 주변에 스스로 배치하는 것뿐 아니라, 분지 중심부에도 스핀 오프로 개업했다. 또한, 근처에 있는 폐 미술관을 이어받아 새로 문을 열고 음식과 판매를 조합하여 새로운 매력을 만들어냈다.

유후인 최고의 고급 노선을 택한 M료칸은 요리에 관한 의지 도 매우 강했다. 창업자와 요리사는 료칸에서 제공하는 요리 수 준을 높이는 것만이 아니라, 지산지소에 대한 강한 고집과 요리 사의 끊임없는 노력을 유후인 온천 전체로 확대하는 데 커다란 영향을 미쳤다. 실천 사례 2에서 들여다볼 요리사 상관관계에서 도 M료칸 요리사와 그 밑에서 성장한 많은 요리사가 주요한 역 할을 하고 있고, 요리연구회 참가와 요리사 파견 등 다양한 교류로 다른 료칸의 주방 직원들과 독립한 음식점을 연결하고 있다. 이런 요리사의 활발한 교류가 신규 개업과 새로운 요리라는 혁신을 만드는 원천이 되었다. 이처럼 ①에서 ⑨의 특징을 향상하고 계승함으로써 M료칸은 개업 후 바로 3위 안에 들어갈 정도로 성장했다.

특히, 앞에서 설명한 ⑨ 오카미가 없다는 특징은 마을만들기의 이념과 특별한 스타일을 계승하는 데 큰 계기가 되었다. M료칸 창업자는 오카미가 맞이하는 종래의 온천 료칸과는 전혀 다른 스타일인 남자 주인의 미적 감각과 사상을 핵심으로 한 료칸을 개업하려는 생각을 지도자들에게 이어받았다. 그는 마을만들기 지도자에게 직접 배우지도, 축제 등에 적극적으로 참여하지도 않았다. 그러나 앞의 두 고급 료칸의 모습에서 유후인의 사상과 미적 감각을 받아들여 자신의 숙소에 반영하려는 의지가 명확했다. 그것은 삶터로서의 유후인의 매력을 중심으로 하고, 스스로 즐겁게 생활하는 모습으로 손님을 맞이하며, 특별한 생활양식을 제안할 수 있는 숙소였다. 그는 인터뷰에서 "유후인은 돈을 버는 장소가 아니라 생활하는 장소다"라며 신념을 명확히 말했다.

그런 만큼 M료칸 창업자는 자신들의 생활을 지키기 위해 그것을 경제활동으로 뒷받침하는 것의 중요성도 충분히 이해하고 있었고, 그 수법을 짜내는 재능도 타고났었다. "숫자를 보며 꿈을 향해 달렸다"[5]는 말처럼 손수 음식점과 숙소를 창업하여 성공했다. 그뿐 아니라, 요리사와 종업원을 교육하여 창업을 돕고, 지역 내 젊은이들을 비즈니스 측면에서 지원하는 등 창업 풍토를 만드는 데도 적극적으로 참여했다. 지역 특성을 경제활동과 연계하여 보전한다는 유후인의 전략, 즉 지역 경제로 증명된 마을 만들기라는 특징이 M료칸에 계승, 발전함으로써 유후인의 혁신 환경이 더욱 강화되었다.

M료칸 개업의 또 하나의 큰 의미는 사도와라·도리고에 지구 최초의 본격적인 료칸이라는 점이다. 분지 북동 경사지에 있는 이 지구에는 예전에 료칸이 없었다. 실천 사례 3에서 설명하듯이 하라주쿠화로 너무 번화해진 중심부를 피해, 이 지역에는 먼저

표 3-4 지구별 고 민가풍 또는 별채형 료칸의 신규 개업 수(1970년대까지는 1980년 시점의 수)

	신마치	오토마루	다나카이치	유노초보	즈에	다케모토	가와미나미	사도와라·도리고에	고겐	불명
1970년대까지 (~1980)	0	0	0	2	1	0	0	0	0	3
1980년대 (~1990)	1	1	0	0	0	2	0	0	1	5
1990년대 (~2000)	0	0	0	0	0	5	2	3	2	12
2000년대 (~2010)	2	0	1	1	2	1	1	8	3	19
2010년대 (2011~2016)	0	0	0	0	0	1	0	0	2	3
합계	3	1	1	3	3	9	3	11	8	42

미술관과 갤러리가 문을 열었다. 그리고 최초로 M료칸이 본격적으로 개업하고, 그 후 차례로 료칸이 새로 문을 열었다(표 3-2). 게다가 M료칸을 모방한 고 민가풍 별채형 숙소가 가장 많이 모여 있다(표 3-4). 현재 료칸뿐만이 아니라, 다양한 미술관과 박물관, 음식점 등이 섞여 있고, 자연과 고즈넉함, 문화의 향기라는 유후인의 매력을 새롭게 내뿜는 중심지역이 되었다.

KB료칸-유후인의 가치를 내뿜다

마지막으로 가와미나미 지구의 KB료칸은 지금도 운영하는 료칸 본관에 더해 1992년 높은 가격대의 별관을 열었다. 원래 료칸 주인은 마을만들기 지도자들과 매우 가까운 사이였다. 그리고 독일 시찰을 결행한 세 젊은이 중 한 명이자 마을만들기 이념을 만든 장본인이기도 하다. 그러나 초기에 마을만들기를 이끌었던 경영자는 1984년에 타계하고 그의 부인이 마을만들기의 이념을 이어받아 지배인들과 함께 료칸을 발전시켰다. 그녀는 여성 경영자로서 관광협회 등의 중책을 맡아 유후인의 사상을 온천지 전체로 확대하고 차세대 육성에 중요한 역할을 했다.

유후인을 대표하는 료칸인 KB료칸도 ①에서 ⑨의 특징을 모두 이어받았다. 원래 있던 료칸에다가 부지 내에 다른 형태의 료칸을 운영하고 있는데, 최고급 가격대의 별관 KB를 만들 때 특히 ④의 특징을 중시하여 주변에 나무를 심어 자연이 풍부한 경관을 만들었다. 또한, 지역 식자재를 사용한 요리에도 강한 고집이 있었고 상품개발에도 열성적이었다.

퍼블릭 스페이스에 음식점(현재는 일손 부족으로 숙박객에 한정), 토산품점은 물론, 당일 입욕 시설을 만들어 료칸을 많은 이들에게 개방했다. 특히, 유후 산을 정면에서 바라보는 노천온천이 있는 당일 입욕 시설은 유후인을 상징하는 장소가 되었다. 이 마을을 영상화할 때 자주 이용하여 유후 산 기슭에 펼쳐지는 자연경관과 고즈넉함이 있는 온천지라는 유후인의 매력을 지역 안팎으로 홍보하는 거점이 되었다. 개방적인 것, 지역 소재나 경관과 어우러지게 하여 료칸의 가치를 높이는 것 등에서도 유후인을 상징하는 고급 료칸 중 하나다.

그리고 이 료칸의 개업이 가와미나미 지구의 신규 료칸에도 큰 영향을 미쳤다. 가와미나미 지구에는 이전부터 료칸이 있었지만, 고겐, 사도와라·도리고에와 같이 분지 주변 경사지로서 개발의 여지가 남아 있었다. 이 지구에 새로 개업한 료칸 또한 KB료칸을 모델로 유후인 료칸 스타일을 이어받았다.

3. 작은 숙소 전략이 온천의 경쟁력을 높이다

80년대 말 거품기에 외부 자본에 의한 리조트 개발 열풍과 〈풍요로운 마을만들기 조례〉로 결실을 본 외부 자본 저항운동이라는 소란 속에서 이와 동시에 지도자들의 이념과 전략을 이어받은 료칸이 유후인 분지 곳곳에서 문을 열었다. 이 료칸들이 ①에서 ⑨까지 유후인다운 료칸의 모습을 계승하고 발전시킨 것이 이후 유후인의 료칸 스타일을 규정하고 있다. 자연과 경관을 최대의 매력으로 지역 생산품을 소중히 여기는 료칸 스타일은 이런 료칸에 의해 분지 전체로 확대되었다. 분지 경관과 조화를 이루고 지역산업과 연계된 료칸이 지역 전체로 확대된 것이 이 온천지의 독자성이며 다른 온천지와 차별화된 브랜드의 힘이다.

지역 환경, 지역 사회, 지역 경제라는 세 요소를 연계하기 위해 만들어진 작은 숙소 전략에 담긴 마을만들기 이념과 이것을 경영하기 위한 지식을 암묵지 차원에서 형식지 차원으로 변환하면서 전승하는 장으로서 중요한 역할을 한 것이 동적 네트워크다. 마을만들기 활동을 통해 만들어진 많은 연결과 함께 료칸 자신도 동적 네트워크로서 중요한 역할을 했다. 지도자가 운영하는 두 개의 고급 료칸은 료칸 본체는 물론, 퍼블릭 스페이스를 통해 이념과 암묵지 차원에서 체험할 수 있는 서비스와 상품을 제공해 왔다. 료칸과 부대시설에서는 일상적 영업을 통해 종업원인 요리사와 상품 개발자, 농가를 포함한 납품업자와 료칸과의 연결이 만들어졌으며, 유후인다움을 전하는 장이 만들어졌다. 또한, 유후인의 다양한 축제장이 되어 지역 안팎의 사람들을 연결하게 되었다. 그리고 료칸을 초월한 경영자들의 일상적 교류에 더해 주방 차원에서도 끊임없는 교류로 유후인다운 료칸이라는 혁신이 분지 전체 그리고 다음 세대로 확대되었다. 이런 지식의 교류로 90년대 이후 유후인다움을 구현한 새로운 료칸이 많이 탄생했다.

작은 숙소 전략에서의 지식창조 SECI 프로세스와 이것을 작동하기 위한 요건을 정리하면 [그림 3-4]와 같다.

거품 붕괴 이후 관광객의 수준이 크게 달라졌다. 관광객의 요구가 다양화 · 고도화되면서 철근콘크리트조의 대규모 온천 빌딩과 일반적인 연회용 요리 등은 선호하지 않게 되었다. 대규모 료칸이나 호텔의 인기가 시들해지자 이런 변화에 대응하듯 료칸 업계에서는 중소규모 고급 료칸이 전국적으로 증가했다. 또한, 여행지에서는 그 지역의 음식을 먹고 싶어 하는 관광객의 욕구를 충족하기 위해 예전의 가이세키 요리는 사라지고 지산지소에

공동화	표출화
· 독일 답사로 초기 단계에서 지도 자들의 밀접한 관계를 통한 경험의 공유 · 평소 료칸의 영업을 통한 암묵지의 공유 · 일본관광료칸연맹 모임을 통한 료칸끼리의 공동체험	· '작은 속소'라는 콘셉트 · 지역의 생활환경과 조화를 이루고 지역 생산품 판매장, 가공 공장으로서 마을만들기 전략을 표현하는 숙소
내면화	연결화
· 요리사, 지역 특산품 개발자, 납품업자의 행동에 의한 학습 · 료칸, 오픈 스페이스, 상품, 서비스를 통한 유후인다움의 체감 · 일본관광료칸연맹 모임이나 각종 이벤트 참여에 의한 학습	· 작은 숙소 경영수법의 구축 · 고급 료칸으로서의 영업, 요리·생산품 등 상품의 제공 · 유후인다움을 구체화한 음식점, 카페, 물품 판매점 등의 영업 · 료칸을 통한 이벤트의 사업화

SECI 프로세스 작동에 필요한 요건

· 작은 속소 전략에 각 료칸 창업자의 적극적인 참여
· 료칸의 경계를 초월한 연결과 농가 등 지역 내 관련 업자의 연결
· 작은 숙소를 경영하는 리더십과 작은 숙소 전략을 지역 전체로 확대해 나가는 리더십

그림 3-4 작은 숙소에서의 지식창조 프로세스

도 열정적으로 대응하였다. 다른 지역의 고급 료칸 노선, 지산 지소 대응 모델 중 하나가 된 것이 유후인의 료칸이었다. 유후 인 온천에서는 동적 네트워크로 독자적 마을만들기 이념과 전략 이 공유되고, 이런 사상을 구현한 고급 료칸이 연속적으로 개업 을 했다. 유후인다움을 핵심으로 혁신이 반복되고 전국적인 트 렌드에 앞서 고급 온천 료칸이 분지 전체에 형성되었다. 지역 특

성을 기반으로 한 연쇄적인 혁신으로 유후인 온천의 시장 경쟁력이 유지되고 있다.

그러나 료칸 형식을 모방하기는 쉬워도 밑바탕에 깔린 이념을 계승하기는 어렵다. 작은 고급 료칸을 모방하는 것과 지역 특성을 활용한 작은 숙소 전략을 공유하는 것은 큰 차이가 있다. 유후인 온천 료칸은 현재도 증가하고 있지만, 숙소 규모와 외형뿐만이 아니라, 그곳에 담긴 마을만들기 이념과 전략이 향후에도 공유될지가 중요한 과제다.

주

1   료칸 개업 과정에 관해서는 2016년까지 유후인 온천료칸조합 명부를 조사했다. 그래서 료칸 조합에 가맹하지 않은 숙박시설(현재 50건 정도)은 표에 포함되어 있지 않다. 또한, 유후인 온천 지역을 고찰 대상으로 하고 있어서 유후인 정 내에 있는 유다히라 온천 지역 및 츠카하라 온천 지역 숙박시설은 제외했다. 조사 대상 료칸에 대해 개업 연도, 조합 가입 연도가 어긋나는 경우에는 개업 연도를 반드시 정확히 반영하지는 않았다. 2016년 봄에 조합 가맹 숙박시설을 대상으로 한 설문조사 및 이후 앙케트 조사에서 개업 연도를 알게 된 경우는 수정하였다. 또한, 동일 료칸이어도 대규모 개축을 한 경우나 상호를 변경한 경우(많은 경우 경영 주체가 변경)에는 신규 개업으로 취급했다. 그래서 이중으로 계산된 료칸이 몇 개 있다. 이에 대해서는 필요에 따라 본문에서 언급하겠다.

2   中谷健太郞(2006b) p.80.

3   구마모토 지진의 영향으로 휴업했다가 2019년 2월 신축하여 재개.

4   2007년 9월 9일에 필자가 생전의 M여관 창업자에게 실시한 인터뷰에 의함.

5   2007년 9월 9일에 필자가 생전의 M여관 창업자에게 실시한 인터뷰에 의함.

【관광마을 만들기 실천 사례 2】
음식과 농업의 혁신

실천 사례 2에서는 작은 숙소 스타일과 지역 채소라는 지역 특성을 기반으로 료칸과 요리사 간의 조직을 넘어선 연결, 요리사와 농업 간의 분야를 넘어선 연결이 유후인 요리에서 다양한 혁신을 일으킨 것에 관해 살펴보고자 한다.

농업과 관광의 연계는 유후인 관광마을 만들기의 중요한 주제가 되었다. 료칸이 지역 생산품을 이용한 요리와 토산품의 수준을 높이는 것은 료칸의 매력을 높일 뿐 아니라, 지역 농업을 일으킴으로써 지역 경제와 지역 경관을 지킨다는 마을만들기의 중심 전략이었다.

실천 사례 1에서 설명한 것과 같이 이런 전략을 실현하기 위해 유후인 온천에서는 료칸이 중요한 역할을 했다. 지역 농산물의 사용을 고집하고, 요리 수준을 끊임없이 높이기 위해 지역 농산물 판매소나 가공 공장의 역할을 하는 료칸이 동적 네트워크의 장이 되어 일상적인 영업을 통해 요리사와 상품 개발업자들이 유후인다움을 체득했다. 그리고 이로 인해 료칸에서 독립하여 새로 문을 연 작은 가게가 많아졌다. 여기서는 먼저 이런 현상이 어떤 기능을 가지고 있고, 이로 인해 형성된 네트워크가 어떤 영향을 미쳤는지에 대해 알아본다.

다음으로 마을만들기의 이념과 전략이 료칸을 넘어선 요리사 동료, 요리사와 농가의 교류를 통해 유후인 전체로 파급되는 과정을 들여다본다. 그 중심 역할을 하는 것이 유후인 요리연구회를 비롯한 료칸의 경계를 넘어선 요리사의 연결이다. 유후인의 이미지를 만든 두 개의 료칸뿐 아니라, 실천 사례 1에서 설명한 1990년 전후에 문을 연 료칸이 이런 활동의 중심에 있었다. 이를 기반으로 유후인다움을 지향하는 요리가 온천지 전체에서 활발하게 발전해 나가는 모습을 살펴보고자 한다.

1. 료칸에서 독립하여 새로 문을 연 가게

가메노코타와시 모임

　유후인의 료칸에서 독립하여 새로 개업한 사례로 먼저 마을만들기 지도자인 N씨가 경영하는 K료칸을 중심으로 한 가메노코타와시 모임에 대해 살펴보겠다.

　먼저 K료칸 종업원이 독립한 기업의 친목 조직으로 2011년에 가메노코타와시 모임을 만들었다. 모임의 명칭은 K료칸의 이름 일부에서 가메龜를 따오고, 가메에서 독립한 기업의 모임이므로 가메노코*로 지었다. 가맹 조건은 음식과 관련한 사업을 운영하면서 현재 유후인에서 독립해 영업하는 기업과 개인 사업주다. 가맹 기업은 [표 3-5]와 같다.

　유후인을 대표하는 료칸으로 마을만들기의 중심이 된 숙소인 K료칸은 유후인다운 요리와 상품 개발에서도 다른 료칸을 이끌

＊　龜の子: 새끼거북.

표 3-5 가메노코타와시 모임에 가맹한 기업(2013년 현재)

종 류	기업명	창업년도
모기업	K료칸	1921년
음식점	술집 N	1961년
식품제조 · 소매점	잼 제조판매업 K	1986년
음식점	이탈리안 레스토랑 M	1992년
"	덮밥 전문점 T	1992년
"	식당 N	1994년
"	식당 M	2002년
"	꼬치구이 술집 T	2004년
"	우동 전문점 M	2010년
식품제조 · 도매점	식품가공업 B	2010년

출처: 앙케트 조사에 기초해 필자 작성.

었다. 기존의 료칸 요리에 국한하지 않고 유후인의 식재료를 사용한 새로운 요리법을 개발하고 지산지소도 열정적으로 추진했다. 그리고 료칸에 종사하는 요리사와 상품 담당자에게 적극적으로 창업을 권유했다.

N씨는 일단, 료칸에서 일하는 사람 가운데 일정 역할을 맡기면 더 잘해낼 인재와 일정 기간 경력을 쌓은 후 독립하면 잘해낼 인재를 가려낸다고 한다. 그런 다음 각각의 시대적 상황을 고려한 관광 수요를 상정하고, 후자에 해당하는 인재를 설득하거나 그런 인재들이 요청하면 서로 철저하게 준비하여 스핀오프를 실시해 왔다. 자율성 있는 기업이나 개인 사업주로 스핀오프하는 것이 원칙이지만, 모기업 내 사업부가 독립하는 경우에는 스핀

오프 이후에 자립할 수 있도록 모기업에서 만들었던 수량 만큼 거래해 주는 경우도 있었다.

참신한 스핀오프 가게

가메노코타와시 모임에 가맹한 가게 중에서 네 가지 사례를 상세하게 살펴보겠다.

잼 제조판매업 K

K료칸은 료칸 매점에서 판매할 수 있는 독자적 상품을 개발해 왔다. 그중에서도 주로 가정에서 이용하는 식품 개발에 중점을 두고, 음식의 서구화에 맞춰 소재를 고려해 여러 종류의 잼을 생산했다. 잼 제조판매업 K는 K료칸 잼 제조부문의 스핀오프였다. 앞에서 설명한 것과 같이 1986년 창업 당시 K료칸에서 생산하던 수량 그대로를 K료칸이 구매해 주고, K료칸 매장에서 판매할 수 있도록 지원하는 등 순조롭게 출발할 수 있었다. 그리고 점차 신규 상품 개발로 아이템 수를 늘려서 독자적 판매점과 판로를 가질 정도로 성장했다. 이것은 모기업의 일부 사업 부문이 스핀오프해 크게 성장한 사례다. 이는 전국에 많은 가게를 보유한 토산품점의 진출이 두드러진 유후인의 토산품 시장에서 좋은 품질과

수준 높은 디자인으로 차별화를 도모하여 시장에서도 중요한 위치를 차지하고 있다.

오야코돈(닭고기 달걀 덮밥) 전문점 T

오야코돈 전문점 T 사장은 원래 유후인을 방문했던 관광객이었다. 처음 방문했을 때 유후인이 마음에 들어 이주를 결심했다. 유후인에 이주한 이후부터 요리 실력을 인정받아 K료칸에서 직원들의 식사를 담당했는데, K료칸 사장을 비롯한 많은 동료들에게 개업하라는 권유를 받고 60세를 앞둔 1992년에 독립하였다. 관광객 대상 음식점이 많은 유후인에서 가정식으로 인기를 얻었지만, 지금은 점심에 오야코돈으로 한정하여 영업하고 있다. 이주를 결정한 시점에 개업도 가능했지만, 일단 K료칸에 취업하여 경영자들에게 유후인의 가치를 명확히 전해받고 지역 생산자와의 관계를 돈독히 한 후 독립했다. 이러한 과정을 거쳐 지역 식자재 100%를 사용한 오야콘돈을 고집할 수 있었다.

꼬치구이 술집 T

꼬치구이 술집 T 사장은 K료칸 주방에서 중견 요리사로 활약하다가 30대에 스핀오프하여 2004년에 가게를 열었다. 개업할 때 유후인 지역의 다른 가게와 차별화하기 위해 꼬치구이와 생선요리를 주요리로 하여 유후인 지역 사람들을 대상으로 가게를 운영했다. 지역 사람들과 함께 1박 조식 포함 플랜으로 체류하는 관광객과 별장 이용자 등도 자주 이용한다. 이후 지역에서 이전했는데, 가게를 바 카운터로 만들어 지역 사람들과 관광객이 서로 대화하기 좋아 교류의 장으로서 기능하고 있다.

식품 가공업 B

K료칸에는 숙박 부문의 주방장과 료칸에 딸린 퍼블릭 레스토랑의 주방장 등 두 명의 주방장이 있다. 후자가 2010년 스핀오프한 식품 가공업 B다. B 사장은 주방장 시절부터 지역 농가와 교류하며 지역 내 유통 확대에 힘써 왔다. 그 연장선으로 이 기업은 지역 식자재를 주로 활용해 지역 료칸과 음식점을 대상으로 하는 업무용 가공품과 반제품을 제조하고 토산품도 개발하고 있다. 지역 식자재를 음식점이 직접 이용할 뿐 아니라, 조달과 조리 사이에 새로운 공정을 추가함으로써 부가가치를 높이는 역할을 하고 있으며, 지금은 독자 브랜드도 만들었다. 주방장 시절부터 K료칸 주방에서 농가나 다양한 사람들과의 교류와 상호작용에 대해 배웠으며, 지역 식자재를 료칸과 음식점에서 바로 조리할 수 있도록 가공하는 새로운 비즈니스 아이디어로 스핀오프한 흥미 있는 사례다.

이런 스핀오프는 K료칸 이외에도 활발히 일어나고 있다. T료칸에서는 소바 가게, 바 등이 파생하였다. 또한, 실천 사례 1에서 다루었던 유후인다움을 계승한 숙소는 적극적으로 스핀오프의 공급원이 된다는 특징도 이어받았다. S료칸에서도 요리사가 독립해 새로운 음식점을 차렸다. M료칸의 스핀오프가 특히 많았는데 주방에서의 독립도 많다. 이런 음식점의 스핀오프에 관해서는 다음 절에서 더 알아보겠다. 또한, 앞에서 기술한 것과 같이 M료칸에서는 롤케이크 가게와 초콜릿 가게 등 지금까지 없었던 유후인의 새로운 특산품점이 탄생했다.

산책하기 좋은 마을

유후인 지역의 스핀오프 사례를 살펴보았는데, 마을만들기의 중심인 료칸에서 독립하여 개업하는 것은 유후인다움을 지역 전체로 확대하고 마을에 활기를 불어넣는 데 특별한 의의가 있다.

마을만들기 지도자의 료칸이 스핀오프를 적극적으로 추진한 것은 모기업의 규모를 확장하지 않고 마을 전체의 매력을 늘리기 위해서였다. K료칸 주인인 N씨가 설명하듯이, 주인공은 숙소가 아니라, 지역이라는 생각으로 규모를 키우려 하지 않고 작은 그대로의 풍요로움을 추구한 유후인은 규모가 작은 것에서 가치를 발견하고 이것을 연계하는 데 중점을 두었다.

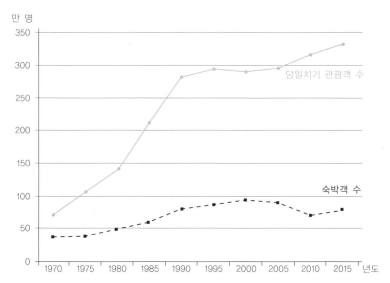

만 명

그림 3-5   유후인의 관광객 수 추이(1970년부터 2005년까지는 유후인 정 데
이터, 2010년, 2015년은 유후 시 데이터)

출전: 유후 시 관광동태조사

　　실천 사례 1에서 설명했듯이 유후인에는 숙박시설 안에 누구
나 드나들 수 있는 토산품점과 음식점이 있다. 이런 시설은 숙
박객을 료칸 안에 가두지 않고 될 수 있는 한 거리에 나가게 하
는 것을 의도하고 있다. 동시에 개인 관광이 대부분인 유후인이
숙박시설 안에 있는 가게로 숙박객 이외의 이용자를 끌어들이기
위해서다. 마을의 매력을 관광 자체의 경쟁력으로 변화시키려는
유후인 온천은 마을을 즐겁게 산책할 수 있도록 하는 것과 산책
할 때 둘러볼 만한 거점을 만드는 것이 필요했기 때문이다.

가메노코타와시 모임의 스핀오프 기업의 창업 연도와 유후인 전체 관광객 수의 변화를 살펴보면 [그림 3-5]와 같다. 이 그래프를 보면, 1961년 술집 N을 제외하고 창업 연도를 크게 세 개 영역으로 분류할 수 있다.

먼저, 잼 제조업 K가 창업한 1985년 숙박객 수는 60만 명, 당일치기 관광객 수는 212만 3000명이지만 계속 증가하는 발전기다. 이 시기에 마을만들기 전략을 지역 내에 확대하는 제1탄으로 스핀오프의 선구자가 되었다.

또한, 1990년대 전반에 세 개의 가게가 문을 열었다. 1992년 이탈리안 레스토랑 M과 오야코돈 전문점 T가 개업한데 이어 1994년 음식점 N이 스핀오프했다. 이 시기 유후인 온천은 숙박객 수가 86만 1000명, 당일치기 관광객 수가 295만 명(1995년)이었으며, 거품경제가 일단락된 시기로 유후인은 발전기에서 성숙기로 넘어가는 시기라 할 수 있다. 거품기 외부 자본의 유입을 막아낸 이 시기에 유후인 온천의 원점으로 돌아가 산책이 즐거운 마을을 염두에 둔 마을만들기를 추진하기 시작했다. 원래 지역에 있던 시설과 유적지에 더해, 모기업 밖에 스핀오프 가게를 만들어 산책과 식사를 즐길 수 있는 거점을 늘리는 기능이 기대되었다.

2000년대에 들어와서는 2002년에 음식점 M, 2004년에 꼬치구이 술집 T가 개업했다. 이 시기에 관광객 수는 이전과 동일한 수준을 보이며 성숙기를 맞이한 관광지로서, 선택의 폭이 넓어진 관광객의 수요에 대응할 수 있도록 스핀오프를 추진했다. 우동 전문점 M과 식품 가공업 B가 2010년에 개업한 것도 새로운 수요에 대한 대응이라 할 수 있다.

단체 관광객을 맞을 것인가, 개별 관광객을 맞을 것인가?

1990년 이전 대중관광 전성기에 단체 관광객을 대상으로 한 관광지에서는 숙박시설을 대형화하고, 그 안에 토산품점과 음식점을 설치하여 독점화하였다. 그 결과, 숙박시설은 엄청난 수익을 올렸지만, 온천지의 토산품점과 음식점은 쇠퇴했다. 관광지 전체의 매력이 감소하는 경우가 많았다. 거품기 이후 단체 관광에서 개인 관광으로 변화하는 시대적 배경 속에서 마을의 기능을 잃어버린 관광지는 현저히 쇠퇴하고 지역 내 동일 시설 간 경쟁도 심해졌다. 같은 시기 유후인에서는 지역 내에 라이벌이 아닌 동료를 늘려서 관광객의 회유성을 높이고, 스핀오프 기업과 모기업이 함께 하면서 산책 네트워크를 형성하여 관광객의 수요에 지역 전체가 대응할 수 있었다.

사실 유후인은 전통적 온천지와는 달리 온천지다운 온천거리가 없어서 산책하며 잠시 들를 수 있는 거점을 지속해서 만들어 왔다. 스핀오프로 거점을 만든 성과는 전국의 다섯 개 온천 마을에서의 체류 시간을 비교한 조사에서 유후인이 28.6시간(체류 1회당)으로 가장 긴 것에서도 알 수 있다.[2]

관광 수요는 각 시대의 상황에 따라 변화하므로 수요를 먼저 파악하고, 지역에서 생활양식을 꾸준히 제안하기 위해서는 항상 새로운 것을 만들어야 한다. 이때 기존 기업의 노력도 중요하지만, 창업가 정신이 넘치는 스핀오프 가게에 의해 새로운 시장과 상품이 만들어지고, 지역 내 협력 네트워크 관계가 확대됨으로써 지역 전체의 혁신이 발전할 수 있다. 그리고 완전히 새롭게 개업하는 것에 비해 스핀오프는 창업의 장벽이 낮아지는 경향이 있다. 가메노코타와시 모임 구성원처럼 동료들끼리 의견을 나누고 조언을 할 수 있는 관계성이 중요하다. 또한, 모기업의 고정비 중 인건비 절감 효과가 크고, 대신 관광 수요에 맞게 사업을 재정비할 기회가 생기며, 머무는 손님들에게 새로운 지역 매력을 소개할 수 있는 장소가 증가하는 장점도 있다.

2. 유후인만의 요리가 탄생하다

　실천 사례 1에서 설명했듯이 유후인 료칸의 수준을 높인 중요한 요소 중 하나는 지산지소를 추구한 독자적 요리다. 즉, 가이세키식 료칸 요리가 아니라, 유후인의 식자재를 활용한 독창적인 요리가 온천지의 이름을 널리 알렸다. 유후인이 온천지로 유명해진 것은 40여 년 전이다. 후발 온천지로 역사와 전통이라는 중압감이 없는 만큼 유후인 요리는 일반적인 온천 관광지의 료칸 요리와는 다른 형성 과정을 거쳤다. 그러나 지산지소의 수준 높은 요리는 당초 실천 사례 1에서 언급한 두 개의 고급 료칸이 중심이 되어 제공한 것으로, 유후인 온천 전체의 특징이라고 말할 수는 없었다. 유후인 온천의 많은 료칸이 지산지소를 명확하게 의식하고 요리 수준을 비약적으로 향상시킨 것은 20여 년 정도 되었다. 그 중심에 유후인 요리연구회가 있었다.

유후인 요리는 다르다

일본의 일반적인 온천 관광지는 1박 2식이라는 숙박 형태가 기본이다. 숙박과 식사는 원래 개별 서비스지, 세트로 제공하는 료칸은 세계에서도 이색적인 존재다. 다만, '진수성찬', '알아서 차려주는 상차림'이라는 용어가 상징하듯이, 료칸 숙박에서 식사는 최대의 즐거움이었다. 단체 손님을 위한 료칸 요리에서도 가능한 한 계절감을 연출하고 지역 특산품을 준비하여 다른 지역이나 료칸과의 차별화를 도모했다. 그러나 예를 들면 대형버스 한두 대의 관광객을 맞이한다면 약 40-80명의 숙박객에게 같은 요리를 같은 시간대에 제공해야 한다. 이를 위해서는 같은 규격의 식자재를 사람 수만큼 준비하는 것부터 시작해서 동시에 식사하기 때문에 차가운 요리, 따뜻한 요리에 상관없이 미리 요리를 차려 둘 필요가 있다. 다종다양한 식자재를 지역에서 대량으로 조달하기 어려워 다른 대량 산지의 식자재에 의존하는 경우도 많다.[3] 그러나 식자재를 외부에 의존하게 되는 것은 료칸의 사정뿐 아니라, 지역 농업이 대규모 단작單作이 많기 때문에 료칸이 필요로 하는 종류의 식자재를 제공하기 어려운 것도 큰 이유다.

그러나 유후인의 많은 료칸은 작은 숙소를 선택했기 때문에, 즉 료칸 요리와 다른 요리 스타일이 가능했다. 주로 개인 혹은 소그룹의 손님이기 때문에, 예를 들면 미리 차려두는 요리가 거의 없고 젓가락 받침과 젓가락만 준비해 두는 경우가 많다. 모든 사람에게 같은 식사를 같은 시간에 제공할 필요가 없고, 고객별 식사 상황에 맞춰 차가운 음식은 차갑게, 따뜻한 음식은 따뜻하게 먹을 수 있도록 제공한다. 그리고 작은 료칸이므로 지역의 작은 농지의 식자재를 사용할 수 있다. 시설 규모가 작으면 그날 식자재를 보고 메뉴를 정할 수 있을 정도로 자유로우며, 또한 개인 관광은 객단가가 안정되어 있어서 식자재 조달에 일정 금액을 쓸 수 있다. 일반적인 단체여행과 비교하여 1인당 숙박 단가는 높지만, 그 대신 제공하는 요리에 신경을 쓸 수 있는 측면도 있어 손님에게 설득력도 있다.[4]

또한, 료칸 규모는 요리사들의 관계에도 영향을 미친다. 단체 숙박객을 중심으로 영업하는 료칸은 대량의 요리를 만들기 때문에 주방장의 수직적 명령으로 움직이는 많은 요리사가 필요하다. 또 요리사 채용 시 요리사 단체 등의 조직에 요리사의 소개를 의존하게 된다. 그래서 료칸 주인과는 다른 인적 관계와 지휘 명령 계통을 가진 주방이 형성된다. 옛날만큼은 아니지만, 주방이 경영자의 말을 따르지 않고 때로는 경영자와 대립하는 경우도 적지 않다. 이에 비해 각 료칸의 요리사 수가 적은 유후인에서는 요리사가 수평적으로 연결되어 활발한 교류가 일어난다.

이처럼 유후인의 마을과 조화를 이룬 작은 숙소인 것이 요리의 제공 방법이나 식자재, 요리사 본연의 자세를 크게 규정한다.

모임을 만들어 요리를 공부하다

유후인 온천 전체에서 요리 발전의 핵심이 된 유후인 요리연구회가 시작된 계기는 실천 사례 1에서 설명한 S료칸의 개업이었다. 이 료칸이 지향하던 '고급'에 어울리는 요리를 제공하기 위해 이후 요리연구회 대표가 된 S씨를 초청했다. 유후인에서 일을 시작한 S씨는 K료칸, T료칸 등 몇몇 료칸 이외에서는 보기 드문 전문적인 요리사로, 소규모 오너 셰프들에게 요리를 가르쳐달라는 요청을 받았다. 그들은 료칸의 젊은 후계자였지만, 다른 일을 하다가 유후인에 돌아왔기 때문에 요리에 어려움을 겪고 있었다. 선대가 만들어 온 료칸 요리의 계보는 있지만, 변화하는 시대 속에서 큰 장벽에 부딪혔다.

이런 가운데 1996년 S료칸 창업자가 친척인 료칸 후계자에게 S씨를 소개하고, S씨는 지역 요리사, 직업을 바꾸고 료칸을 개업한 사람 등을 포함한 네 명과 함께 유후인 요리연구회의 전신인 공부모임을 시작했다. 다섯 명은 매월 1-2회, 일이 끝나는 10시 무렵에 모여 칼 가는 법, 육수 내는 법, 무 돌려깎기 등을 시작으로, 주방에서 바로 만들 수 있는 밑반찬, 회, 찌개, 장식용 칼 사용법 등을 배우면서 마을만들기에 대한 이야기도 나누었다. 이 공부 모임은 5년간 지속됐고, 네 명은 그럴싸한 요리사가 되었다. 그 사이 동료가 두 명 늘었다.

우리 지역에서 거둔 농산물로 요리를 하다

공부 모임을 주최한 S씨가 모임의 경계를 허물고 동료를 늘린데에는 이유가 있었다. 1993년 유후인으로 거점을 옮긴 S씨는 유후인 관광마을 만들기 지도자인 N씨와 교류하던 중 마을만들기의 이념을 이해하고 유후인산 채소를 이용하여 요리를 만들고 싶어 했다. 그래서 료칸에서 사용하는 채소를 재배해 줄 농가를 찾아다녔지만, 앞에서 말한 것처럼 농업이 활발한 지역이 아니어서 거절당하기 일쑤였다. 이런 가운데 2살 아래의 농업 후계자가 있던 E농원에서 후계자와 그의 부모도 함께 설득하여 료칸에서 사용할 채소를 조금씩 받을 수 있게 되었다. 계약 재배는 아니지만 의뢰한 이상 수확한 것을 사용해야만 했고, 지역 채소를 사용하는 료칸을 확대하고 싶었던 것이다. 일정 기술을 습득한 오너 셰프들은 다음 단계로 지역 채소의 새로운 조리법을 개발하기 위해 공부 모임을 심화했다. 유후인의 채소가 결코 비싼 식자재는 아니지만, 아침에 거둔 신선한 채소는 무엇보다 가치가 있고 S씨 등의 추진은 사람들에게 높이 평가받았다.

사실 지산지소 계획의 하나로 옛날에 관광협회를 중심으로 지역 농가가 거둔 농작물을 적극적으로 사용하려는 매칭 기회가 몇 번 있었다. 그러나 계절별로 동일한 작물만 재배하거나 품질이 좋지 않은 것이 섞여 있는 일이 자주 있었다. 지산지소의 추진은 유후인 마을만들기의 주된 활동이라 지속해서 농가와의 연계를 시도했지만, 반대로 지역에서 생산되기 때문에 지산지소에는 종류와 품질을 따지기 어려운 면이 있었다. 이에 반해 이번에는 료칸이 필요로 하는 작물을 재배하도록 하는, 즉 소비자가 생산자를 선택하는 유통방식으로 지역에서 소비하고 싶은 것을 지역에서 생산하는 방식이므로 '지소지산'[5]이라고 할 수 있다.

이후 E농장은 아이디어가 넘치는 며느리가 들어와 일이 더 빨리 진행되었다. 월별로 지금부터 거둘 수 있는 작물 목록을 만들어 료칸에 배포하여 요리사가 먼저 메뉴를 짜기 쉽게 했다. 저녁 설거지가 끝난 후부터 각 료칸의 주방에서 온라인으로 주문이 들어오면, 이것을 다음날 아침 일찍 정리하여 가족별로 나누어 수확하고, 료칸별로 분류하여 오전 중에 배달하는 시스템이다. E농원은 산간지역에서 농사를 짓고 있지만, 매년 경작 면적을 확대하여 120종 이상의 품목과 일정 농지를 확보할 수 있도록 노력해 왔다. 다만, 농업은 날씨에 좌우되는 경우가 많고, 료칸과 음식점은 손님이 늘었다 줄었다 한다. 그래서 료칸에 직접 배달하는 것뿐 아니라, 안정적인 수입을 위해 지역 슈퍼마켓 두 곳에 동료와 함께 직판 코너를 설치했다. 그곳은 지역 주민들과 섞여 각 료칸 요리사가 구매하러 오는 경우도 많다.

이처럼 유후인의 각 료칸이 지역 채소를 고집하는 것은 료칸 규모가 작고, 그날 채취한 다품종 채소를 작은 농지로 소비할 수 있으며, 식자재를 본 후 그날 메뉴를 정할 정도의 재능이 있어 처음으로 가능하게 되었다.

실패해도 괜찮아

공부 모임을 이끌었던 S씨는 다음 단계로 1997년 무렵부터 다른 료칸 주방장을 설득하여 매월 1회 요리연구회를 개최하고 있다. 이것이 유후인 요리연구회다. 주방장을 쉽게 설득할 수 있었던 데에는 원래 주방장들이 전 동료나 스승과 제자 사이였던 것이 크게 작용했다.

요리연구회 대표가 된 S씨, 유후인 온천의 료칸 주방장인 Sa, K, Ko씨는 1990년대 오이타에서 대형 호텔을 개업할 당시 동료였다. [그림 3-6]은 그 구성원들이 유후인에서 다시 만나 각 주방장이 제자를 배출하는 것을 보여준다. 예를 들면 Sa씨의 제자

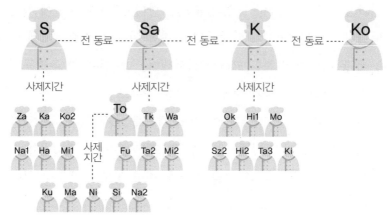

그림 3-6 유후인 요리연구회 구성원(앙케트 조사)

인 To씨는 젊은 시절부터 두각을 나타내어 일찍부터 차세대 제
자를 배출했다. 유후인 요리사의 계보는 S씨를 중심으로 동일 세
대의 원래 동료였던 Sa, K, Ko씨를 시작으로 트리 형태로 명확히
이어졌으며, 이것이 다양하게 분기·교차하면서 차세대를 육성
하고 세대를 초월한 교류가 이루어지고 있다.

요리연구회는 매월 계절을 앞서 주제를 설정하고 유후인의 채
소를 활용하여 각 주방장이 새로운 메뉴를 선보이는 시스템이
다. 그리고 서로 요리법을 공개하고 어떠한 의도와 지혜가 있는
지 의견을 교환했다. 연구회에는 주방장뿐 아니라, 각 료칸의 젊
은 요리사도 참가할 수 있어서 평소 자신의 주방장이 일하는 모
습만 보던 초보 요리사도 다른 계보의 요리를 보고 시음할 수 있

다. 또한, 가끔 기회를 만들어 기량이 뛰어난 다른 지역과 가게에 연수를 가는 등 의욕 있는 초보 요리사에게는 다시 없는 배움터가 되었다. 또한, 지역 주민들이 스스로 하는 하천 청소에도 요리연구회 팀으로 참가하여 유후인의 마을만들기 이념을 몸소 배우고 있다.

이런 요리사 네트워크는 료칸의 경계를 넘어선 연결과 교류를 다양하게 만들어냈다. 예를 들면, 이후 H료칸 주방장은 초대 Ko씨에서 Sa씨에게 이어지고, 이후 To씨가 주방장이 되었다. To씨도 지금은 주방에서 물러나 제자와 함께 유후인에 닭고기 꼬치 전문점을 열었다. Sa씨 제자들 중에는 유후인에서 다른 료칸의 요리사가 된 사람이 네 명 있다.

또한, K씨는 실천 사례 1에서 설명한 M료칸에서 주방장으로 오랫동안 일하고 있는데, 그의 제자 일곱 명 중 두 명은 유후인을 대표하는 T료칸의 요리사가 되었고, 그중 한 명은 유후인 정안에 식당을 냈다. 또한, 두 명은 유후인의 다른 료칸에서, 한 명은 다른 온천지에서 요리사가 되었다. 다른 두 명은 각각 오이타 시와 유후인 정에서 개업했다. 유후인 정에서 개업한 음식점은 유후인의 새로운 명물을 개발하고 지역 안에 지점을 낸 인기 있는 음식점이 되었다.

이처럼 요리연구회에서 볼 수 있는 요리사 네트워크를 통해 실천 사례 1에서 언급한 고급 료칸의 요리사가 끊임없이 이동함으로써 각 료칸의 요리 수준을 높였다. 또한, 이런 경험을 쌓은 요리사가 고급 노선을 지향하여 새롭게 문을 연 료칸에서 요리를 담당하게 된 사례도 많다. 그리고 경력을 쌓아 활발히 스핀오프함으로써 체류형 관광지를 지향하는 유후인 온천 전체 음식의 다양성이 확대되었다. 이런 연쇄적 혁신으로 온천지 전체의 요리 수준이 비약적으로 향상되고 마을에 다양한 음식점이 증가하였다.

일반적으로 언젠가는 자신의 가게를 갖고 싶어 하는 의욕 있는 젊은 요리사는 착실하게 성장하고, 요리연구회는 료칸을 초월한 요리사의 교류로 착실히 요리 역량을 강화하는 실천의 장을 만드는 동시에 구성원들의 독립을 지원했다. S씨는 젊은 요리사에게 독립을 적극적으로 권하고 지원하였으며, 자신도 유후인 지역에서 새로운 음식점을 열어 유후인다움을 표현할 수 있는 요리사를 배출하고 있다. S씨 자신의 경험을 바탕으로 "일반적으로 회사를 그만두면 다시 돌아갈 수 없지만, 요리사는 실패하더라도 다시 돌아오면 되니까, 괜찮아"라는 격려로 유후인 온천의 혁신 환경을 기름지게 했다.

무대를 경험하다

2000년 무렵부터 일본 최고의 영화제인 유후인 영화제 파티에서 처음에는 첫날, 지금은 마지막 날 요리를 요리연구회가 담당하고 있다. 이것은 요리연구회에 가입한 수십 개의 료칸이 메뉴를 분담하고, 70명 이상의 요리사가 파티장에서 요리를 선보인다. 영화제 파티 참가자들의 반응은 매우 좋다. 평상시에는 보이지 않는 곳에서 일하는 요리 세계지만, 일 년에 한 번은 무대에서서 직접 손님의 반응과 감상을 들을 수 있고, 장식과 연출을 포

그림 3-7 유후인 영화제 파티에서 활약하는 요리연구회

함한 화려한 파티 요리를 배울 수 있다는 것은 주방장급, 초보 요리사에게도 귀중한 경험을 쌓을 수 있는 기회다(그림 3-7).

'유후인 래브러토리' 탄생

2009년 유후인 영화제 파티에서는 요리연구회 대표 S씨가 초보 요리사 네 명의 요리에 대해 혹평을 했다. 이에 자극을 받은 네 명은 요리연구회의 초보 요리사 모임인 '유후인 래브러토리'를 시작했다. 이후 다른 구성원들도 참가하여 초보 주방장급 15명이 매월 1회 스스로 공부모임을 가졌다. 이 모임도 요리연구회와 거의 같은 방법이지만, 주방장급만 모이고 초보 요리사는 참여하지 않는 것, 매번 투표로 우승자를 정하는 것이 요리연구회와 다르다. 또한, 매회 참가자의 요리 사진과 요리법은 SNS로 보존하고 공유한다. 이 활동은 3-4년 계속하다가 지금은 잠시 쉬고 있지만, 2016년 앙케트 조사[6]에서는 가까운 시일 내에 재개하고 싶다고 했다.

3. 유후인다운 명물 요리가 탄생하다

유후인다운 요리를 만들자

이처럼 료칸, 요리사, 농가까지 확대한 조직과 분야를 넘어선 연결 속에서 유후인의 식자재와 요리는 최근 20년 동안 큰 발전을 이뤘다. 요리사 S, Sa, K, Ko씨를 중심으로 1990년대 후반부터 시작한 다양한 요리사의 교류로 유후인의 식자재를 활용한 요리 자체의 수준이 향상되고, 이것은 지역의 많은 료칸으로 확대되었다. 그리고 현재에도 지역 안에서 다양한 음식점이 스핀오프하여 마을을 활성화하고 있다. 유후인 분지에 어울리는 작은 숙소와 지역 채소를 사용하려는 집념을 지역 특성의 원천으로 하여 요리는 물론, 요리 제공 스타일, 레스토랑 등의 외부 개방 방식, 지역 채소의 생산·제공 방법까지 다양한 혁신을 일으키고 있다.

'유후인' 하면 떠오르는 명물 요리나 토산품은 딱히 없다. 지역 농산물을 고집하고 요리 수준을 높여 지역 경제, 지역 환경,

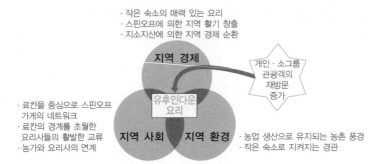

그림 3-8 유후인의 음식과 농업에서 3요소의 관계

지역 사회의 연계를 강화하고, 이것으로 유후인다운 요리와 가
공품을 추구했다. "명물이 없어서 유후인의 채소를 활용하면 어
떠한 요리도 만들 수 있고, 이 요리를 배울 수 있는 장소도 유후
인에는 많다"는 요리사의 말이 마을만들기의 자세를 제대로 보
여준다(그림 3-8).

유후인의 요리에는 뭔가 특별한 것이 있다

앞에서 언급한 유후인 요리의 발전 과정을 SECI 프로세스로 되
짚어보면 [그림 3-9]와 같다.

먼저, 공동화에 대하여, 1996년부터 주방장 S씨와 오너 셰프
들이 자주 밤에 공부모임을 했는데, 이것은 S씨가 쌓아 온 요리

공동화	표출화
· 오너 셰프의 공부모임 실시 · 유후인 요리연구회 개최	· 새로운 요리의 콘셉트 만들기 · '지소지산'에 의한 지역 채소 활용법 개발 · 새로운 요리연구회(유후인 래브러토리)
내면화	연결화
· 연구회 참가에 의한 학습 · 연구회 주최 이벤트(영화제 파티 등) 참여에 의한 학습 · 레시피 공유로 재체험	· 공부모임의 조직화, 이벤트의 조직화 · 새로운 요리 레시피 작성 · '작은 숙소'의 요리 실천, 제공

SECI 프로세스 작동에 필요한 요건

· 공부모임, 요리연구회 요리사들의 적극적인 참여
· 료칸의 경계를 초월한 요리사들의 교류, 농가와의 교류
· 요리연구회를 주도하고 료칸의 경계를 초월하여 요리사를 끌어들이는 리더십

그림 3-9 유후인다운 요리의 발전으로 본 지식창조 프로세스

기술을 다른 지역에서 하던 일을 그만두고 지역에 돌아온 오너 셰프에게 전수하는 것이었다. 이런 활동으로 유후인다운 요리를 개발하는 싹을 키우기 위한 공동화를 체득했다. 체험을 공유함으로써 가치를 발견한 S씨는 1997년부터 각 료칸을 설득하여 매월 유후인 요리연구회를 개최했다. 그동안 각자 제법 자부심 강한 주방장들이었지만, 주제를 정해 경쟁하면 새로운 발상과 지

혜를 공유할 수 있다. 이런 기회를 반복하면서 암묵지가 공유되었다.

다음으로 표출화에 대하여, 일반적으로 지역 료칸은 서로 라이벌 관계가 대부분인데, 원래 유후인 료칸 주인들은 동료 의식이 강해서 사이가 좋다. 그 분위기가 각 료칸의 주방장들에게도 공유되어 료칸끼리 작은 숙소 특유의 개인 손님을 대상으로 한 요리를 연구, 개발해 나갔다. 또한, 여기에는 앞에서 설명한 E농원 등 지역 채소도 활용되고, 몇 단계를 거쳐 다양한 유후인다운 요리 콘셉트가 만들어졌다.

연결화에 대해서는, 유후인다운 요리 콘셉트가 요리연구회에서 구체화되고 실제 료칸 요리로 관광객에게 제공되었다. 또한, 요리법을 형식지화하여 축적함으로써 계절별 유후인 지역 농산물에 맞춘 요리가 정리, 체계화되었다. 유후인다운 요리의 확대는 유후인 료칸이 선택받는 중요한 요인이다. 동시에 유후인 요리사들이 유후인 영화제 파티 요리를 담당함으로써 기존에 보이지 않던 곳에서 하던 일이 영화제 관계자들로 인해 널리 일반 사회에서 인정받게 되었다.

마지막으로 내면화에 대해서, 요리연구회에 참가함으로써 유후인의 요리사들은 유후인다운 요리가 무엇인지를 배우고, 지역 식자재를 고집한 작은 숙소여서 제공할 수 있는 요리를 배운다. 또한, 연구회와 축제에는 젊은 요리사가 평상시 연마한 것과는 다른 료칸 요리를 실제로 볼 수 있고, 같은 세대 동료들과 의견을 교환할 수 있다.

이러한 지식창조 순환은 새로운 순환을 만들어낸다. 유후인 요리를 배운 차세대 중에서 두각을 드러낸 구성원이 유후인 래브러토리를 만들고, 서로 자극을 주고받으면서 각각의 개성을 살린 독자적 요리를 만들어 갔다. 또한, 차세대가 성장함으로써 주방장 중에는 후배들에게 자리를 물려주고 인생의 다음 단계로 스핀오프하여 독립하는 사례도 많이 있다.

요리가 지역경제를 살리다

현지 농산물을 고집한 유후인 요리가 지역 경제에 어떤 영향을 끼쳤는지에 대해 구체적으로 살펴보고 싶다. 예를 들면, 온천지 시설 중에는 수백 명의 수용력을 자랑하는 곳도 많다. 일반적으로 이런 규모가 되면 식자재 조달 하나라도 규격을 맞추고 수량을 확보하는 것이 가장 큰 과제다. 이런 경우 근처에 식자재 산지가 있으면 이용할 수 있을지는 몰라도, 여러 시장과 독자적 경로로 사게 된다. 또한, 이런 대규모 시설이 받는 단체 관광은 숙박 단가를 낮추는 경향이 강해서 얼마나 단가를 싸게 할지가 다음 과제다.

한편, 유후인은 작은 숙소 전략을 추진하면서 이런 과제에 직면하지는 않았다. 오히려 지역 식자재에 맞춰 요리하고, 그 수준과 요금을 높이는 것을 추진했다. 1997년부터 각 숙박업소 주방장들이 공부 모임인 유후인 요리연구회를 스스로 조직해 현지 식자재를 어떻게 활용할 것인지를 고민하고, 료칸에 납품하는 소량 다품종 생산에 특화된 농가가 생겼다는 것은 앞에서 설명한 그대로다. 앞에서 예로 든 E농원의 경우 예전에는 쌀과 시금치가 주요 작물이었지만, 지금은 소량 다품종의 채소를 생산해 유후인의 많은 료칸에 공급하고 있다. 대규모 농업 지역이 아니어도 혹은 농업 지역이 아니기 때문에 지역의 농업과 관광업이 연계할 수 있는 계기가 되었다고 말할 수 있다. 다만, 다음에 설명하는 농업 후계자 부족과 농지 부족이 긴급한 과제인 것은 유후인도 다른 지역과 마찬가지다.

2006년 조사에 의하면 유후인 온천의 숙박시설 39개에 문의한 결과, [표 3-6]과 같이 약 50% 정도가 식자재를 옛 유후인 정안에서 조달하고 있었다. 또한, 관광 관련 산업에 의한 경제 파급 효과를 가장 낮은 부분에서 계측하여 5단계까지 산출하면 [표 3-7]과 같다.

적극적으로 지역 농산물을 사용하려는 시도는 지역 조달률을 높이고, 결과적으로 경제 파급 효과를 높이는 데 이바지해 왔다. 료칸의 규모가 작은 것이 지역산업 간 네트워크를 더욱더 강화

표 3-6 유후인의 숙박시설에서 식자재 조달률

	옛 유후인 정 내	옛 유후인 정 이외 유후 시 내	유후 시 외
비율	48%	5%	47%

출처: 유후인 온천관광협회(2006) 〈관광환경용량 · 산업 관련 분석 조사 및 지역유래형 관광 모델 사업 보고서〉

표 3-7 유후인 관광 관련 산업의 경제 파급 효과

	옛 유후인 정 내	옛 유후인 정 이외 유후 시 내	유후 시 외
승수	2,102	2,164	2,783

출처: 유후인 온천관광협회(2006) 〈관광환경용량 · 산업 관련 분석 조사 및 지역유래형 관광 모델 사업 보고서〉

하고, 지역 경제 파급 효과를 높인다는 일정 성과를 얻을 수 있
었다.

농업은 지역의 힘이다

　다만, 이런 마을만들기가 진행됨에도 불구하고 일본의 농업
이 침체한 가운데 유후인의 농업 또한 큰 과제를 안고 있다.
옛 유후인 정 시대의 통계가 남아 있는 시정촌 합병 전년도인
2004년과 20년 전인 1984년을 오이타 시정촌민 소득통계로 비교
해 보았다. 1984년 제1차 산업 총생산액이 15억 2600만 엔에서
2004년에는 8억 2100만 엔까지 감소했다. 이런 감소 경향은 이후
에도 계속되었고, 현재 유후인은 농업이 발전한 지역이라고 말

하기 어렵다.

옛 유후인 정의 산업 구조 중에서 산업별 종업원 수를 비교한 결과, 제1차 산업, 제2차 산업보다 제3차 산업 종사자 수의 비율이 많이 증가하였다. 이것을 인구 규모가 동일하고 오랫동안 교류가 있는 나가노 현 오부세 정과 비교한 것이 [표 3-8]이다. 오부세 정이 과수를 중심으로 한 농업과 과자 제조업, 주조업, 그리고 관광업을 균형 있게 유지한 것에 비해, 유후인 정은 30년간 제3차 산업의 비율이 25%P 증가하여 전체의 85%를 차지할 정도로 높다.

이것은 관광업 등 서비스업이 유후인의 주요 산업이라는 증거지만, 한편 지속 가능한 지역 발전을 생각하면 지역 내 새로운 산업을 만들어내고 산업 간 연계 시스템을 고민해야 하는 단계라고 할 수 있다.

이런 점에서 유후인의 마을만들기 경험은 현재 전국에서 추진하는 6차 산업화 프로세스에도 시사하는 바가 크다. 일반적으로 제1차 산업인 농업과 제2차 산업인 지역 생산품의 가공, 제3차 산업인 유통과 관광의 조합은 [그림 3-10]의 좌측과 같은 흐름이다. 하지만 유후인에서는 지역 관광 시장을 활용하여 식품 가공업 등 물품 만들기 산업을 육성하고, 이를 위한 원재료를 지역에서 조달하기 위한 작물을 재배하는 [그림 3-10]의 오른쪽과 같이 역으로 접근하는 6차 산업화를 지향하고 있다. 마을만

표 3-8 오부세 정과 옛 유후인 정의 산업구성비(종업원 수 1차 : 2차 : 3차)

	오부세 정	옛 유후인 정
1975년	35 : 31 : 34	27 : 13 : 60
2005년	24 : 28 : 48	7 : 8 : 85

출처: 총무부 통계청 《평성22년 국세조사》

일반적인 6차 산업화의 흐름   지역에서 시작된 6차 산업화의 흐름

그림 3-10 관광과 연계한 6차 산업화의 새로운 방향성

들기 지도자들이 추구한 관광과 농업의 상호 발전 전략은 이런 관계 만들기지만, 몇 개의 료칸만으로는 쉽지 않았다. 지도자들이 경계를 허물고 농업과 료칸·요리사를 연결하기 시작한 것은 그리 오래되지 않았다. 그 사이에 시정촌 합병을 둘러싼 혼란 등도 있었고, 농가와 관광의 본격적인 연결 만들기는 향후 과제로 계속 남아 있다. 그러나 마을만들기 과정에서 만들어진 동적 네트워크로 마을만들기 전략이 가능한 단계에 와 있다. 앞에서 예로 든 료칸용 식품 가공업 B는 이런 활동의 선두에 있으며, 스핀오프 기업과 료칸 주방에서 시작된 차세대 등장에도 많은 기대를 걸고 있다.

주

1 앞의 문장을 포함한 인용부분 中谷健太郎(2001) p.28.

2 아칸고 온천, 구사츠 온천, 도바시 온천, 아리마 온천, 유후인 온천의 다섯 개 온천지와 사단 법인 일본교통공사 온천마을 만들기 연구회의 2008년도 조사에 의함.

3 요즈음 식품 가공, 보존 기술이 발전하고 음식의 2차 제품화라고 할 만한 편리하고 다채로운 업무용 가공식품이 증가하고 있는 것도 덧붙이고 싶다. 2차 제품은 원래 공업 용어며, 특히 건설업 현장에서 콘크리트를 타설하지 않고 제조설비를 갖춘 공장에서 생산된 콘크리트 제품 을 2차 제품으로 부른다. 여기서는 주방에서 제조하는 업무용 가공식품에 2차 제품의 개념을 채용했다.

4 요리 연구가인 土井善晴는 고급 레스토랑이나 고급 요리점에서 요리하는 사람과 먹는 사람 의 관계에 대해 셰프가 요리를 통해 영감이나 외형의 풍부함과 아름다움을 제공하고, 고객이 진귀한 음식체험이나 풍부한 기운을 받을 수 있는 구도를 나타낸다(土井善晴(2016) p.93~96). 원래 레스토랑, 고급 요리점을 비롯한 일반 음식점에서도 처음부터 요리가 즐비한 광경을 보 기 어렵고, 지금까지 이른바 단체 관광이나 대중관광으로 비뚤어진 관광 음식을 재검토할 필 요가 있을 것이다. 그리고 지역성과 전통 등을 고려하면 관광에서 음식, 요리가 갖는 가능성 과 진화 정도는 아직 무한하다.

5 지소지산의 개념은 최근 각지에서 볼 수 있게 되었다. 中島惠理는 나가노 현 후지미 정의 대 응에서 지소지산을 제공하는 식사에 필요한 식자재를 지역에서 생산하는 것으로 바꾸려는 실 수요자 측(음식점 등)의 요구에 공급자(생산자) 측이 응답하는 방향으로 지역 농산물을 확대 하는 것으로 정의했다(中島惠理(2017) p.193). 澤永貢子는 도야마 현 나가미 시의 대응에서 생 산하는 농산물의 종류는 많지만, 수량적으로 대규모 소비에 대응할 수 있을 정도의 양이 확보 되지 않은 것이 많으므로 소비에 맞춘 계획을 세울 필요가 있으며, 이것을 지소지산이라 부른 다(澤永貢子(2009) p.6). 또한 스위스 체르마트에 거주하는 '관광 카리스마' 山田桂一郎도 지 소지산 개념을 제창하고 있다.

6 2016년에 필자의 앙케트 조사에 의함.

※ 본 사례의 원고는 米田誠司(2013), 米田誠司, 大澤健(2017)을 가필 수정한 것이다.

유후인의 예술 운동과 경관 만들기

1975년부터 시작한 유후인 음악제와 그 이듬해부터 시작한 유
후인 영화제로 이름을 널리 알린 이후, 문화와 예술은 유후인 마
을만들기에서 자주 언급되었다. 실제 그것은 유후인 마을만들기
에서 중요한 위치를 차지하고 있다. 1910년대부터 벳푸 온천이
온천 관광지로 발전하는 가운데, 그 옆에 세속화되지 않은 매력
을 간직하고 있던 유후인은 때때로 별천지로 불렸다. 전쟁 전부
터 전원 분위기와 아름다운 자연환경은 문인, 화가 등 많은 예술
가에게 사랑을 받았다.

유후인 마을만들기에서 문화 · 예술의 의미는 이런 역사의 연
장선에 있다. 문화인이 사랑하는 자연과 경관이야말로 유후인
최대의 자산이며, 이것을 지키는 것이 마을만들기의 가장 중요
한 과제였다. 다만, 제1장에서 설명한 것과 같이 자연과 경관을

지키기 위해서는 지역 경제와 지역 사회의 연계가 필요하다. 유후인의 문화마을 만들기는 1970년대부터 시작한 마을만들기 과정과 관련이 있고, 문화와 예술 또한 지역 환경과 지역 경제, 지역 사회라는 세 요소를 잇는 전략이라고 생각했다.

게다가 이 계획은 문화와 예술의 힘으로,

① 마을 경관을 아름답게 유지한다.
② 관광에 국한하지 않고 지역 내 산업의 부가가치를 높인다.
③ 지역민과 외지인을 연결한다.

라는 세 가지 의미가 있다. 지역 경관을 지키기 위해서는 문화적·미적 가치관을 공유할 필요가 있다. 이와 더불어 지역의 문화 수준을 높임으로써 수준 높은 상품과 관광지를 만들고, 문화와 예술로 지역 사람들을 적극적으로 연결하려 했다. 특히, 문화와 예술은 사람을 대등하게 수평적으로 연결하는 힘이 있고, 지역 사회를 지배하는 수직적 관계와는 다른 관계성을 만들 수 있어서 동적 네트워크 형성에 중요한 역할을 해 왔다. 예를 들면, 음악제와 영화제는 연주와 상영이라는 역할 외에 작고 아름다운 마을이라는 유후인의 특성을 알리고, 마을 이미지를 브랜드화함과 동시에 이곳에서 문화적인 생활을 영위하는 사람을 연결하려는 것이다. 유후인의 문화·예술에 관한 세 요소의 관계를 정리

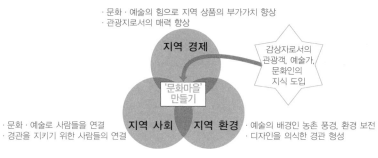

· 문화 · 예술의 힘으로 지역 상품의 부가가치 향상
· 관광지로서의 매력 향상

지역 경제

감상자로서의
관광객, 예술가,
문화인의
지식 도입

'문화마을'
만들기

· 문화 · 예술로 사람들을 연결   지역 사회   지역 환경   · 예술의 배경인 농촌 풍경, 환경 보전
· 경관을 지키기 위한 사람들의 연결   · 디자인을 의식한 경관 형성

그림 3-11 문화마을 만들기에서 3요소의 관계

하면 [그림 3-11]과 같다.

　여기서는 실천 사례 3으로 문화마을 만들기 전략을 살펴본다. 구체적으로 유후인의 예술 운동과 경관 디자인을 다룬다. 내일의 유후인을 생각하는 모임에서는 마을만들기 초기 단계부터 경관과 조화를 이루는 디자인의 방향성이 유후인 마을만들기의 주요 주제였다. 이것과 밀접한 관련이 있는 것이 예술이다. 유후인정에는 공공 미술관과 박물관은 없지만, 많은 사설 미술관과 갤러리[1]가 모여 있어 마을의 활기와 경관을 형성하고 있다. 상징적인 것은 1989년에 갤러리를 갖춘 JR 규슈 최초의 관광열차인 '유후인 모리호'가 운행을 개시하여, 이듬해인 1990년에는 아트홀이 있는 유후인 역사가 완성되어 마을 경관의 요충지에 예술 거점을 두게 된 것이다. 유후인의 문화마을 만들기를 예술과 경관 형성 시각에서 혁신의 원천을 찾아보고자 한다.

1. 유후인 예술 운동

예술이란 무엇인가?

먼저 예술이 무엇인지에 대해서는 예술 자체가 계속 변화하고 다양하게 해석되므로 한 가지로 정의하기는 어렵다. 호리노 마사히토는 예술과 관광 관련 연구에서 예술은 이미 사회적으로 권위가 있는 전통적 미술과 그 외의 새로운 미술적 표현 작품을 포함하는 개념이라고 했는데, 여기서도 먼저 이와 같은 생각으로 이야기를 하고자 한다.[2] 또한, 예술 중에서도 특히 성행하는 분야로 현대 예술이 있는데 이것도 정의하기 힘들지만, 야마구치 유미는 현대 예술의 매력을 ① 영감이 자극을 받는다, ② 세상에 단 하나뿐인 작품이라는 점, ③ 커뮤니케이션 도구라는 세 가지로 제시했다.[3]

국가나 지역에서 개최하는 비엔날레, 트리엔날레와 같은 대규모 전시는 무수히 많다. 주요한 것만도 약 40-50개 정도로,[4] 지역의 대명사가 될 만한 축제로 평가받는 경우도 많다. 또한, 가나자와 21세기 미술관, 나오시마 베네세 하우스로 상징되는 것과 같이, 새로운 예술관을 기반으로 하는 미술관과 시설이 증가하고 있다. 일본보다 먼저 성숙사회를 맞이한 구미에서는 예술로 지역 이미지를 높이고 관광객을 불러모아 경제 효과를 유발하고 있다. 그 지역의 매력이 증가함으로써 고용이 증가하고, 출신자들이 지역으로 돌아와 레저와 일터로서의 지역 재생에도 연결된다고 평가받는다.[5]

예술은 비즈니스의 측면도 물론 있지만, 작품을 통해 작가와 감상자가 만나는 장을 만드는 것으로, 이런 만남의 힘을 다방면에 활용하는 방향으로 발전하고 있다. 그래서 최근 수십 년 사이에 관광과 예술, 마을만들기와 예술의 관계는 더욱 밀접해졌다고 할 수 있다. 유후인의 예술 운동은 이런 전국적인 움직임을 이끈 사례 중 하나였다.

유후인, 예술을 하다

유후인 온천 료칸은 소규모로 단체 손님이 아닌 개인 손님이나 소그룹을 주된 고객층으로 하고 있다. 실천 사례 1, 2에서 설명한 것과 같이, 마을만들기 지도자들은 작은 숙소를 계속 고집하기 위해 마을을 산책할 수 있는 매력을 만들어 왔다. 유후인의 료칸에 머물 경우나 일본 온천지에서는 보기 드문 당일치기 관광의 경우에도 지역을 산책하는 것이 유후인 관광의 기본 형태가 되었다. 산책에서는 전원 풍경을 배경으로 토산품점과 음식점, 카페 등을 이용하는 것 외에 미술관, 갤러리도 산책형 관광의 목적지로 선정되었다. 마을만들기 지도자들은 산책 거점이 되는 마을의 활기를 만들기 위해 예술가, 예술과 관련한 다양한 인재를 유후인에 초청했다.

지금까지 유후인의 미술관, 갤러리는 어떻게 개설하고 이후 어떻게 변해 온 것일까? 이미 설명한 것과 같이 유후인은 소박한 농촌다운 마을을 매력으로 전쟁 전부터 많은 문인과 예술가들에게 사랑을 받았다. 유후인의 매력에 빠진 사람들이 본인의 다양한 작품과 본인이 애호하는 작품을 이 마을에서 전시하고 싶다며 사설 미술관과 갤러리를 개설했다. 유후인에서 최초로 개설된 것은 1981년 S미술관으로, 이후 조금씩 미술관과 갤러리가 개설되었다.

미술관과 갤러리 수는 [그림 3-12]로 알 수 있는데, 1980년대부터 서서히 증가하여 1990년대부터 2000년대 중반을 정점으로 2000년대 후반부터 감소하고 있다. 같은 시설이 몇 십 년 운영되는 경우가 많지만, 단기간에 폐쇄되는 경우도 종종 볼 수 있다. 개설자의 의도는 다양하지만, 결과적으로 이런 시설은 관광객에게 유후인의 새로운 관광 요소로 인식되었다.

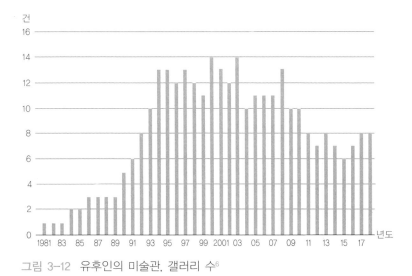

그림 3-12 유후인의 미술관, 갤러리 수[6]

이런 발전 과정에서 개성 있는 미술관과 예술 갤러리가 계속 개설되는 한편, 명확한 위작이나 캐릭터 상품을 전시하는 미술관, 단순히 토산품을 예술 갤러리로 부르는 시설 등의 난립이 계속되자 관광지의 통속화 현상을 지적받았다.[7]

다만, 유후인의 예술은 마을만들기와 깊은 관련이 있어서 독자적 발전 과정을 거쳐 왔다. 먼저 유후인 미술관 창업자의 전형적인 개설 과정을 살펴보고자 한다.

K미술관

K미술관 설립자인 T씨는 원래 유후인에 장기 휴양 차 방문했

다. 머무는 동안 K료칸 N씨와 알게 된 이후 료칸의 직원이 되었다. 원래 서화를 좋아하고 골동품과 민예에도 흥미가 있었던 T씨는 갤러리와 토산품점을 겸한 민예품점을 유노츠보 지구에 열었다. 어떤 의미에서 실천 사례 2와는 다른 스핀오프 사례다. 여기서 성공을 거두고 1986년 도리고에 지구에 미술관을 개관했다. 실천 사례 1에서 설명한 것과 같이 K미술관은 지금까지 거의 개발되지 않은 도리고에 지구 최초의 개발 사례였다.

K미술관의 개관은 유후인의 예술촌 설립을 의도한 것이었다. K미술관을 포함한 건물군으로 자연과 조화를 이룬 다수의 문화존을 연출하고, 마을만들기와 연계하여 활동했다. 그 중심에 있던 것이 가구라(신전에서 행해지는 가무) 등에 사용하는 귀중한 민속 가면을 100점 이상 전시하는 K미술관이었다. 회화, 사진, 민속자료, 섬유예술Textile Art 등8 다양한 주제에 따라 당시 유후인에서 활동한 여러 명의 창작가와 수집가를 새로운 개발 지구에 모으는 야심 찬 시도였다. 설립자는 1980년대 말부터 활발히 활동한 유후인 예술 운동과 유노츠보 지구를 중심으로 한 경관 만들기 활동에서도 중심적인 역할을 했다.

이후 K미술관은 2001년 폐관했지만, 실천 사례 1에서 설명한 것과 같이 도리고에 지구에 개업한 M료칸이 K미술관의 경영을 이어받았다.

D미술관

D미술관 창설자 U씨는 오이타 현에서 복지 관련 일에 종사하다가 아동도서관 등을 개관하면서 예술에 흥미가 깊어졌다. 이런 활동을 통해 K미술관 소유주를 알게 되고, 뒤에 설명할 유후인 역 아트홀 개설을 계기로 유후인 예술 운동에 참여하게 되었다. U씨는 예술 기획 전시 전문가로 1990년부터 유후인 역 아트홀 운영계획 작성에도 참여했다. 또한, 이후 유후인 정의 대중목욕탕인 '구아주 유후인'에 병설한 갤러리 기획도 담당했다. 그리고 자신의 소장품을 기반으로 유후인에 갤러리를 개설한 이후 D미술관을 개관했다. U씨는 현재 유후인 예술의 다양한 부분에서 중심적인 역할을 하고 있다.

유후인의 다양한 예술 운동

아트 페스티벌 유후인

유후인에서 미술관과 갤러리는 서서히 증가했는데, 여기저기 흩어져 있는 시설들이 같은 시기에 같은 주제로 기획전을 하는 아트 페스티벌 유후인이 1998년부터 시작되었다. 주도적인 역할을 한 K미술관 설립자는 유후인 자체가 박물관으로 기능하기 시작한 것을 배경으로, 원래 미술관과 예술 갤러리라는 틀 안에서 기획되던 예술을 시민의 일상생활 속에 침투시키려 하였다. 앞에서 설명한 것과 같이 유후인이 인기 있는 관광지가 되면서 관광지의 통속화 현상이 시작된 것에 대항하기 위해 축제를 시작했다.[9]

그러나 예술 운동이 활발해지자 돈벌이에 급급한 사업자가 참여하는 등 여러 가지 문제도 발생하여 아트 페스티벌은 5회로 종료되었다.[10] 그러나 1988년이라는 전국에서도 이른 시기에 예술 시설들을 마을만들기와 함께 예술 활동을 통해 연계하고, 이것이 동적 네트워크가 되어 이후 유후인의 예술 부분에 다양한 혁신을 일으키게 되었다. 또한, 이런 활동은 이후 다른 지역으로 확대되었다.

유후인 모리호 예술 갤러리

아트 페스티벌 유후인 활동에 당시 JR 규슈 사장인 이시이 요시타카 씨가 관심을 가지고 유후인에서 예술 활동을 해 온 구성원들을 소집하였다. 그들에게 JR 규슈 최초의 관광열차 '유후인 모리호'의 차량 안에 예술 갤러리 설치를 제안하였고, 1989년부터 운행을 시작했다.[11] 예술뿐 아니라, 유후인 모리호의 등장으로 JR 규슈가 열차 디자인에 힘을 쏟아 여행의 즐거움과 풍요로움, 쾌적성 향상을 무엇보다 중시한다는 인상을 주었다.[12] 이 열차는 일본 관광 열차의 선구자이며, 이후 유후인의 브랜드 향상에 크게 공헌하였다. 또한, 이 열차 내 갤러리는 리모델링을 위해 2003년 폐지되었다.

유후인 역 아트홀

유후인 모리호 제1호 열차에 이시이 사장과 미술 관계자가 탑승하여 열차 심포지엄이 열렸다. 이것을 계기로 유후인 역을 미술관으로 운영하는 계획이 구상되었다.[13] 이 역사의 설계는 세계적인 건축가 이소자키 아라타 씨가 담당하였는데, 르네상스기의 예배당을 이미지한 보이드가 있는 대합실과 대합실 내 뮤지엄 홀 등도 화제가 되었다.[14] JR 규슈는 1987년에 발족했는데, 이시이 씨는 발족 당초부터 유후인 모리호와 유후인 역 아트홀을 동시에 구상했다고 말했다.[15] 유후인 역 아트홀의 운영은 당초 유후인 정과 유후인 예술 프로젝트가 담당하고, 1996년 이후 유후인 온천관광협회가 수탁, 운영했다.

예술위원회

유후인 온천관광협회에는 부회제가 설치되어 있는데, 앞에서 설명한 것과 같이 예술위원회가 1996년 이후 유후인 역 아트홀의 운영을 담당했다. 위원회 구성원은 미술관·갤러리 소유주, 직원 외에 예술에 흥미가 있는 주민들로 조직하였다. 월별로 기획을 세워 예술 정보지 〈숲속 산책길〉을 발행하고, 매달 전시 변경도 봉사 활동으로 하고 있다. 연간 전시 기획은 전년도 가을에 일제히 공모하여 JR 규슈, 유후 시, 유후인 온천관광협회, 유후인 온천료칸조합, 그리고 예술위원회 구성원이 합의하여 작가와 작품을 선정했다. 아트홀에서는 고명한 작가라도 대가를 지불하지 않거나 장래 유망한 작가라도 행사비 등을 징수하지 않는 등 모두 같은 조건으로 대응해 왔다. 유일하게 작가에게 부가된 의무는 예술 포럼의 개최다. 포럼은 회의장인 유후인 역 아트홀에서 작가를 모시고 창작 의도를 듣고 교류하는 장이며, 작가와 지역 구성원의 관계를 돈독히 하는 데 이바지하고 있다.

예술 스톡에서 예술 엔진으로

유후인에서는 마을 여기저기에 흩어져 있는 미술관과 갤러리, 광역 네트워크화된 작가들의 협조를 얻어 미술 작품을 마을 공유 재산으로 스톡하고 전람회를 기획하거나 각종 시설에 임대하는 '유후인 예술 스톡'을 1997년에 설립하였다.[16] 그중에서도 83세에 처음으로 붓을 잡고 99세까지 그림을 그린 히가시 가츠키치 씨의 전시가 1997년에 개최되어 큰 반향을 일으켰다. 그래서 83세 이상 한정 수채화 공모전이 2014년부터 개최되고 있다. 이렇게 활동해 온 유후인 예술 스톡이지만, 스톡하는 활동에 그치지 않고 다시 새로운 활동을 만들어 2017년에 '유후인 예술 엔진'으로 변경하였다.

예술이 동적 네트워크를 움직이다

지역 만들기 활동은 일정 지역을 전제로 하므로 한정된 범위 내에서의 닫힌 네트워크 활동으로 취급하는 경우가 많다. 그러나 유후인이라는 닫힌 지역에서 예술이 한 역할은 외부와 연결하는 창구의 기능이다. 유후인에서는 미술관·갤러리 소유주와 직원, 작가, 주민, JR 규슈, 지자체 등 많은 사람과 조직에 의해 실천을 축적해 왔다. 그중에서도 위원회가 20년 이상 축적한 운동은 외부와 연결하는 지역 내부의 적극적인 활동이며, 예술을 통해 지역 내에서 문화와 예술의 가치를 양성하고 공유했다. 이런 예술이 내부와 외부, 내부와 내부의 교류 시스템으로 만들어진 동적 네트워크로 다양한 혁신이 순환되었다.

예술 운동의 발전 과정을 SECI로 정리하면 [그림 3-13]과 같다. 아트 페스티벌 유후인이 최초의 동적 네트워크로 기능함으로써 다양한 예술 혁신이 뒤이어 일어났다.

먼저 1981년 S미술관 개설 이후 점차 미술관·갤러리가 증가하고 다양한 부분에서 일상적 대화가 반복되면서 공동화되었다. 다음으로 토론 도중 이런 시설을 연계하여 마을만들기와 연동한 '아트 페스티벌 유후인'을 개최하자는 아이디어가 나왔다. 이 축제는 지역 안팎에 존재하던 다양한 예술 관련 지식이 통합되고 조합됨으로써 구체화된다(연결화). 그리고 이런 계획에 관광객은

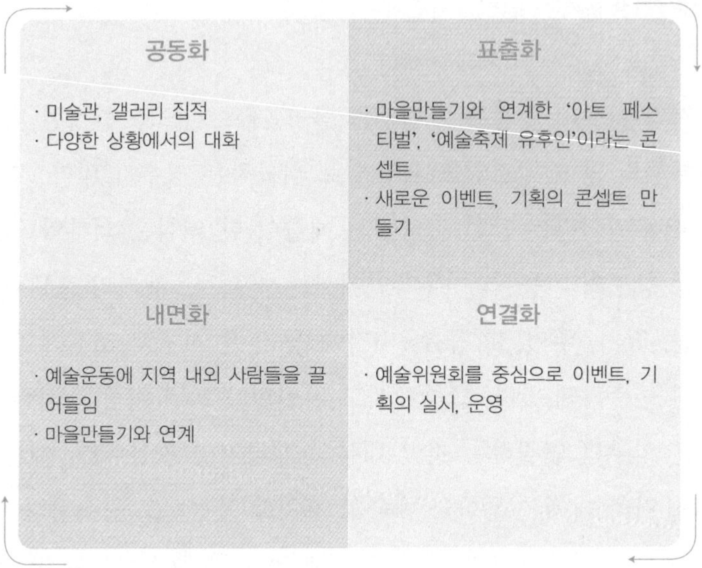

공동화	표출화
· 미술관, 갤러리 집적 · 다양한 상황에서의 대화	· 마을만들기와 연계한 '아트 페스티벌', '예술축제 유후인'이라는 콘셉트 · 새로운 이벤트, 기획의 콘셉트 만들기
내면화	연결화
· 예술운동에 지역 내외 사람들을 끌어들임 · 마을만들기와 연계	· 예술위원회를 중심으로 이벤트, 기획의 실시, 운영

SECI 프로세스 작동에 필요한 요건
· 미술관, 갤러리, 료칸 등의 적극적인 이벤트 참여
· 미술관, 갤러리, 료칸 등 경계를 넘어선 연대
· 지역 내외 사람들을 이벤트나 기획에 끌어들이는 리더십

그림 3-13 유후인 예술운동에서의 지식창조 프로세스

물론, 다양한 예술 애호가도 함께함으로써 마을만들기와 연동한 예술 계획이 내면화되었다.

이런 프로세스가 작동함으로써 예술은 유후인 관광의 중요한 요소로 인식되어, 1990년 유후인 역 아트홀 개설과 미술관·갤러리 소유주들의 예술위원회, 예술 스톡 운동, 거기에 이은 예술 엔진으로의 전개라는 더 큰 예술 운동이 일어났다.

전국의 예술 운동, 유후인이 앞장서다

유후인 예술 운동은 마을만들기와 연동하여 시작되었지만, 지역 내에는 끊임없이 영향을 끼치게 된다. [표 3-9]는 1970년 이후 유후인과 전국의 예술 관련 주요 활동을 정리한 것이다. 지금까지 보아 온 것처럼 1981년 유후인 최초의 미술관이 개관하고, 1988년부터 아트 페스티벌 유후인이 5년간 개최되고, 1989년 이후 JR 규슈, 지역 지자체와의 예술 협동이 시작되었다.

아트 페스티벌은 1993년부터 이즈코겐에서도 같은 축제가 개최되어[17] 2000년에 처음으로 대지의 예술제 에치고츠마리 예술 트리엔날레가 개최된 것과 같이, 유후인 지역의 예술 운동은 시대를 앞선 하나의 운동이었다고 할 수 있다.

그러나 유후인 예술 운동은 에치고츠마리, 세토나이, 벳푸 등과 같이 두드러진 예술 운동처럼 발전하지 못했다. 또한, 가나자와처럼 대규모 미술관도 없다. 요즈음은 미술관·갤러리도 감소하는 추세다. 이것을 어떻게 생각하면 좋을까? 예술, 그중에서도 현대 예술은 비엔날레, 트리엔날레 등으로 커다란 비즈니스 기회로 연결되기 쉽다. 그러나 마을만들기 차원에서 전개하고 있는 유후인 예술은 유후인 관광의 중요한 요소지만, 지금까지 본 것처럼 큰 비즈니스 기회로 연결되지는 않을 것 같다.

오히려 유후인 역 아트홀을 중심으로 한 예술위원회의 활동

표 3-9 유후인과 전국의 예술 동향

년도	유후인	전 국
1970	유후인의 지역을 지키는 모임 발족	
1971	내일의 유후인을 생각하는 모임 발족, 유럽 연수여행	
1975	관광마차, 유후인 음악제, 소고기 먹고 함성지르기 대회 개시	
1976	유후인 영화제 개시	
1979	대형 관광시설 개설	
1981	최초 S미술관 개설	
1987	JR규슈 개통	
1988	예술축제 유후인 개시(~1992)	
1989	유후인 모리호 운행 개시, 차량 내 아트 갤러리 개설	
1990	〈풍요로운 마을만들기 조례〉 시행, 유후인 역 아트홀, 구아주 유후인 개설	
1992	역 아트홀에서 국제회의 개최	나오시마 베네세 하우스 개설
1993		이즈 고원 예술축제 개시
1996	유후인 온천관광협회의 아트홀 운영 수탁	
1997	유후인 아트 스토크 설립	
2000		대지의 예술제 개시
2004		가나자와 21세기 미술관 개설
2005	합병으로 유후 시 탄생	벳푸 프로젝트 개시
2010		세토 내 국제예술제 개시
2014		DOGO ONSENART 개시
2017	아트 스토크에서 아트 엔진으로 명칭 변경	
2018	유후 시 관광안내센터 개설	

에 주목하고 싶다. 유후인 역에 있는 예술 공간은 공공 미술관도 사설 미술관·갤러리도 아니다. 관광객을 맞이하고 보내는 장소고, 관광객이 만나는 유후인 최초의 장소로서 이 마을의 관광과 경관의 상징이다. 이와 함께 지역 사람들이 생활 속에서 이용하는 장소기도 하다. 이런 반⁺ 공적 장소를 자원봉사 기반의 민간 팀이 기획, 운영함으로써 마을만들기의 기능을 효과적으로 발휘할 수 있다. 생활형 관광지로 불리는 유후인이지만, 다른 곳과 같이 커다란 장치는 없어도 일상에 가까운 장소에서 작품과 작가와의 만남도 지역 활성화 모습의 하나라 할 수 있다. 고보리 다카아키는 유후인을 '예술문화 관광공간'으로 분석하고, 시설에서 '마을·지역·환경'이라는 프레임 전체로 전개하여 새로운 개념을 획득하려는 시도를 높이 평가하고 있다.[18] 필자도 고보리와 같이 유후인의 이런 연속적 시도를 먼저 평가하고 싶다.

　마을만들기 속에 녹아 있는 예술 운동과 같은 시기에 유후인 경관 만들기 움직임이 있었다. 다음 절에서 유후인 주민이 추진해 온 경관과 디자인에 관한 활동에 대해 살펴보고자 한다.

2. 유후인의 경관과 디자인

안내 표지판을 통일하다

　유후인 주민은 일찍부터 경관과 디자인의 중요성을 알고 있었다. 그중에서도 경관을 훼손하는 광고 간판과 안내 표지판을 없애기 위해 1972년 통일된 안내 표지판 디자인을 공모했다. 이것은 공적인 안내 표지판만이라도 통일하고 점차 각 상점과 료칸 등의 간판, 가능하면 전국 공통의 도로 안내 표지판과 교통 안내 표지판까지 통일하는 것을 염두에 둔 것으로, 전년도 유럽 연수 여행의 견문이 배경이다.[19] 이후 유후인 분지에서 통일된 안내 표지판이 설치되어(현재는 다른 디자인이 설치되어 있음) 관광협회의 특별 회계 예산으로 유지, 관리되고 있다. 고도 경제 성장기에 관광 개발과 자동차화로 료칸과 관광시설을 눈에 띄게 하려는 간판이 난립하여 경관을 파괴하는 가운데 일찍부터 통일된 디자인을 기획했다.

유노츠보 거리 디자인 회의

　1980년대부터 서서히 관광지로 이름을 알린 유후인이지만, 관광객 증대와 함께 크게 변화한 곳이 중심부인 유노츠보 거리였다. 옛날부터 가로변에는 지역민을 위한 상점과 민가, 밭이 있었지만, 점차 토산품점과 음식점이 들어섰다. 이런 상황에 위기감을 느껴 1980년대에 유노츠보 거리 디자인 회의가 조직되고, 유노츠보 거리의 건물 디자인과 생활에 관해 토론을 이어갔다. 구체적으로는 가게의 건축설계를 검토하거나 가게를 후퇴시켜 전면에 나무를 심는 공간을 확보하거나 가로등 디자인을 통일하는 등 많은 실천과 토론을 거쳐 선구적이고 아름다운 경관을 형성하였다. 그중에서도 가게 앞에 상수리나무를 심어 연속된 녹음을 만든 경관 형성은 높이 평가받았다. 유노츠보 거리에 갤러리를 개관한 K미술관 창업자도 이 활동에 참여했다.

　이후 외부 자본이 점점 들어와 간판과 현수막이 난립하고, 폭이 좁은 길에서 보행 안전이 걱정되는 사태가 발생하자 2002년 '유후인 정 치유의 마을 걷고 싶은 마을만들기 교통사회실험'이 약 1500명의 자원봉사 참여로 시행되었다. 또한, 2004년에 새롭게 유노츠보 거리 디자인 회의가 설치되었다. 여기서는 주민의 적극적인 경관 검토, 경관 형성 활동이 추진되었다. 그리고 디자인 회의를 사무국으로 한 유노츠보 마을만들기협의회가 2006년

실립되어 지구 규칙을 만들고, 경관법을 활용하여 경관계획·
경관협정·신사협정을 책정하기 시작했다.[20] 주민, 전문가들의
상세한 현장 조사와 검토가 이루어지고 대략적 합의를 얻어,
2008년 유후인 경관 조례가 시행되어 경관계획이 책정되었다.
또한, 다음해에 경관협정·신사협정도 체결되었다.

디자인의 기준을 마련하다

관광지로 발전함에 따라 앞에서 설명한 것과 같이 중심부는
관광지화뿐 아니라, 귀중한 전원 공간도 무질서하게 개발되고,
일반 주택도 조립식이 많아지자 다른 지역과 차이 없는 마을이
되고 있었다. 그래서 유후인이 이상적으로 생각하는 풍경 이미
지를 만들어 유후인과 관련된 모든 사람이 공유할 수 있도록[21]
《유후인 건축·환경 디자인 가이드북》을 제작하기로 했다.
1997년부터 3년 동안 지자체, 각종 단체로 구성된 '유후인 건
축·환경 디자인 협의회'가 유후인 정을 조사하여 우수 사례를
수집하고, 사진을 촬영해 워크숍을 개최했다. 그 결과, ① 규모
가 작은 생활 풍경, ② 내부와 외부의 관계를 소중히 하는 풍경,
③ 자연적 특징을 소중히 하는 풍경의 세 가지 풍경을 유후인다
운 풍경으로 정했다. 실제 건축에서도 참고하기 쉽도록 세 가

지 원칙과 아홉 가지 마음가짐을 우수 사례 사진과 그림을 넣어 2002년에 《유후인 건축·환경 디자인 가이드북》을 만들었다 (그림 3-14). 가이드북은 유후인 정의 전 가구에 배포하고, 이후 2001년에 일부 수정하여 개정판을 만들었다.

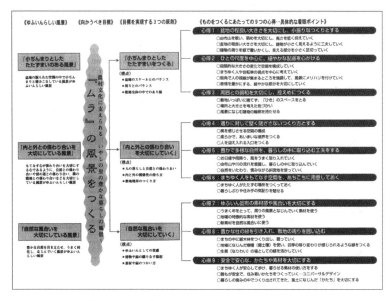

그림 3-14 《유후인 건축·환경 디자인 가이드북》

그림 3-14(계속) 《유후인 건축·환경 디자인 가이드북》

유후인 마을만들기와 경관 만들기

경관과 디자인을 둘러싼 발전 과정에 대해서도 SECI 프로세스를 적용하여 살펴보고자 한다.

먼저 1972년이라는 이른 시기부터 통일된 안내 표지판 디자인이 공모되고, 이후에 설치, 유지, 관리가 이루어졌다. 마을만들기 초기 단계부터 장시간의 대화를 통해 서로의 생각을 공동화하고, 거기에서 표출된 아이디어를 유후인다운 안내 표지판 디자인으로 구체화하는 활동을 통해 유후인의 가치가 무엇인지를 안팎에 보여주었다.

유노츠보 경관 만들기도 대화에서 모든 것이 시작되었다. 먼저 1980년대 유노츠보 거리 디자인 회의가 동적 네트워크로 기능함으로써 유노츠보다운, 유후인다운 마을 경관에 관한 콘셉트가 만들어졌다. 이후 1990년대 후반부터 3년간 실천한 끝에 《유후인 건축 · 환경 디자인 가이드북》이 작성되고, 콘셉트가 형식지화되었다. 또한, 단순히 가이드북을 만드는 것뿐 아니라, 실제로 이런 콘셉트를 실현하는 경관 형성 활동으로 유노츠보 거리 디자인 회의도 이루어졌다.

마을만들기 지도자 중 한 사람은 상점과 음식점이 경쟁하는 가장 번화한 장소에서 토지를 교환하여 나무만 있는 자투리 공원을 만들었다. 또한, 마을만들기 활동 참가자가 운영하는 가게

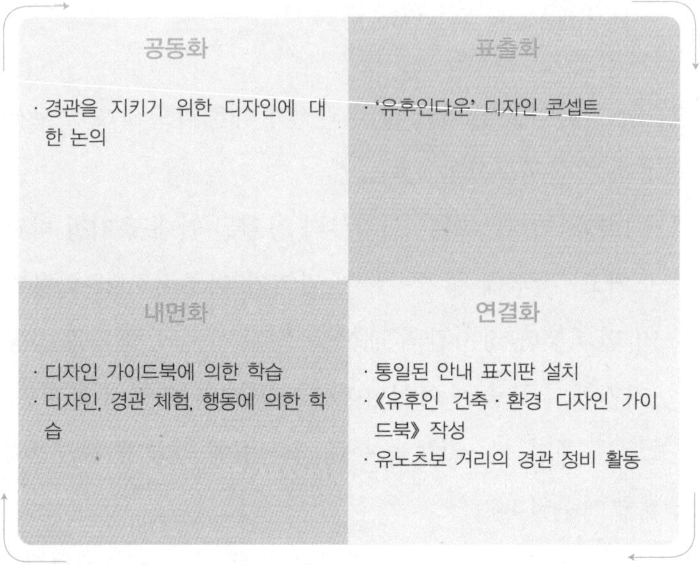

공동화	표출화
· 경관을 지키기 위한 디자인에 대한 논의	· '유후인다운' 디자인 콘셉트
내면화	연결화
· 디자인 가이드북에 의한 학습 · 디자인, 경관 체험, 행동에 의한 학습	· 통일된 안내 표지판 설치 · 《유후인 건축·환경 디자인 가이드북》 작성 · 유노츠보 거리의 경관 정비 활동

SECI 프로세스 작동에 필요한 요건

· 경관 형성에 료칸, 상점, 지역주민들의 적극적인 참여
· 업종, 사업자들의 수평적 네트워크
· 대화, 경관 정비 활동에 사람들을 끌어들이는 리더십

그림 3-15 경관 형성에서의 지식창조 프로세스

에서는 가게를 뒤로 물리고 파사드는 소박하게 디자인하는 동시에 전면에 상수리나무와 같은 잡목을 심는 등 유후인다운 경관 활동에 적극적으로 참여했다. 이런 구체적 경관 이미지를 일상에서 보게 함으로써 유후인의 경관 가치가 관광객은 물론, 지역 내 사업자에게도 내면화되었다(그림 3-15).

하라주쿠화되고 있다는 평가를 받는 유노츠보 거리의 번화함은 자주 관광마을 만들기가 잘 기능하지 않는 사례로 비판의 대상이 되지만, 어떤 의미에서는 유후인 마을만들기의 상징이다. 외부에서 다양한 요소를 받아들이지만 엄격한 규제로 통제하는 것이 아니라, 끊임없는 대화와 유후인다움을 구체적 형태로 나타냄으로써 가로변에서 영업하는 다양한 사람들이 적극적으로 유후인다운 경관을 만들어 갈 수 있도록 노력하고 있다. 그리고 그 모습을 끊임없이 변혁하면서 유후인다움을 만들어 연간 400만 명의 관광객이 찾아오고 최근에는 해외에서도 많은 관광객이 찾아오고 있다. 경관 뒤에 보이지 않는 다양한 시도가 있다는 것을 바로 알기는 어렵지만, 이런 과정의 축적이야말로 동적 네트워크에 의한 관광마을 만들기의 실천 사례라고 할 수 있다.

주

1   일반적으로 미술관과 갤러리는 다르다. 다만, 유후인에서는 대부분 소규모고, 엄밀히 구분하기 어려워 이 책에서는 미술관·갤러리로 표기한다.

2   堀野正人(2001) p.6.

3   山口裕美(2010) pp.25-29.

4   宮津大輔(2014) p.42.

5   山口裕美(2010) p.30.

6   1993년까지는 앙케트 조사 등, 1994년 이후는 유후인 온천관광협회 예술위원회가 발행한 《유후인 아트 정보, 모리의 산책길》에 게재된 시설 수.

7   高見乾司(2018) p.67.

8   高見乾司(2018) pp.39-40.

9   高見乾司(2018) p.67.

10   高見乾司(1995) pp.56-58.

11   高見乾司(1995) pp.67-68.

12   규슈 여객철도 주식회사(1997) pp.224-225.

13   高見乾司(1995) p.68.

14   규슈 여객철도 주식회사(1997) p.236.

15   石井幸孝와의 전화 인터뷰에 의함(2018년 10월 27일).

16   유휴인 예술위원회(2012) p.22.

17   高見乾司(2018) p.87.

18   小堀貴亮(2000) p.33.

19   花水樹 No.7 pp.24-25.

20   高尾忠志(2008) p.94.

21   유후인 건축·환경디자인협의회(2000) p.1.

※이 사례의 원고는 米田誠司, 大澤健(2018)을 가필 수정한 것이다.

제4장

관광마을 만들기의
롤모델이 되다

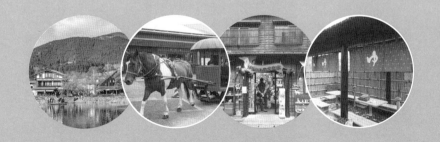

1. '유후인 모델'과 관광마을 만들기

유후인 모델은 무엇으로 이루어졌는가?

유후인의 관광마을 만들기는,

① 유후인다움=지역 특성을 만들다.
② 동적 네트워크=사람과 사람을 연결하다.
③ 시장 경쟁력=관광지로 성공하다.

라는 3단계로 구성되어 있다. 이것은 각각

① 무엇을 위해서=관광마을 만들기의 목적
② 누가, 어떻게=관광마을 만들기의 주체와 방법
③ 무엇을 할 것인가=관광마을 만들기의 실천 내용

을 나타낸다.

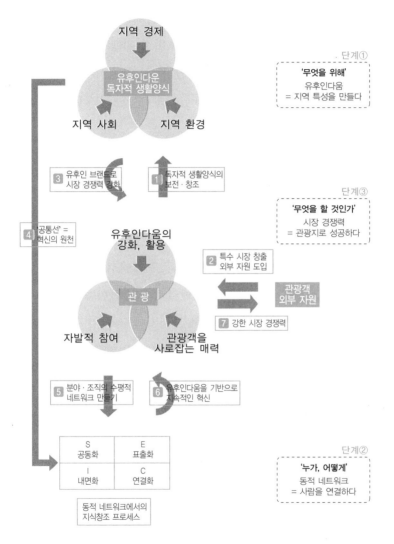

단계①

'무엇을 위해'
유후인다움
= 지역 특성을 만들다

지역 경제

유후인다운
독자적 생활양식

지역 사회   지역 환경

3 유후인 브랜드로
시장 경쟁력 강화

1 독자적 생활양식의
보전·창조

단계③

'무엇을 할 것인가'
시장 경쟁력
= 관광지로 성공하다

4 '공통선' =
혁신의 원천

유후인다움의
강화, 활용

관 광

2 특수 시장 창출
외부 자원 도입

관광객
외부 자원

7 강한 시장 경쟁력

자발적 참여   관광객을
사로잡는 매력

5 분야·조직의 수평적
네트워크 만들기

6 유후인다움을 기반으로
지속적인 혁신

S 공동화	E 표출화
I 내면화	C 연결화

동적 네트워크에서의
지식창조 프로세스

단계②

'누가, 어떻게'
동적 네트워크
= 사람을 연결하다

그림 4-1 관광마을 만들기의 모델, 유후인

이 3단계는 하나라도 없어서는 안 될 구성 요소로, 상호 원인
이자 결과이듯 다른 단계를 강화하는 관계다. 제3장까지 설명한
각 단계를 모아 정리하면 3단계를 조합한 관광마을 만들기의 유
후인 모델(그림 4-1)을 도출할 수 있다. 이 장에서는 유후인 모델
의 구조를 살펴본다.

관광마을 만들기, 높은 벽을 만나다

21세기에 들어 새로운 산업 육성에 대한 기대로 전국 각지에
서 관광을 추진하였다. 관광 활성화 현장에서는 마을만들기의
중요성이 강조되고, 관광과 마을만들기를 결합한 관광마을(지역)
만들기가 확산하고 있다. 대표적 사례가 유후인이다.

관광마을 만들기란 일반적으로 그 지역 고유의 매력을 활용하
는 관광 활성화라고 할 수 있다. 종래의 관광 활성화에서는 손
님 유인용 관광 시설과 관광객 유치를 위한 축제가 주된 방법이
었다. 그래서 대부분은 외부에서 유치하거나 다른 곳의 성공 사
례를 모방했다. 그러나 이런 수법은 20세기 말에 큰 전환점을 맞
이하게 된다. 관광객의 요구가 다양화·고도화하면서 획일적인
관광시설이나 어디에서나 하는 축제로는 관광객을 유치할 수 없
게 되었기 때문이다.

그래서 지금까지 관광에 이용하지 않았거나 관광용으로 생각하지 않았던 지역의 매력=독자적 지역 자원을 발굴하여 그것을 관광 활성화에 활용하는 방법이 필요해졌다. 이런 방법은 지역 가치를 재조명하고 지역 특성을 활용한 관광이므로, 유후인 같이 관광마을 만들기에 의한 관광 활성화라고 생각한다.

　그러나 관광마을 만들기는 처음부터 매우 큰 어려움을 겪었다. 지역의 매력 자원을 관광에 활용하려 해도 누가, 어떻게 할 것인가라는 ②단계에서 한계에 부딪혔기 때문이다. 지역의 다양한 매력을 관광에 활용하기 위해서는 지금까지 관광과 관계없던 사람과 협력할 필요가 있다. 관광마을 만들기를 추진하기 위해서는 관광사업자뿐 아니라, 다른 지역산업 사업자나 지역 주민과의 지역 연계가 필요하다는 점을 강조하고 있다.

　그러나 관광과 관계없는 사람을 관광 활성화에 참여시키기는 매우 어려운 일이다. 지역 자원을 보유한 다양한 주민과 사업자는 원래 관광과 관계없는 경우가 많고, 관광 활성화에 협력해야 할 이유도 없기 때문이다. 또한, 지역 관광 조직과 업계 단체가 조직 차원에서 접근하려 해도 서로 전혀 다른 이해와 의사 결정 방법을 가지고 있어서 조직 사이의 사람과도 연결하기 쉽지 않다. 지방 행정(혹은 특정 지역 조직)이 제휴를 이끌기도 하지만, 하나의 조직이 주도하여 분야나 조직을 수평적으로 연결하는 것은 시간과 노력이 필요할 뿐 아니라, 실효성 있는 계획을 짜기에는 더욱더 어렵다.

게다가 관광마을 만들기로 지역에 방문자를 늘리거나 돈을 쓰게 하려 해도 거의 성과를 거두지 못하는 경우가 많다.[1] 현재 많은 지역이 이런 목적을 위해 지역 매력을 사용한 체험 행사와 착지형 투어를 추진하고 있지만, 원래 관광용이 아닌 자원을 활용하기 때문에 많은 관광객을 수용할 수 없고 실시할 수 있는 회수도 제한적이다. 그렇기에 이런 방법으로 관광객 수를 늘리고 직접적 경제효과를 목표로 해도 기대한 만큼 성과를 얻을 수 없다.

관광마을 만들기가 겪는 이러한 어려움은 유후인 모델의 ①과 ②단계를 건너뛰어 발생하는 것이다. 많은 지역이 추진하는 관광마을 만들기는 관광 활성화(많은 방문객을 유치하여 경제 효과를 발생시키는 것)가 목적이며, 지역 특성과 지역 자원의 발굴과 활용은 이를 위한 수단으로 자리매김하고 있다. 즉, 관광을 위한 마을만들기가 행해지고 있다. 그러나 이런 발상으로 추진하면 지역 사람들끼리 연대하기 어렵고 충분한 경제 효과도 얻을수 없다.

관광마을 만들기의 선구자로 불리는 유후인이지만, ① 무엇을 위해, 그리고 ② 누가, 어떻게 관광마을 만들기를 할 것인가라는 두 단계를 가진 점이 다른 일반적인 관광마을 만들기와 크게 다르다. 그래서 ①과 ②의 의미를 다시 정리하면서 유후인 모델의 구조를 설명하고자 한다.

2. 단계 ①: 유후인다움=지역 특성을 만들다

살기 좋고 아름다운 마을을 만들자

유후인 관광마을 만들기의 첫 번째 특징은 무엇을 위한 관광인가라는 ①단계가 존재하는 것이다. 이것은 관광마을 만들기의 목적을 나타낸다. 관광 활성화 현장에서 ①단계가 만들어지는 일은 거의 없다. 관광 활성화가 관광을 위해 추진되는 것을 자명하게 여기기 때문이다.

그러나 유후인의 경우, 지도자가 된 관광사업자들에게 관광산업의 성장과 관광객 수의 증가 자체는 목적이 아니었다. 마을만들기 활동이 본격적으로 이루어진 초기 단계부터 '살기 좋은 아름다운 마을만들기'라는 큰 목적이 설정되면서 관광은 이를 위한 '수단'으로 자리 잡았다. 목적은 어디까지나 마을만들기, 즉 유후인을 살기 좋은 아름다운 마을로 만드는 것으로, 주도적인 입장이었던 관광사업자들이 솔선하여 목적을 위해 관광(사업자)은 무엇을 할 수 있는지, 무엇을 해야 하는지를 생각하고 실천해 왔다. 즉, 마을만들기를 위한 관광이라는 생각이 출발점이고 이후에도 일관되게 이 자세를 유지하고 있다.

그리고 두 번째 특징은 마을만들기의 목적인 살기 좋은 아름다운 마을에 관한 견해다. 살기 좋은 아름다운 마을이란 지역을 구성하는 지역 환경, 지역 사회, 지역 경제라는 세 요소가 강하게 연결된 상태를 의미한다. '연결된다'는 각각의 요소가 다른 요소에 영향을 끼치고 서로 보강하는 관계에 있다는 것을 가리킨다.

그중에서 중요한 요소는 지역 경제다. 유후인 특유의 지역 환경은 농업 등 산업으로 형성, 유지되고 있다. 또한, 지역 경관은 상업과 주민 생활로 이루어졌다. 그래서 농업과 상업이 경제적으로 유지되고 지역의 생업이 지속해서 유지되어야 지역 환경과 경관을 지킬 수 있다. 또한, 지역 기반 산업이 경제적으로 일어서지 못하면 사람의 정신적 자립과 연대감도 유지할 수 없다. 즉, 지역 경제 활성화가 지역 환경 보존으로 이어지고 지역 사회의 기반이 된다. 그러나 반대로 유후인의 지역 환경을 기반으로 지역 사회의 사람들을 연계하지 못하면 강하게 자립한 지역 경제를 영위할 수 없다. 그래서 유후인 관광사업자들은 지역 환경이 만드는 생산품을 이용하고, 지역 사람들을 연결함으로써 강한 지역 경제를 구축하려고 노력해 왔다. 지역 경제가 강해지면 지역 환경과 지역 사회가 지켜지고, 지역 환경과 지역 사회를 기반으로 함으로써 지역 경제의 자립이 강화되는 상호 촉진적인 관계로 이어진다는 의미다(45쪽 그림 1-2 참조).

세 요소를 연결함으로써 어디에도 없는 유후인 특유의 생활 방식=생활 양식이 길러진다. 지도자 중 한 사람이 유후인의 마을만들기 과정을 '지역의 독립운동'이라고 표현한 것처럼, 지역 환경, 지역 사회와 강하게 연계하여 지역 경제가 성립하는 것으로, 어디에도 없는 자립한 지역을 만들 수 있다. 유후인 마을만들기는 세 요소를 연계함으로써 지역 독자적 생활 양식을 보전, 창출하고, 개성 있는 생활을 영위할 수 있는 지속 가능한 지역 만들기를 목적으로 해 왔다. 물론 유후인다움은 시대에 따라 변하고 변하지 않으면 안 되지만, 유후인은 시대 변화에 대응하면서 세 요소의 연계를 완고하게 지키려고 했다. 이것이 지역 특성=유후인다움을 만드는 것과 연결되어 있다.[1]

관광이 '유후인다움'을 만든다

지도자가 된 관광사업자들은 유후인다움=지역 특성을 만들기 위해 '수단'으로 관광의 힘을 이용하려고 노력해 왔다. 일반적인 관광은 지역 경제의 구성 요소 중 하나라고 생각하여 이것이 불러올 경제적 효과에만 주목했다. 그러나 세 요소를 연계하기 위한 수단이라고 생각하면 관광은 그 이상의 중요한 역할을 할 수 있게 된다. 유후인 마을만들기에서 지역 경제는 오히려 농업이나 상업과 같은 관광 이외의 지역산업으로, 이것을 강화하는 힘을 발휘할 수 있다는 데에 관광의 독자성이 있다.

관광은 외부와의 접촉으로 이루어지고 외부에서 관광객은 물론, 그 외의 다양한 자원이 들어오는 창구가 되는 특성이 있다.❷ 외부와의 만남의 장을 만들어내는 관광은 지역에 다양한 효과를 초래한다.

첫 번째, 관광은 특수시장을 만들어내는 특유의 힘이 있다. 특수시장의 의미는 두 가지가 있다. 첫째로 지역에 방문객을 유치하여 내부 시장을 만드는 것이다. 내부 시장은 지역 생산품이 다른 산지와 경합하지 않는 시장이며, 외부로 빠져나갈 수 없는 경관과 환경, 대인 서비스 등에도 시장을 개척하게 한다.

두 번째로 관광은 방문자에게 유후인의 경관과 환경, 지역 사람들과 접할 기회를 만들고, 아름다운 마을 이미지와 지역 농산물을 일체화함으로써 차별화된 시장을 창조한다. 유후인 특유의 아름다운 지역 환경과 온화한 지역 사회를 지역 농산물과 연계하여 차별화를 도모하고, 지역 농산물의 부가가치를 높여 고객과 강하게 연대할 수 있다. 관광이 만들어내는 특수시장은 다른 산지와 경쟁해야 하는 외부 시장이나 일반 시장과는 다른 내부 시장이자 차별화된 시장이며, 이것은 독점적 시장으로 지역산업 활성화에 큰 효과를 불러온다.

그리고 세 번째로 관광은 특수시장을 만들어낼 뿐 아니라, 외부에서 다양한 자원을 도입하는 창구 역할도 할 수 있다. 유후인 관광사업자들은 외부의 눈과 소리, 정보, 지식, 기술, 인재, 자금 등과 같은 자원을 적극적으로 받아들였다. 외부 자원은 료칸 숙박객과 그들의 관계를 통해 도입되는 경우도 많지만, 료칸 주인들은 고객과의 연결이 유지되도록 료칸을 경영해 왔다. 예를 들면, 소 한 마리 목장 운동에서는 료칸 고객을 통해 외부 자금을 도입하여 축산 농가의 경영을 지원했다. 또한, 유후인 채소를 사용한 요리의 수준을 올리기 위해 기술, 요리사, 유후인의 잡목을 식기로 가공하는 인재 도입 등도 추진했다. 외부의 다양한 자원을 도입하여 지역산업을 육성, 활성화하였다.

브랜드화 전략이 시장 경쟁력을 높인다

마을만들기를 위한 관광이라는 유후인의 기본자세, 즉 관광으로 만들어지는 특수시장과 외부 자원의 도입으로 유후인다움을 만든다는 입장은, 그로 인해 육성될 지역 특성으로 관광 자체의 경쟁력을 강화하는 전략과 밀접한 관련이 있다.

관광은 원래 그 지역 특유의 매력을 보여주거나 보러 가는 행위이며, 지역 특성이 경쟁력의 원천이다. 유후인다운 지역 환경이 보전되고, 지역 사람들의 생각과 연결이 유지되고, 그것을 기반으로 한 독자적 산업이 영위되는 것, 이런 지역 특유의 매력이 관광지 경쟁력의 원천이다. 예를 들면, 유후인의 농업이 쇠퇴하면 지역 식자재를 사용할 수 없고 농촌 경관도 유지할 수 없다. 풍부한 지역산업이 있어야 유지되는 지역 경관과 사람의 연결, 매력적인 지역 농산물이 관광 경쟁력의 원천이 되기 때문에 관광을 이용하여 지역 경제를 강화할 필요가 있다. 그래서 관광사업자들은 솔선하여 유후인다움을 고집하고 지역산업을 지원, 육성하는 데 힘을 쏟으며 지역 사람들의 생각과 마음을 만드는 일에 힘써 왔다.

이런 차별화된 경쟁력 강화는 지역 브랜드화 전략을 의미한다. 마을만들기 지도자들의 목표는 지역의 독자적 생활양식을 만드는 것으로, 유후인이라는 지역 전체를 차별화하여 브랜드화하는 것이었다. 마을의 브랜드화에는 각 료칸의 브랜드화, 지역 농산물의 브랜드화와는 다른 차원의 확대가 필요하다. 이런 포괄적 차별화가 되는 브랜드 정체성은 다른 지역에 없는 지역 독자적 생활 방식으로 뒷받침된다. 관광으로 살기 좋은 아름다운 마을을 만든다는 유후인 관광마을 만들기의 기본 자세 **1** 는 유후인다움을 브랜드 정체성으로 지역 전체를 브랜드화함으로써 관광 자체의 경쟁력을 키우는 전략 **3** 과 쌍방향의 관계에 있다. 유후인 온천의 관광지로서의 경쟁력은 장기간의 전략에 따라 만들어지고 강화되었다.

물론 지역 특성을 만드는 과정은 관광 자체의 높은 수준과 관광객에 대한 호소력이 있어야 한다. 그래서 관광사업자는 항상 외부로부터 다양한 요소를 받아들여 스스로 경쟁력을 강화해 왔다. 그러나 그것이 외부에서 관광 개발을 유치하거나 다른 곳에서 유행했던 것을 모방하는 것은 아니었다. 관광지로서의 경쟁력의 기반인 유후인다움을 만들기 위해 필요한 것은 외부에서 도입하고, 관광 본연의 모습을 시대에 맞게 계속 변화해 왔다.

많은 지역이 추진하는 관광마을 만들기는 지역 자원을 활용한 체험 행사와 투어 등으로 관광객을 증가시켜 경제 효과를 얻으려고 한다. 그러나 앞에서 설명한 것과 같이, 이런 활용 방식으로는 바라던 성과를 거의 기대할 수 없다. 지역 자원(특성)의 활용은 관광지로서의 독자적 위치를 구축하는 것이며, 다른 지역과 차별화된 브랜드화의 원천으로 활용하는 것이다. 지역 브랜드화로 방문자를 증가시키고 지역 농산물과 서비스를 높은 가격으로 판매할 수 있다. 나아가서 재방문자, 드물지만 지역의 지원자가 될 관광객을 증가시킬 수 있다. 또한, 한 번 구축한 브랜드를 지역의 다양한 요소를 확장해 새로운 브랜드로 재탄생시킬 수 있다. 즉, 다른 관광지와의 차별화로 고객에게 높은 인지도와 평가를 획득하고, 나아가서 고객과 지속적인 관계를 만들어 지역에 커다란 경제 효과를 초래할 수 있다. 이런 브랜드화 전략 없이 지역 특성을 관광지의 경쟁력으로 변화시킬 수 없다.

브랜드화가 사람과 사람을 연결한다

①단계는 ② 사람과 사람을 연결한다는 단계와 관련하여 또 하나의 중요한 역할을 하고 있다. 당연한 말이지만, 마을만들기는 마을이라는 범위 전체에서 추진해야 한다. 농업과 상업 등 다른 산업과 관광업과의 제휴로 살기 좋은 아름다운 마을을 만들고, 이로 인해 지역 전체를 브랜드화하는 전략을 실현하기 위해서는 분야나 조직을 뛰어넘는 '연결'이 반드시 필요하다. 그리고 지역 내 다양한 사람들이 마을만들기에 참여해야 한다.

그러나 각 산업은 각자의 이해관계가 있고, 같은 산업이라도 사업자가 지향하는 것도 경영 방식도 다르다. 다양한 이해관계에 있는 분야나 조직을 뛰어넘는 연결을 만들기 위해서는 개별 이해를 초월한 큰 목표, 혹은 많은 사람이 공유할 수 있는 공통선이 필요하다. 지도자가 된 관광사업자 스스로가 관광을 위해가 아니라, 살기 좋은 아름다운 마을만들기라는 지역 사람들이 공유할 수 있는 '공통 목표(공통선)'를 표방함으로써 이런 연계가 가능해졌다.[4]

'공통선'이라고 하면 실효성이 없는 추상적이고 겉치레처럼 생각하기 쉽다. 그러나 마을의 다양한 사업자와 주민을 끌어들여 나아갈 방향을 공유하면서 협동을 해야 한다면 이런 큰 목적은 반드시 만들어야 한다. 겉치레기 때문에 개개인의 이해를 넘어서 사람들이 공유할 수 있는 공통 목표가 되는 것이며, '관광을 위해, 자신의 료칸을 위해'라는 개별적 이해로는 마을 차원의 연결을 만들 수 없다. 이런 연결의 구체적 방향성에 대해 다음에서 상세하게 설명하고자 한다.

3. 단계 ② : 동적 네트워크=사람을 연결하다

사람을 잇다

단계 ②는 마을만들기를 누가, 어떻게 추진하는지에 관한 단계다. 즉, 마을만들기의 주체와 방법을 나타낸다.

지역을 구성하는 세 요소가 연계된 마을만들기를 추진하기 위해서는 각각의 독자적 의사결정 시스템과 행동 양식을 가진 다양한 주체(개인과 조직, 단체)를 연결할 필요가 있었다. 유후인 마을만들기 실천은 관광과 관련한 다양한 기획으로 분야나 조직을 넘어선 연결을 중층적으로 만드는 과정이기도 했다.[5] 유후인 마을만들기 과정에서 수없이 볼 수 있는 참가자들의 수평적이고 대등한 연결을 여기서는 동적 네트워크라고 불렀다. 이런 연결 방식은 기존 지역 조직의 의사결정 및 행동 방식과 크게 다르다. 그 차이를 정리한 것이 제2장 [표 2-1](93쪽)이다.

관광은 외부와의 접촉으로 이루어지는 것이며, 외부와의 관계를 도입함으로써 지역 내부에 존재하는 기존 사회 구조를 해체하는 수단이 된다. 마을만들기와 관광을 조합하는 의미는 이런 작용으로 지역 내에 새로운 관계를 만들어낸다.

동적 네트워크는 (1) 공통된 목표나 관심사의 설정과 참가자의 적극적인 참여 → (2) 참가자의 오랜 시간에 걸친 대화 → (3) 협동 프로젝트의 제안과 실천이라는 일련의 흐름으로 만들어진다.

먼저, 이런 연결은 분야나 조직을 뛰어넘어 만들어지므로 조직적 결정이나 명령으로 사람을 움직일 수 없다. 그래서 적극적인 참여가 연결을 만드는 기본 조건이다. 이로 인해 참가자 사이에 계층적 상하 관계가 아닌 수평적이고 대등한 입장에서 참여하는 네트워크형 조직 구조가 만들어진다. 이런 적극적인 참여를 유도하기 위해서는 단계 ①의 공통선이 필요하다.[4] 이미 설명한 것과 같이, 유후인 마을만들기 과정에서는 개개인의 이해를 넘어선 살기 좋은 아름다운 마을만들기라는 목적이 설정되고, 이것을 실현하는 목표의 공감과 관심이 연결을 만드는 구심력이 되었다.

그리고 먼저 적극적인 참가자들의 오랜 시간에 걸친 대화가 이루어진다. 대화에 그치는 것이 아니라, 거기에서 더 나아간다. 목적 실현을 위한 아이디어(콘셉트)가 만들어지고, 이것을 구체화하는 실천으로 이어지는 것이다. 실천도 누군가의 지휘 명령에 의한 것이 아니기 때문에 참가자 각자가 적극적 · 자율적으로 협동해 이루어진다. 마을만들기 지도자들은 마을만들기 이념과 사업 아이디어를 제시할 뿐 아니라, 참가자 각자가 하고 싶은 것과 할 수 있는 것을 조합하여 각종 축제와 기획을 구체화하는 데 주력했다. 이런 실천을 통해 참가자가 공통된 체험을 함으로써 더욱더 강한 연결이 만들어지기 때문이다.

동적 네트워크가 혁신을 일으키다

동적 네트워크는 지역 내에 새로운 실천을 만드는 데 대단히 효과적인 조직 구조다. 지역 조직의 대부분은 수직형 트리 구조로, 중앙 집약적인 의사결정이 이루어진다. 그래서 새로운 것을 시도하기 위해서는 많은 시간과 노력이 필요하고 단발·산발적으로만 새로운 일이 일어난다. 이런 조직들을 연결하여 여러 개의 의사결정 기구가 얽혀 있는 가운데 새로운 일을 하기는 더욱 어렵다. 이에 비해 하고 싶은 사람들이 수평적 네트워크를 만들어 실천하는 동적 네트워크의 경우, 행동이 빠른데다 다발적으로 새로운 일을 추진하기 쉽다.

그러나 동적 네트워크의 중요한 의의는 단순히 새로운 움직임을 만들기 쉬울 뿐 아니라, 대화와 실천을 반복하여 지역에 지식을 교류, 증폭시키는 지식창조 프로세스로 기능하는 데 있다. 이로 인해 동적 네트워크는 유후인다움을 기반으로 지속적이고 새로운 것, 즉 혁신을 일으키는 모체가 된다.

지역은 그곳에 살면서 생업을 이어 가는 사람의 생각과 다양한 지식(지혜)의 집합체이며, 마을만들기는 지역에 존재하는 다양한 지식을 유지, 관리하는 과정이다. 이런 지식의 대부분은 개인의 경험과 사고방식을 나누기 어렵게 연결된 암묵지이며, 인터넷 등 정보기술로 전달하기 힘들다. 그렇다고 평소 친밀한 사람들끼리만 지식을 공유한다고 해도 이것이 마을로 확산하지는 못한다. 구체적인 형태의 형식지로 표현되어야 널리 다른 사람과도 공유할 수 있는 지식이 된다.

제2장에서 설명한 것과 같이 조직적 지식창조 프로세스가 가르쳐 주는 것은, 마을만들기 과정에서는 실제로 얼굴을 마주보고 대화하고 공통의 체험으로 전달되는 지식(암묵지)이든, 정리, 체계화된 구체적 형태로 많은 사람이 공유 가능한 지식(형식지)이든 모두 중요하며, 이것이 서로 순환하는 장소를 만들 필요가 있다는 것이다.

동적 네트워크를 지식 교류와 창조라는 시점에서 보면, 암묵지와 형식지가 서로 변환하는 지식창조 프로세스가 작용하고 있다. 이 프로세스와 이것을 작동시키기 위한 요건은 [그림 4-2]와 같다.

동적 네트워크는 공통의 목표에 대해 적극적으로 참여하는 사람의 밀도 높은 대화에서 시작된다. 같은 지역에 살고 있어도 농

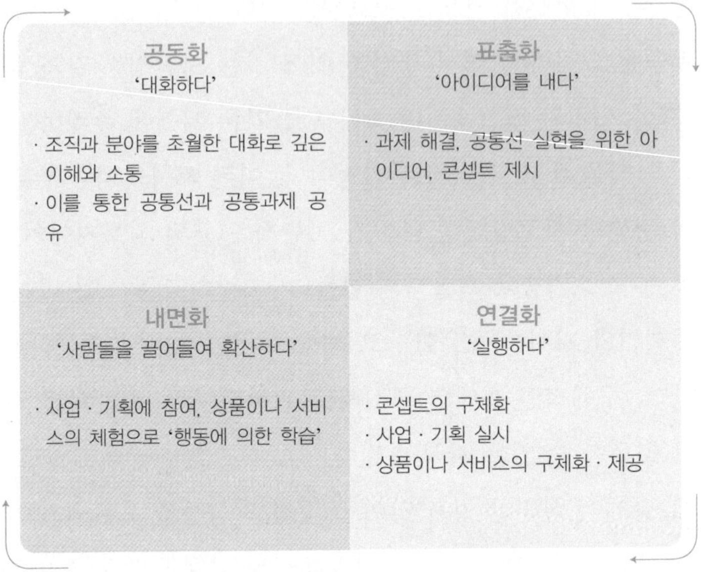

공동화 '대화하다' · 조직과 분야를 초월한 대화로 깊은 이해와 소통 · 이를 통한 공통선과 공통과제 공유	표출화 '아이디어를 내다' · 과제 해결, 공통선 실현을 위한 아이디어, 콘셉트 제시
내면화 '사람들을 끌어들여 확산하다' · 사업 · 기획에 참여, 상품이나 서비스의 체험으로 '행동에 의한 학습'	연결화 '실행하다' · 콘셉트의 구체화 · 사업 · 기획 실시 · 상품이나 서비스의 구체화 · 제공

'지역'에서 SECI 프로세스가 작동하는 요건
· 공통의 목표(과제) 설정, 적극적인 참여
· 분야와 조직을 초월한 연결
· 자리를 만들고 사람들을 끌어들여 움직이는 리더십

그림 4-2 마을만들기에서의 지식창조 프로세스

가와 관광사업자가 가진 지식은 다르다. 생업에 관한 직감과 경험뿐 아니라, 사고방식과 관점도 업종에 따라 혹은 사람에 따라 전혀 다르다. 예를 들면, 같은 목장을 보더라도 농가는 생업의 장이지만, 관광사업자에게는 경관이다. 이런 다른 지식을 교류하여 각각의 사고방식을 공유하기 위해서는 신중한 대화가 필요하다. 직접 얼굴을 마주보고 긴 대화를 통해 서로의 마음과 생각을 확인하고 설득과 이해로 마을만들기의 방향성과 공통 과제를 공유할 수 있다.

그리고 다양한 지식을 교류함으로써 공통 목적을 실현하기 위한 새로운 콘셉트를 만들 수 있다. 목장을 보전한다는 목적을 위해 축산농가와 관광사업자가 대화하는 가운데 소 한 마리 목장운동이라는 콘셉트가 만들어진 것은 제2장에서 설명했다. 유후인 마을만들기는 지도자들의 이념과 사상이 높이 평가되었지만, 마을만들기의 기본자세는 개인의 생각에서 만들어진 것이 아니다. 지역 사람들과의 깊은 대화 속에서 지역의 다양한 지식이 섞이고 서로 충돌함으로써 마을만들기의 이념과 방향성이 만들어지고, 이것을 실천하기 위한 새로운 아이디어와 기획이 만들어졌다. 제3장 실천 사례의 다양한 콘셉트도 이런 대화에서 표출되었다.

게다가 새롭게 만들어진 콘셉트는 구체적 형태인 형식지가 되어 널리 공유된다. 유후인을 유명하게 만든 다양한 축제와 작은 숙소의 모습, 요리연구회, 유후인 온천의 성공담 등도 유후인다움이 구체적인 형식지가 되어 나타난 것이다. 이런 형식지를 만들어내는 과정에서 지역 내 다양한 기존 지식이 재편되고 정리, 체계화된다. 제3장에서 설명한 것과 같이 생산자로서의 농가 지식과 료칸 주방을 담당하는 요리사의 지식이 재편됨으로써 채소의 소량 다품종 생산 시스템이 만들어졌다. 이런 콘셉트가 축제 등의 기획이나 제품, 서비스로 나타남으로써 마을만들기의 기본 자세와 전략이 마을로 확산된다.

형식지화된 지식은 행동을 통한 학습으로 다시 개인 차원의 암묵지로 내면화된다. 마을만들기의 방향성을 구체화한 축제에 참여하거나 료칸에서 제공하는 상품과 서비스를 체험함으로써 관광객뿐 아니라, 지역 주민들도 유후인다움을 체득할 수 있다. 유후인이 잘하는 다양한 축제는 외부로의 홍보력이 주목받기 쉽지만, 주요 목적은 지역 내부 사람들에게 마을만들기의 이념과 전략을 보여주는 데 있다. 또한, 료칸 부지 내에 있는 토산품점과 음식점은 열린 공간으로서 지역 사람들과 외부 지원자들에게 널리 개방됨으로써 마을만들기의 이념과 방향성을 지역 안팎의 사람들에게 학습의 장으로서 중요한 역할을 해 왔다.

이런 암묵지와 형식지의 상호 변환 속에서 마을만들기 이념과 기본전략이 공유되고, 지역에 존재하는 다양한 지식이 살기 좋은 아름다운 마을만들기라는 공통의 목적을 실현하기 위해 활용되었다.

관광마을 만들기, 벽을 만나다

관광마을 만들기를 추진하며 부딪히는 어려움에는 몇 가지 패

턴이 있다.

먼저 새로운 아이디어와 제안이 나오지 않을 때가 있다. 서로의 생각이 일치하지 않고 지역 활성화에 관한 아이디어도 발전적인 발상도 떠오르지 않는다. 또는 어떻게든 아이디어를 만들어내더라도 이것을 실행하는 열의가 지역 내부에서 나오지 않기 때문에 지역을 이끌어갈 지도자나 전략가가 없다는 항상 부정적인 의견이 나오기 쉽다.

혹은 어떤 특정 개인이나 그룹이 자신들의 아이디어와 방향성을 가지고 활동하더라도 그 사람이 지역에서 고립되어 버리는 경우도 있다. 외부에서는 높이 평가받은 활동이어도 지역 내에 찬성하는 사람이 많지 않아 활동이 정체해 버리는 경우가 자주 있다.

또는 지방 행정이 주도하는 경우에 많이 볼 수 있는데, 지역 대표자가 모인 회의에서 의견을 듣거나 컨설턴트 회사나 싱크탱크에 의뢰하여 무엇을 할 것인지를 사전에 결정하여 이것을 실천부대가 될 주민들의 협조를 이끌어내는 경우다. 이런 경우, 원래 많은 주민의 적극적인 참여를 촉구하기 어렵고, 결국 행정 직원이 움직이면서 사업을 추진하든가 일부 한정된 협조적인 주민에게 일이 집중된다.

이런 경우는 모두 지역에 존재하는 지식을 마을만들기에 활용하려는 발상 자체가 결여되어 있는 것이 원인이다. 또는 이런 발상이 있다 해도 암묵지와 형식지를 서로 순환시키는 구체적인 시스템이 없어서 생긴다.

새로운 아이디어와 제안이 나오지 않는 원인은 지역 사람들이 생각과 지혜, 문제의식과 목적을 서로 공유하기 위해 진정한 대화를 할 기회가 부족한 경우가 많다. 시간이 한정되어 서로 자신이 하고 싶은 말을 하는 형식적인 회의로는 공유하기 어렵다. 이런 곳에서 새로운 아이디어와 이것을 실현하려는 실천적인 지도력이 나오기는 어렵다.

또한, 활동 범위가 몇 사람 이상으로 확산하지 않는 것은 마을만들기에 관한 생각과 방향성을 구체적인 형태로 변환하고 많은 사람(특히 지역 내 사람)들을 끌어들여 전달할 기회가 없기 때문이다. 관광마을 만들기의 경우, 관광이 강조되어 외지인을 대상으로 하는 일이라고 생각하기 쉬워서 내부인들의 참여와 의식 공유가 일어나기 어렵다. 그래서 마을만들기의 활동 범위가 확대되지 못한다.

그리고 행정 주도 사례에서 볼 수 있는 것은, 지역 사람들의 생각과 지식을 활용하려는 자세와 이를 위한 장소 만들기가 부족하기 때문에 발생한다. 이런 경우에는 무엇을 할 것인지에 대한 답을 외부에서 구하거나 다른 곳의 성공 사례를 모방하는 경우가 많다. 주민과 사업자 입장에서 보면 자신이 결정한 것이 아니므로 적극적으로 참여할 의욕이 생기지 않는 것은 당연하고,

억지로 하는 것 같거나 내 일이 아닌 것 같은 느낌이 만연하다. 다른 곳에서는 성공하는 데 왜 모두가 열심히 하지 않는 것인지 행정 담당자가 화를 내도 애착이 없는 사업을 주민이 해야 할 이유는 없다.

관광마을 만들기에서 지역 자원 활용이란 지역에 존재하는 다양한 지식의 활용을 의미한다. 지역 매력의 배경에는 이것을 보유한 사람의 지식이 존재한다. 지역 산업에 종사하는 사람의 지식, 지역 역사에 관한 지식, 지역 문화와 생활에 관한 지식 등 이런 지식(을 가진 사람)을 운영, 관리할 필요가 있다는 생각과 이를 위한 구체적인 시스템이 결여되면 관광마을 만들기로 효과적인 관광 활성화를 할 수 없다. 마을만들기 이념이 지역 사람들에게 공유되기 위해서도, 지역에 존재하는 다양한 지식에서 새로운 아이디어와 기획(콘셉트)이 만들어지기 위해서도, 이것을 구체적 사업과 제품으로 결실을 보기 위해서도, 동적 네트워크와 같은 연결이 반드시 필요하다.

지속적인 혁신이 경쟁력을 높인다

동적 네트워크는 지역 내(가끔 외부도 포함) 지식이 교류하고 암묵지와 형식지가 상호 변환되는 장이 되어 개인의 지식을 마을로 확대하고, 이것은 다시 더욱더 많은 사람의 지식으로 내면화하고 증폭하는 역동적인 지식 활동을 만들어내는 장이 된다. 이런 지식창조 프로세스에 의해 지속적인 혁신이 발생한 것이 유후인 온천의 경쟁력을 강화하는 또 하나의 요인이다.

특히 중요한 것은 아름다운 마을만들기라는 공통의 목표에 따라 동적 네트워크가 만들어짐으로써 마을만들기의 이념과 기본 자세를 기반으로 한 혁신이 반복된다는 점이다.[6]

유후인은 지역 특성으로 다른 관광지와 차별화하는 브랜드화 전략에 의해 경쟁력을 강화하려고 했다. 지역 전체의 브랜드화는 강력한 지도력이 있는 지도자만으로 혹은 특정 사람의 활동만으로 실현될 수 없다. 지역의 다양한 사람들이 유후인다움을 공유하고, 이것을 활용한 다양한 활동이 반복되어야 브랜드가 만들어진다. 유후인의 지역 특성은 다른 지역에는 없는 독자성이 있으므로 활용 방법 또한 독자적이다. 그래서 다른 지역의 성공 사례를 쉽게 도입하거나 모방할 수 없어서 지역 내에서 수많은 도전과 실패를 반복한 끝에 시장에 대한 설득력이 키워진다. 동적 네트워크는 이런 혁신이 지속해서 발생하는 원천으로서 중요한 역할을 하고 있다.

4. 단계 ③: 시장 경쟁력=관광지로 성공하다

단계 ③은 관광지로서 시장 경쟁력과 관련된 단계며, 관광마을 만들기에서 무엇을 할 것인가라는 구체적인 실천을 나타낸다.

관광지로서 경쟁력을 얻기 위해서는, 물론 관광객에 대한 설득력이 기본 요건이다. 관광객을 유인하는 매력이 있고, 이것을 관광객에게 인정받지 못하면 관광지로 성공할 수 없다.

다만, 이 점만을 추구한다면 다른 곳의 성공 사례를 쉽게 모방하거나 유행을 쫓기 쉽다. 20세기에는 이런 관광 활성화 추진이 일반적이었다. 우수 사례를 벤치마킹하여 경쟁력을 개선하는 노력은 끊임없이 필요하지만, 모방으로 일시적인 성공은 거둘 수 있어도 이것을 유지하기는 쉽지 않다. 그래서 모방이라는 수법은 개별 관광시설이나 료칸 등의 성공에는 유효하지만, 지역에서 지속적으로 관광객을 유치하는 방법이 되기는 어렵다.

그래서 관광지로서 지속적인 경쟁력을 유지하기 위해서는 ①과 ②의 단계가 필요하다. 무엇을 할 것인가라는 ③의 단계는

①과 ②단계와 연결되고, 이들과 연동하는 형태로 실천될 필요가 있다.

먼저 단계 ①은 관광마을 만들기의 모든 실천의 기반이 된다. 그러므로 마을만들기 실천은 지역 특성을 강화하고 활용하는 것이어야 한다. 관광 경쟁력의 원천은 그 지역에만 있는 매력이며, 특히 21세기 관광지 경쟁력은 지역 특성에 크게 의존하게 되었다. 관광은 지역 특성을 활용하는 활동일 뿐 아니라, 반대로 지역 특성을 만들고 강화하는 힘도 있다. 유후인 관광마을 만들기의 실천은 관광의 다양한 힘으로 지역의 독자적 생활양식을 만들어내어 스스로 경쟁력의 원천을 지속해서 강화하는 활동이었다.█ 그리고 지역 특성에 의해 다른 관광지와 명확한 차별화를 도모하고 브랜드력을 키우는 전략으로 관광을 성공시키고 있다.3

또한 관광객에 대한 설득력을 높이기 위해서도, 지역 특성을 강화하기 위해서도, 지속적인 혁신이 필요하다. 혁신을 일으키는 사람의 연결은 공통의 목적과 이것을 실현하기 위한 협동 작업에 적극적으로 참여함으로써 만들어지므로 주민과 사업자가 적극적으로 참여할 수 있는 실천이 필요하다. 유후인은 마을만들기에서 아름다운 마을만들기라는 공통 목적을 표방하고,4 분야나 조직을 넘어선 실천으로 연결이 만들어짐으로써,5 지역 안팎의 지식이 동적으로 교류하여 지속적인 혁신이 일어난다. 6

공통선의 공유가 사람을 연결하는 규합점이 되므로 연결에서 일어나는 혁신은 지역 특성을 기반으로 발생한다. 유후인다움을 원천으로 한 혁신이 반복됨으로써 유후인의 브랜드력이 강화된다[4 → 6 → 1 → 3].

따라서 관광마을 만들기의 실천에는,

'관광객에 대한 설득력이 높다'
'지역 특성을 강화하고 이것을 활용하고 있다'(단계 ①과 연동)
'주민과 사업자가 적극적으로 참여한다'(단계 ②와 연동)

는 세 요소가 중첩될 필요가 있다.[2] 이것으로 관광지로서의 경쟁력이 만들어진다.[7] 단계 ①을 매개로 하여 관광을 수단으로 유후인다움을 만든다는 마을만들기의 기본자세로 만들어지는 지역 특성이 브랜드화로 전환됨으로써 관광의 시장 경쟁력이 강화된다. 또한 단계 ②가 있어서 마을만들기에서 만들어지는 사람과 사람의 연결이 연속적인 혁신의 원천이 되어 높은 경쟁력이 지속해서 유지된다. 제3장의 실천 사례에서 보여준 것처럼 유후인의 지속적인 경쟁력을 지탱하는 활동은 세 요소를 모두 포함하고 있다. 반대로 말하면, 유후인에서도 세 요소를 포함하지 않는 활동은 지속적인 지역 경쟁력 강화로 연결되지 않는다.

브랜드화와 혁신에 의한 경쟁력 강화는 다른 산업에도 공통으로 나타나는 21세기형 경쟁 전략이다. 관광 또한 이런 전략으로 일으킬 수 있다. 다만, 관광산업의 독자성은 단계 ①을 포함하고 있다는 점이다. 관광은 지역 매력을 경쟁력의 기반으로 하는 산업이므로 '유후인다움=지역 특성을 만든다'는 단계가 가장 중요한 의미가 있다.

5. 유후인 모델의 과제

　유후인 모델은 유후인의 마을만들기 과정을 추상화해서 보여주고 있지만, 실제 마을만들기가 그 정도로 추상적이지 않다는 것은 말할 것도 없다. 지역에는 다양한 이해와 힘의 관계가 존재하고, 이것을 연결하는 것인 만큼 마을만들기를 하는 것은 복잡하고 노력이 필요한 작업이다. 마을만들기의 실천의 장이 된 동적 네트워크와 같은 연결은 관광 분야에 국한하지 않고 지역 활성화에서 반드시 필요하다. 하지만 이런 수평적 연결을 만드는 어려움과 이것의 구조적 한계가 유후인 마을만들기에서도 큰 과제였다.

　먼저 동적 네트워크의 큰 과제는 이런 연결을 만들기 위해서 큰 노력이 필요하다는 점이다. 항상 공통의 목표를 표방하고 사람을 모아 얼굴을 마주보며 지속해서 대화하기 위해서는 많은 시간과 노력이 필요하다. 마을만들기 지도자들은 동적 네트워크를 중층적으로 만들기 위해 방대한 시간과 장을 적극적으로 제공해 왔지만, 즉시 결과가 나타나지 않는 이런 노력을 더욱 많은 사람에게 요구하기는 쉽지 않다.

또한 분야나 조직의 이해를 넘어선 목적은 이해를 기반으로 행동하는 사람이나 조직에는 공유되기 힘들다. 당연히 농가와 료칸 주인 등 사업자에게는 자신의 일 또는 많은 주민에게는 일상생활이 중요하며, 너무 크고 추상적인 목적은 공유되기 힘들다. 각각의 이해와 일관성을 유지하면서 장기적인 목적과 전략을 침투시킬 수 있으면 이상적이지만, 항상 이런 활동을 제기할 수 있는 것은 아니다. 반대로 높은 이상을 표방하는 것은 이것을 공유한 사람과 공유하지 않은(하고 싶어도 할 수 없는) 사람 사이에 분열을 야기할 수 있다. 유후인 마을만들기는 이런 분열과 대립을 극복하거나 해소하지 못한 상태로 좌절하는 일을 수없이 반복했다. 또한, 외부에서 다양한 자원을 도입하려는 유후인의 마을만들기 방법에는 항상 외부에서 다양한 생각을 하는 사람과 사업자의 참여가 있어서 문제를 더욱더 복잡하게 만들었다.

그리고 새로운 것을 만들기 쉽다는 동적 네트워크의 특성은 반대로 말하면 지속성이 없다는 것을 의미한다. 이것은 동적 네트워크의 구조적 문제다. 마을만들기 지도자가 "축제는 모래 위의 누각이었다. 매번 끝날 때마다 흔적 없이 사라졌다. 기획자들은 콜럼버스의 달걀을 영원히 세워야만 했다"[3]고 말하듯이, 적극적인 참여로 이어진 연결은 참가자의 의욕을 계속 자극하고 활동의 구심력을 유지해야만 지속할 수 있다. 그러므로 이런 연결을 유지하기 위해서는 큰 노력이 필요하다.

유후인에서는 동적 네트워크의 과제를 해결하기 위해 마을만들기의 주체와 방법을 조직화·구조화하여 지속성을 높이는 노력을 계속했다. 1990년에 유후인 온천관광협회와 유후인 온천료칸조합이 공동 사무국으로 유후인 관광종합사무소를 설립하고 관광과 마을만들기를 종합적으로 추진할 수 있는 체재를 갖췄다. 이후 지자체 합병 등 우여곡절을 거쳐 새로운 조직이 정비되었지만, 관광을 위한 조직으로써 완성도가 높아지면 높아질수록 수직적인 트리 구조의 조직구조가 강해지고, 관광사업자가 마을만들기에 참여한다는 다양성을 잃어버렸다. 트리형 조직 구조는 결정한 것을 조직적이고 효율적으로 추진하는 데에는 적합하지만, 활동이 경직되고 타성에 젖기 쉽다. 동적 네트워크의 활력과 트리형 구조의 지속성을 양립시키기 위해서는 수직과 수평의 균형이 중요하지만, 이것을 끊임없이 조정하더라도 실현할 수 없다. 유후인에서도 지속성을 높이면서 활동적으로 새로운 움직임을 활발하게 할 수 있는 조직의 방향성을 현재도 모색하고 있다.

또한, 동적 네트워크의 특징은 기존 트리형 지역 조직의 대표인 행정과 정반대다. 그래서 행정과의 연계 방식은 항상 어려운 과제였다. 유후인 마을만들기는 행정과 협조와 대립 사이를 오가며 추진되었다. 거품기에 〈풍요로운 마을만들기 조례〉를 제정할 때와 같이 강하게 연계한 적도 있지만, 대부분은 원만하게 연계하기 어려웠다. 이것은 행정의 이해 부족과 비협력적 자세로 그런 것이 아니라, 행정이라는 조직 구조와 행동 양식에 의해 필연적으로 생기는 과제다. 수평적 연계에 의한 적극적인 의사 결정으로 끊임없이 변화를 일으키는 마을만들기 방법과 수직적 구조에서 집약적인 의사결정으로 공평성과 지속성을 담보하려는 행정의 행동 양식을 맞추는 것은 대단히 어려운 과제다.

특히 1999년 이후 전국적으로 시정촌의 합병이 추진될 때 유후인 정도 그 소용돌이에 놓였다. 마을만들기 지도자들을 중심으로 합병을 추진하려는 행정, 의회와 결정적으로 대립하게 되었다. 찬반을 결정하기 전에 대화로 설득과 이해를 무엇보다 중시했던 이들과 다수결에 의한 의사결정으로 기간 내에 숙연하게 진행하려던 의회와 행정은 마지막까지 조정하지 못했다. 결과적으로 유후인 정을 포함한 3개 정의 합병으로 2005년 유후 시가 탄생하였다. 이것은 유후인이라는 브랜드를 만드는 데 많은 시간과 노력을 쏟아 온 관광 관계자들에게 큰 충격과 좌절을 안겨 주었다.[4] 단지 원래 민간 주도로 진행한 마을만들기가 행정의 합병으로 어떤 영향을 받았는지 현시점에서 정확히 파악하기는 어렵다. 또한, 동적 네트워크와 행정의 관계는 현재 지역 활성화 추진에 공통으로 나타나는 큰 과제로 생각할 수 있으며, 이 책에서 다루는 범위를 벗어난다. 이것은 향후 과제로 하고 싶다.

6. 유후인, 21세기 관광지 전략 모델이 되다

마을만들기는 관광산업의 전략이 될 수 있는가?

지역의 독자적 특성을 보전, 강화함으로써 얻을 수 있는 '포괄적 차별화=브랜드력'과 이것을 구축하기 위한 다원적 혁신을 지속해서 일으킨다는 유후인의 전략은 21세기 치열한 경쟁에 놓인 관광 활성화 방법에 시사하는 바가 많다.

원래 관광은 지역의 독자적 문화와 환경을 연계하여 성립되지만, 발전 과정에서 다른 산업과 같이 외래형·외발형 개발을 반복하였다. 20세기 관광 개발에서는 유후인이 가끔 경험했듯이, 외부에서 유치한 사업자가 거대한 관광시설을 만들거나 다른 지역의 성공 사례를 모방하여 축제를 여는 등의 방법이 주류였다. 이런 대중관광형 관광 개발이 1960년대 고도 성장기부터 급속도로 확대되어 정점에 달한 것은 1980년대 후반에 발생한 이른바 거품경제기였다.

먼저 1980년에 개장한 도쿄 디즈니랜드, 나가사키 네덜란드

마을의 성공에 자극을 받아 전국에 테마파크가 난립했다. 이런 관광 시설 대부분이 외국 이름을 사용한 것에서 알 수 있듯이, 전형적인 외래형, 모방형 관광 개발이며, 테마 일부에 지역성이 반영된 것에 지나지 않았다. 그리고 그것을 좇았듯이 거품기 후반에는 리조트 열풍이 전국으로 확대되었다. 이런 관광 시설은 지역성도 지역 사회와의 연계도 거의 고려되지 않고 획일적인 리조트가 계획되어 실제 개발되었다.

그러나 거품경제가 붕괴한 1990년대 이후 이런 관광산업은 큰 한계에 부딪히게 되었다. 대형 리조트 개발에 도달한 관광산업의 성장이 지역 환경과 지역 사회에 나쁜 영향을 끼친 것도 문제였지만, 그것보다 심각한 것은 관광이 경제 성장과 경제 효율성을 추구한 결과로 나타난 획일화·균질화 문제였다. 관광의 지역 이탈, 즉 관광에서 지역의 독자적 매력이 사라지는 현상이다. '외래형·외발형=유치와 모방에 의한 관광 개발'이 확대, 재생산되어 지역성을 무시하고 다른 곳에서 유행했던 것을 유치하거나 모방한 결과, 지역 특성과는 거리가 먼 획일적인 관광 시설이 관광지를 메우게 되었다. 이런 대중관광형 관광 개발의 성장이 어느 관광지를 가도 거의 같은 사태가 발생하는 결과를 낳았다.

관광의 균질화와 획일화는 폐해에 대한 도의적인 비판 차원의 문제가 아니라, 관광산업의 지속 가능성에 관한 문제다. 관광은 원래 지역의 독자적 매력으로 성립한다. 특히 거품기를 경계로 풍요로워진 일본 관광객에게 해외여행도 일상이 되어 세계의 다양한 참모습을 즐기게 되었다. 급속히 여행에 익숙해진 일본인 관광객은 관광에 대한 욕구를 다양화·고도화시켰다. 참모습을 추구하는 세련된 관광 수요를 모방으로 균질화된 관광 시설이나 지역 농산물이 아닌 식자재를 사용한 획일적인 요리로는 채우기 어려워졌다. 그래서 관광 자체가 성장하자 손님이 지역을 벗어나기 시작했고, 관광산업 자체의 지속성이 무너졌다. 그 결과, 1990년대 이후 일본 관광산업은 침체기를 맞았다.

이런 상황에서 유후인 온천이 많은 관광객을 유치한 것은 우연이 아니다. 지금까지 설명했듯이, 유후인 마을만들기는 손님 유치와 모방에 의한 관광 활성화라는 지금까지의 일반적인 관광 활성화 시책과는 정반대로 갔다. 대규모 외부 자본의 진출을 거부하고, 안이한 모방으로 관광 활성화를 도모하지 않고, 유후인다움이라는 지역 독자성을 추구하여 관광 활성화를 착실하게 진행해 왔다. 이런 방법이 1990년대부터 화려한 성공을 이룬 것은 성숙한 일본 관광산업에서 전략이 결정적으로 중요하다는 것을 시사한다.

마이클 포터와 다케우치 히로타카는 기업이 경쟁력을 향상하는 방법에는 두 가지가 있다고 한다. 하나는 효율적인 운영에 의한 고도화다. 모범 경영을 도입하여 품질, 가격, 배후의 생산관리, 마케팅 수법을 효율적으로 개선하는 방법으로 '같거나 비슷

한 활동을 경쟁사보다 잘하는 것'⁵을 의미한다. 또 하나는 '전략'
으로 특색 있는 제품과 서비스를 제공해 독자적 위치를 선점하
여 경쟁하는 방법⁶이다. 특히 다양한 산업이 성숙기에 접어든 선
진국 기업에서는 후자의 전략이 경쟁력의 열쇠다.

  일본 관광지에서도 1990년 무렵까지 성장기에서는 모범 경영
을 추구하고, 그것을 보다 수준 높은 방법으로 실행함으로써 경
쟁력을 획득할 수 있었다. 다른 산업과 마찬가지로 유치와 모방
이라는 전통적 경제개발 방법이 통용되었다. 그러나 1990년대
이후 성숙 단계에 접어든 관광산업에서는 유치와 모방에 의해
효율적인 운영을 겨루는 식으로는 경쟁 우위를 획득하기가 매우
어려워졌다. 이런 경쟁 환경의 변화 속에서 관광산업에서도 전
략은 중요한 의미가 있다. 즉, 새로운 제품이나 서비스의 콘셉
트를 내세워 경쟁사와는 차이를 분명히 하는 다른 활동을 전개
할 필요가 있다.⁷

  그러나 관광이 다른 산업과 다른 것은 특색 있는 제품과 서비
스가 지역 전체의 특성에 의존하고 있다는 점이다. 그리고 지역
전체의 특성을 뒷받침하는 것은 지역 특유의 생활양식이다. 관
광으로 다른 지역과 다른 생활양식을 보전하고 독자성을 강조
한 포괄적인 차별화를 함으로써 관광지로서의 경쟁력이 강화된
다. 유후인 마을만들기는 이런 전략을 선점하고 장시간에 걸쳐
실현해 왔다.

관광, 지식을 경영하다

그리고 이런 전략을 실현하기 위해서는 지역 사람들에 의한 적극적이고 지속적인 혁신이 필요하다. 지역의 독자성을 활용하는 데에는 독자적 방법이 필요하기 때문이다. '전략에는 진정한 혁신이 필요하다'라는 것이다.[8] 21세기 경제 환경 속에서 경쟁력을 창출하는 원천으로서 지식의 중요성이 강조되는 것은 이런 독자적 혁신을 만들어내는 것이 지식이기 때문이다. 그래서 경쟁 환경이 급속히 변화하고 다수자 사이에서 극심한 경쟁이 일어나는 가운데 지속해서 경쟁력을 유지하기 위해서는 지역에 존재하는 다양한 지식을 어떻게 관리할 것인지가 열쇠다.

현재 관광마을 만들기에서는 다양한 지역 자원을 활용해야 한다. 그러나 매력 자원이 있는 것과 이것을 관광 활성화에 활용하는 것 사이에는 쉽게 극복할 수 없는 높은 벽이 있다. 지역 매력은 지역 주민과 사업자의 지식과 관련이 있으며, 이런 지식은 사람의 마음과 생각 등 암묵지에 기인하기 때문이다. 그렇기 때문에 이것을 극복하기 위해서는 지역 내에서 지식을 관리하는 방법이 필요하다.

지역이라는 같은 장소를 공유하는 것은 암묵지가 교류될 수 있다는 점에서 중요한 의미가 있다. 그러나 '구체적 시스템=장' 이 설치되지 않으면 지식 교류는 일어나지 않는다. 시간을 들여 암묵지를 공유하는 장과 그것을 형태로 하여 더욱더 많은 사람들을 끌어들이기 위한 장도 필요하다. 지역 특성을 강화하여 관광에 활용하는 유후인 마을만들기 전략은 이런 장을 만들고 지역 사람들의 다양한 지식을 관리함으로써 실현되었다. 동적 네트워크에서 볼 수 있는 지식창조 프로세스는 지역의 지식 관리 수법으로 기능한다.

유후인 관광마을 만들기 경험은 더욱 큰 맥락에서 보면 관광에 국한하지 않고 지역 활성화 방법에서 중요한 의미가 있다. 지금까지의 지역 활성화는 외부 유치와 외부 모방으로 지역 경제를 살려냈다. 그러나 글로벌화가 급속히 진전되는 가운데 지방에 공장과 기업을 유치하기는 어렵고, 다극화하는 극심한 경쟁속에서 모방이 진부해지는 속도도 현격히 빨라지고 있다. 이런 시대 환경 속에서 지역을 활성화하기 위해서는 지역 독자성을 강화하여 다른 지역과 차별화하고 지역 내에 내재한 독자적 지식을 교류시켜 혁신을 지속해서 만들어냄으로써 전략적으로 시장 경쟁력을 획득할 필요가 있다. 유후인 모델은 그러한 21세기형 지역 활성화 수법을 보여주고 있다.

이 책의 마지막에 유후인 모델을 적용한 지역 활성화 실천 사례로 와카야마 현 다나베 시에 대해 살펴보고자 한다.

다나베 시 구마노 투어리즘 뷰로(Tourism Bureau)

1. 유후인을 롤모델로 삼다

다나베 시, 관광업에 뛰어들다

지금의 와카야마 현 다나베 시는 2005년 다섯 개 지자체(옛 다나베 시, 나카헤치 정, 혼구 정, 류진 촌, 오토 촌)의 합병으로 탄생하였다. 지역 내에는 2004년에 고야 산의 불교시설군 등과 함께 '기이 반도의 영지와 참배길'로 세계유산에 등재된 구마노 고도古道[9]가 지나간다. 교토에서 기이 반도 서해안을 지나 남하하는 구마노 참배길은 옛 다나베 시내에서 동쪽으로 꺾여 기이 산지로 갈라져 나카헤치 정을 지나 혼구 정에 있는 구마노 혼구 다이샤에 다다른다. 구마노 고도는 기이 반도의 세 개 현의 다양한 경로를 지나 구마노 혼구 다이샤, 구마노 나치 다이샤, 구마노 하야타마 다이샤의 구마노 산잔(구마노의 세 개의 영장)에 도달하는 데, 주요 경로가 나카헤치다.

기이 반도 남부 중심 도시인 옛 다나베 시는 주변 지역을 상권으로 하는 상업과 매실, 귤이 대표 농업이자 임업 집산지로 발전한 마을로, 지금까지 관광을 적극적으로 추진하진 않았다. 합병으로 구마노 고도로 가는 주요 도로가 있고, 주변에 여기저기 온천지가 흩어져 있다 보니 본격적으로 관광산업을 살리기 위한 새로운 계획이 필요하게 되었다. 오오사와는 다나베 시에서 기노쿠니 활성화 센터[10]에 맡긴 다나베 광역 관광 비전(2005) 및 다나베 시 관광 액션 플랜(2006)을 만든 팀의 구성원으로 이 지역 관광 계획에 관여했다.

새로운 시가 시도하는 새로운 관광의 방향성을 도출하는 데에 유후인 모델을 의식적으로 이용한 계획이었다. 유후인 모델을 적용하여 관광 비전 및 실행 계획을 작성할 때 가장 중시한 점은 두 가지였다.

① 무엇을 위한 관광인가?=관광 활성화의 목적을 명확히 할 것
② 주민과 관광사업자 사이에 분야나 조직을 넘어선 수평적 연결을 만들 것

즉, 유후인 모델의 단계 ①과 ②를 짜넣은 계획을 만드는 것이 가장 중요한 과제였다.

왜 동적 네트워크가 필요한가?

계획에 유후인 모델을 적용한 이유는 행정이 만드는 관광 계획에는 일반적인 행정 계획과는 다른 특유의 어려움이 있기 때문이다. 관광 계획은 책정한 행정이 계획의 실행자가 될 수 없다는 점이 다른 분야의 행정 업무와 다르다. 예를 들면, 인프라 정비와 복지 등은 행정이 실행자가 되어 사업을 마무리할 수 있다(최근에는 반드시 그렇지 않지만). 그래서 주민 참여를 통해 행정이 지역의 목소리를 들으면서 계획을 만들면 그 계획은 실효성이 있게 된다. 그러나 관광의 경우, 행정은 계획을 실행하는 실행자가 될 수 없다. 특히, 현재의 관광 활성화에서는 지역 자원의 활용이 주된 방법이어서 지역 자원을 보유한 지역 주민과 사업자가 계획의 실행자가 된다. 그러니 현장에 있는 실행자가 볼때 실행자가 아닌 행정(혹은 위탁을 받은 계획가)이 결정한 행정계획대로 일을 처리할 이유도 의무도 없다. 그러므로 행정 계획에서 무엇을 할지를 면밀히 결정해도 계획의 실현성은 전혀 보장되지 않는다.

즉, 관광 계획의 큰 과제는 무엇을 할지를 결정하는 것보다, 누가, 어떻게 실행하느냐는 점이다. 현재 전국 지자체의 대부분은 무엇을 할지는 상세하게 기술하고 있지만, 중요한 누가, 어떻게 하는지는 밝히지 않았다. 혹은 주민이나 사업자를 주체로 밝혀 놓았다 해도 그들을 끌어들여 계획을 실행하기 위한 구체적 시스템이 없다. 결과적으로 행정이 만드는 관광 계획의 대부분은 거의 실효성이 없다.

관광 계획의 어려움을 극복하고 실행자가 적극적으로 관광 활성화에 참여할 수 있도록 하기 위해서는, 그들 자신이 무엇을 할지를 정하는 것이 무엇보다 중요하다. 본인이 결정한 계획이기 때문에 적극적으로 실행할 수 있다. 그래서 다나베 시 관광 계획에서는 계획 만들기 과정 자체를 동적 네트워크를 만드는 과정으로 정하기로 했다. 관광 계획 과정에 주민의 적극적인 참여를 촉구하고, 주민이 서로 얼굴을 마주보고 대화를 나누는 장을 만들고, 각 참가자의 상호 이해와 의의를 공유하면서 주민과 사업자 자신이 하고 싶은 것, 할 수 있는 것을 끄집어내어 문서로 만드는 작업을 반복했다. 계획을 주민과 사업자가 만들어 가는 최초의 실천 장으로 함으로써 지역 내 다양한 지식을 교류하는 장을 만들려고 노력했다. 그래서 다나베 시 관광 계획 만들기는 필자 개인의 의견과 행정이 생각하는 타협안을 최대한 배제하고 주민 주도로 계획을 만들어 갔다.

이런 동적 네트워크를 만들기 위해서는 '무엇을 위한 관광인가?'라는 단계가 가장 중요하다. 목적과 목표의 공유와 적극적인 참여로 동적 네트워크가 만들어지기 때문이다. 그리고 지역의 각 주체가 공유할 수 있는 큰 목적과 목표를 실현하기 위한

실천이 반드시 필요하며 그러한 협동으로 지역 사람들의 연결
이 만들어진다.

그러므로 계획 작성 과정으로 먼저 ①과 ②의 과제를

① 관광 목적을 명확히 하는 것뿐 아니라, 지역 주민과 사업
자 사이에 공유하기
② 수평적 연결을 만들기 위한 구체적 실천의 장 만들기

라는 수준까지 깊이 추구하기로 했다.

2. 관광을 계획하다

'무엇을 위한 관광인가?'=관광 목적을 설정하다

계획은 마을만들기에 적극적으로 참여하고 싶어 하는 사람을 모으고, 주민들이 서로 대화를 나누는 것부터 시작했다. 다나베 시 전역을 대상으로 하는 계획이어서 옛 지자체별, 테마별로 관광 관계자 이외에도 많은 주민이 참여하도록 하고, 워크숍 형식으로 대화를 반복해서 나누었다. 여기에서는 '관광을 위해 무엇을 할 것인가?'가 아니라 '무엇을 위해 관광을 할 것인가?'라는 과제를 정하고, 관광은 마을만들기를 위한 수단이며 자신들이 지향하는 지역의 미래상을 실현하기 위해 관광을 추진한다는 기본 방향성을 공유했다.

그중에서 인상적이었던 것은 구마노 고도 이야기꾼(가이드)[11] 과 관광사업자의 대부분이 '관광을 위해'라는 생각에 이미 의문을 품고 있다는 것이었다. 당시 구마노 고도는 세계유산에 등재된 직후라 성황을 이루고 있었다. 매일같이 여행사가 보내는 버스 투어로 많은 단체 관광객이 방문해 구마노 고도를 30분 정도 걷고 다음 목적지로 이동했다. 이런 성황으로 관광객 수가 증가하는 것은 여행사에게는(가끔 받아들이는 행정 담당자에게도) 기쁜 일이지만, 이런 '관광을 위한 관광'은 지역에 거의 도움이 되지 않는다는 것을 주민이나 사업자가 이미 느끼고 있었다.

구마노 고도 주변에는 단체 관광객을 받을 수 있는 숙박시설이 많지 않아서 통과형 단체 관광객은 시를 벗어난 다른 숙박시설로 이동해 버린다. 또한, 관광객은 구마노 고도의 가치를 거의 실감하지 못한다. 빠른 걸음으로 이동하는 관광객에게 "구마노 고도"라고 말해봤자 "그냥 산길이잖아"라며 심드렁해했다. 그리고 이런 성황이 언제까지 지속될지 알고 있었다.

세계유산에 등재되면서 불거진 대중관광의 문제점을 자각한 지역 사람들은 스스로 지역의 가치를 지키고 전하는 중요성을 깊이 의식하게 되었다. '적은 인원수가 천천히 여유를 가지고 걷지 않으면 구마노의 진정한 매력을 이해할 수 없고, 지역에 머물지도 않는다. 지금과 같은 관광은 하고 싶지 않다'는 지역 사람들의 깨달음이 무엇을 위한 관광인지를 결정하는 토대가 되었다.

그래서 관광 활성화의 출발점으로 '구마노의 가치를 지키고 전하는 것'이라는 목적을 설정했다. 즉, '구마노 고도를 이용하여 관광객을 증가시키기 위해 무엇을 할 것인가?'가 아니라, '세계에서 인정받은 구마노의 가치를 지키기 위해 관광을 (수단으로) 어떻게 활용할 것인가?'라는 생각을 공유하는 것이 계획의 가장 첫 단계가 되었다.

명확한 목적을 설정하고 공유하는 과정에서 세계유산이라는 슬로건은 매우 효과적이었다. 세계유산의 등재 조건은 인류에 공통하는 보편적인 가치를 갖는 것이다. 구마노 지역이 세계유산으로 평가받은 점은 많았다. 먼저, 불교, 일본의 종교인 신도神道, 산악 밀교라는 복수의 종교가 문제없이 공존하는 것이다. 또한, 구마노 신앙은 자연 숭배적 요소를 갖고 있으며, 신앙의 대상은 주변의 자연환경과 일체를 이루고 있다. 그리고 종교로서는 드물게 금기가 없고 정浄과 부정不浄, 귀천의 구별 없이 방문자를 맞이한다. 이런 다양성의 공존Diversity, 자연과의 공생Ecology, 보편·무차별Universality이라는 21세기적인 가치관을 긴 역사 동안 실천해 왔다는 점에 구마노 신앙, 혹은 구마노 고도의 세계적 가치가 있다. 관광의 시작은 순례에 있다고 하는데, 참배길인 구마노 고도에는 바로 관광의 원점이라 할 수 있는 가치가 있다고 할 수 있다. 그런 만큼 세계에서 평가받은 구마노의 가치를 관광으로 지키고 전하는 것, 그리고 그것으로 세계 수준에서 평가받는 관광지가 되는 것이 다나베 시가 추진하는 관광의 목적이 되어야 했다. 이를 근거로 하여 21세기 관광의 세계적 과제인 지속 가능성을 표방하고, 세계 수준에서 평가받는 지속 가능한 관광지가 되는 것을 목표로 설정했다.

관광의 목적과 목표는 언뜻 보기에 추상적이고 겉치레 같겠지만, 관광 활성화의 모든 출발점이 된다. 먼저 이것으로 관광객 수의 속박에서 벗어난다. 행정이 관광 활성화를 추진하면 관광객 수가 유일하게 절대적 성과 지표가 되는 경우가 많다. 그래서 행정이 관광시설을 만들게 되고 사람을 동원한 축제에 치우치게 된다. 실제 거품이 붕괴한 1990년대에는 지역 활성화를 기대하고 관광을 추진한 지자체가 폭발적으로 증가하는 가운데 그중 대부분이 대중관광형 관광 활성화 수법으로 스스로 실행자가 되어 축소, 재생산하면서 계속 추진했다. 다나베 시의 옛 지자체에서도 시설형·축제형 관광 활성화가 행정 주도로 이루어진 시기를 경험했다.[12] 물론 관광객 수는 중요한 지표지만, 그것이 목적은 아니다. 지역 특성을 명확히 짚고 그것에 맞는 관광객 수를 지속해서 확보하는 것이 목표라는 인식을 공유하는 것이 중요했다.

또한, 이런 목적을 설정하면 관광사업자 이외의 지역 주민들도 적극적으로 관광 추진에 참여할 수 있다. 그리고 관광을 통해 지역 가치를 재인식하고, 그것을 보전, 활용하도록 관광의 방향성을 적극적으로 생각하고 실천할 수 있다. 지역에는 다양한 이해관계가 존재하고, 각 사업자의 경영 방침이 있다. 목적은 정하지 않고 무엇을 할 것인지를 결정하려고 하면 개개인의 이해와 방침에 따라 제각각 의견이 달라, 결국 목소리가 큰 사람의 의견으로 결정된다. 그리고 행정에 요구한 것만 계획에 추가되어 실천 단계에서 실효성이 없어진다. 이런 사태를 피하고 분야나 조직을 넘어선 협동의 장을 만들기 위해서는 높은 목적과 목표 설정이 반드시 필요했다.

'구마노의 가치를 지키다'의 구체적 의미는 제1장에서 설명했듯이, 지역 환경, 지역 경제, 지역 사회의 세 요소를 잇는 형태로 표현하였다. 구마노 고도를 둘러싼 지역 환경은 세계유산에 등재됨으로써 다양한 규제의 대상이 되었지만, 길은 일상적으로 사용하지 않으면 황폐해진다. 규제에 의한 보호뿐 아니라, 적정한 규모로 관광에 이용함으로써 살아있는 상태로 길을 보전할 수 있다. 그리고 특히 중시한 것은 지역 사회였다. 구마노 고도는 신앙과 연계되어 있어서 가치가 있다. 신앙이라고 하면 거창하지만, 지역 사람들이 가진 구마노의 자연과 신에 대한 숭배 정신, 오랜 역사 속에서 길러진 지역 가치를 소중히 하려는 정신이 없으면 구마노 고도는 그냥 산길에 불과하다. 또한, 이런 지역 사람들의 신앙심이 관광을 위한 난개발을 방지하는 최대의 방파제가 되기를 기대했다. 구마노의 가치를 지키기 위해서는 지역 환경과 지역 경제를 활성화함으로써 지역 환경을 보전하고 지역 사회의 정신을 키워 나갈 필요가 있었다.

기본 전략은 이후에 다나베 시 구마노 투어리즘 뷰로의 관광 기본방침이 "유행보다 가치, 난개발보다 보전·보존, 대중보다

· 적절한 활용으로 지역의 경제 효과 발생
· 관광수익을 지역에 환원
· 세계유산을 활용한 새로운 산업 · 생산품 만들기

지역 경제

적절한
규모의
관광객

구마노 고도의
보전과 활용

· 세계유산이 있는 지역에 대한
  자부심과 정체성 확립
· 문화적 경관의 가치를 보전하고
  다음 세대에 계승
· 세계유산에 의한 교류

지역 사회　　**지역 환경**

· 자연환경과 공생하는 세계유산에
  걸맞는 환경 보전과 창조
· 양호한 경관 보전

그림 4-3 　구마노 고도의 보전과 활용에서의 3요소의 관계[14]

개인, 임팩트를 추구하지 않고 환경에 미치는 영향을 최소화하는 세계에 열린 관광지를 지향하다"[13]라는 문구로 표현되었다. 이런 핵심 문구는 구마노 지역의 특성을 꿰뚫어보고 강화함으로써 그것을 관광 최대의 매력으로 활용하는 다나베 시의 관광 방침을 표현하고 있다. 관광의 힘으로 구마노의 지역 특성을 강화하고 독자성으로 다른 관광지와 명확히 차별화하는 전략이 추진되었다(그림 4-3).

또한, 관광으로 세 요소를 연계하는 의미를 잘 보여주는 것이 이야기꾼의 존재다. 세계유산 등재를 계기로 이야기꾼의 유료화가 추진되고 가이드가 일정 수입을 창출하게 되었다. 그들이 안내를 하며 길을 걷는 것은 고도를 모니터링하는 역할을 하게 되어 환경 보전에도 큰 역할을 하고 있다. 게다가 워크숍에서 그들이 지역 학교를 대상으로 이야기꾼 활동을 하고 싶다는 의견이

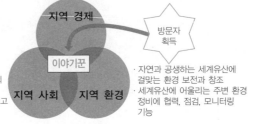

· 구마노 고도 방문객의 지속적인 확대
· 가이드(관광사업자)로 경제 효과 창출과 확대
· 료칸, 교통 등 지역 관광사업자와 연계하여 상승 효과를 높임

지역 경제

방문자 획득

이야기꾼

· 방문객에게 세계유산의 매력과 가치를 전함
· 세계유산을 통해 전국, 세계와의 교류 기회 확대
· 지역에 세계유산의 가치를 알리고 다음 세대에 계승

지역 사회   지역 환경

· 자연과 공생하는 세계유산에 걸맞는 환경 보전과 창조
· 세계유산에 어울리는 주변 환경 정비에 협력, 점검, 모니터링 기능

그림 4-4 이야기꾼에서의 3요소의 관계[15]

나왔다. 이런 활동은 이후 계속되었으며, 먼저 지역 사람들이 구마노 고도의 가치를 인식해야 한다는 그들의 생각이 지역 사회의 정신을 키우고 있다(그림 4-4). 이야기꾼에서 볼 수 있듯이 지역 경제와 지역 환경, 지역 사회의 연계를 더욱더 크게 해나가는 것, 즉 구마노의 환경과 정신을 기반으로 지역 경제를 활발히 함으로써 지속 가능한 관광의 방향성, 더 나아가 지속 가능한 지역의 방향성을 더욱더 많은 사람이 고민하고 실천해 나가는 것이 공통의 목적이 되었다.

동적 네트워크를 만들다

이런 목적을 공유하고 실천하기 위해서는 분야나 조직을 넘어선 연결이 필요하다. 필자는 실행 계획의 작성 과정이 협동에 의한 실천의 출발점이 되고, 나아가 협동의 범위가 확대되기를 기대했다. 그러나 워크숍을 반복하는 것만으로는 한계가 있고, 이후에도 협동이 발전적으로 확대된다는 보장은 없었다. 특히 합병에 의해 새로운 시를 구성하게 된 옛 지자체를 연결할 방법이 큰 과제였다. 이들 지자체는 지금까지 각자 관광 활성화를 추진한 적이 있고, 인접한 지자체 사이에는 미묘한 라이벌 의식도 있었다. 그래서 옛 지자체를 뛰어넘어 사업자와 주민이 '협동'할 수 있는 사업을 구체적으로 만드는 것이 과제였다.

그중에는 옛 지자체의 관광협회를 합병할 것인가 말 것인가라는 문제도 포함되어 있었다. 지자체 합병에 따라 관광협회를 합병하자는 의견도 있었는데, 마을만들기를 관광의 기반으로 하기 위해서는 주민, 사업자와 밀접한 관계가 있는 옛 지자체의 관광협회를 없애는 것이 좋은 방법이라고는 생각하지 않았다. 또한, 각 관광협회의 규모도 전혀 달랐기 때문에 통합에는 어려움과 반발이 예상되었다. 그래서 최종적으로 합병은 하지 않았지만, 그렇다고 각 관광협회가 지금까지와 같이 개별적으로 활동하게 되면 지역 전체의 관광 활성화는 앞으로 나아가지 못한다. 그래서 조직을 넘어선 연결을 만들기 위한 구체적 협동의 장이 반드시 필요했다.

그래서 실천을 위한 핵심과제로 선정한 것이 외국인 유치였다. 지금 생각해 보면, 이 아이디어가 언제, 누가, 어떻게 나왔는지 정확하지는 않다. 2년 동안 계획하면서 관계자들끼리 목적과 전략을 암묵지 차원에서 공유하면서 자연스럽게 나온 아이디어였다. 세계에서 인정받은 가치 있는 지역으로서, 관광에서 세계 공통의 과제인 지속 가능성을 지향하는 목표와 세계 사람이 방문하는 지역이 되려는 실천은 매우 일관성이 있다. 그리고 세계에서 다양한 사람이 방문하는 것은 모든 사람을 차별하지 않고 받아들이는 장소인 구마노의 가치와도 일치한다. 그러므로 중심 구성원들끼리는 이 전략 목표가 쉽게 공유되었고, 지역 사람들도 공유했으면 하는 실천으로 계획의 핵심이 되었다.

외국인 중에서도 구미의 관광객을 목표로 했다. 이미 탈 대중 관광 단계에 있는 구미 지역 관광객에게 평가받는 것은 지속 가능성이라는 목적과 일치했으며, 당시는 절대 많지 않았던 구미 방문객이 일본을 느낄 수 있는 장소로 구마노를 높이 평가하고 있다는 것도 염두에 두었다. 그러나 구마노 고도는 단체 손님을 받을 수 있는 장소가 아니었기 때문에 외국인 개인 여행객FIT: Foreign Individual Traveler, 즉 개인 관광객을 중심으로 유치할 필요가 있었다. 이처럼 구마노의 가치를 보전, 강화하고, 그 특성을 효과적으로 활용하기 위해 이런 목표를 설정했다.

계획 작성자로는 실제로 외국인을 유치할 수 있을 것인지에 관한 결과는 별로 중요하지 않았다. 최대의 목표는 지역 관계자가 공통의 목표를 향해 협동함으로써 분야나 조직을 넘어선 연결을 만드는 것이었다. 함께 뭔가를 하는(혹은 할 수밖에 없는) 공통의 목표를 설정하고, 이를 위해서 깊이 이야기를 하고 실제로 협동함으로써 암묵지 차원에서 지식 교류가 발생한다. 그로 인해 혁신이 일어나고, 결과적으로 외국인을 유치할 수 있으면 된다는 것이 기본 생각이었다. 물론 이런 의도는 계획에 들어 있지 않았다.

그러나 그때는 아직 인바운드*라는 용어도 일반적으로 사용하지 않았던 상황에서, 기이 반도의 안쪽에 있는 인구 8만 명 정도의 지방 도시가 구미의 개인 여행객을 유치한다는 것은 전례가 없는 도전이었다. 그런 만큼 전략 목표는 당시 다나베 시의 주민과 관광사업자에게도 현실과 매우 동떨어진 것으로 공유하기 힘들었다. 그래서 실제로 협동하기 위해서는 지식창조 프로세스를 더 추진하여 외국인 유치라는 콘셉트를 구체적으로 형식지화해서 보여줄 필요가 있었다.

다나베 시 구마노 투어리즘 뷰로를 만들다

그래서 옛 지자체 관광협회를 아우르는 새로운 조직인 '다나

---

* in-bound: 외국인의 국내여행

베 시 구마노 투어리즘 뷰로(이하 구마노 TB)'를 만들게 되었다. 합병한 지자체에서 옛 관광협회를 남길 경우, 각 조직을 연결하는 연락협의회 등을 만드는 예가 많다. 그러나 이런 조직은 정말 연락과 정보 교환만을 위한 조직이 되어 전략을 공유하거나 협동하는 장이 되는 경우는 거의 없다. 그래서 구마노 TB에는 외국인 유치라는 구체적이고 명확한 기능을 부여하고, 그로 인해 각 관광협회를 수평적으로 연결하는 협동의 장을 만들기로 했다.

이처럼 다나베 시의 경우, 먼저 조직을 만들고 참가자가 적극적으로 참여해 '여기 붙어라' 방식으로 연결을 만들었다. 여기에는 몇 가지 목적이 있었다.

하나는 외국인 유치를 지속해서 추진하기 위해서였다. 참가자의 적극적인 참여로 만들어진 동적 네트워크는 강한 지도력이 없으면 지속하지 못하는 문제가 있다. 계획 단계에서는 어느 정도 활기가 있더라도 지도자가 지속해서 참가자의 열의를 끌어내지 못하면 연결은 서서히 소멸한다. 관광을 추진한 지 얼마 되지 않은 다나베 시에서 이런 지도력을 가진 인재가 관광 활성화를 주도할 수 있을지는 불명확했다. 또한, 구미에서 개인 여행객을 유치하기 위해서는 장기간에 걸친 지속적인 추진이 필요했다. 그래서 지도력을 발휘하기 쉽도록 먼저 조직이 뒷받침하는 환경을 만들어 동적 네트워크의 지속성을 높일 필요가 있었다.

또 하나는 행정 의사결정기구의 자유도를 높이기 위해서다.

외국인 유치라는 새로운 도전을 위해서는 무無에서 모든 것을 만들어 가야 하는 지속적이고 다발적인 혁신이 필요했다. 행정(옛 지자체의 관광협회 포함)의 트리형 의사결정을 거치면 혁신의 속도가 늦어지고 새로운 일을 단발·산발적으로밖에 할 수 없다고 예측했다. 이런 위험성을 피하려면 적극적인 의사결정에 의해 스스로 움직이는 조직을 먼저 만들 필요가 있었다. 예산에서도 자립도를 높이기 위해 구마노 TB에는 행정에서 기초보조금을 받지 않고 이미 사업 위탁으로 공적자금을 넣는 형태를 택했다. 행정과의 밀접한 연계가 필요했지만, 조직으로서는 외부 사업자나 마찬가지였으며, 이것은 지금까지도 변하지 않았다. 또한, 발족 이후 사무국장은 다나베 시에서 파견한 근무자지만, 행정의 의향을 구마노 TB에 전하는 것이 아니라, 반대로 구마노 TB의 의향을 행정과 조정하는 역할을 하고 있다.

행정으로부터 독립을 지향한 또 하나의 이유는, 원래 관광은 비즈니스로, 이를 위해 필요한 매니지먼트와 마케팅 등의 지식은 행정이 담당할 수 있는 범위를 크게 벗어나기 때문이다. 다른 지방과 마찬가지로 합병한 옛 지자체도 행정에 의존하여 관광 활성화를 추진한 시기가 있었던 것은 이미 설명했다. 그러나 행정은 관광 활성화에서 실행자가 될 수 없다는 점에서도, 또한 비즈니스로서 지역 경제 효과를 창출하기 위해 실행 계획에서 민간 주도로 전환하는 것을 강하게 주장했다. 그래서 구마노 TB 또한 민간 눈높이에서 활동할 수 있는 민간 조직일 필요가 있었다.

그러나 구마노 고도의 정비와 안내 표지판 통일 등 인프라 정비는 행정만이 할 수 있다. 또한, 현과 국가라는 보다 큰 행정과의 연계에서도 다나베 시 담당 부서의 역할이 중요하다. 그러나 이런 다나베 시청 등 행정밖에 할 수 없는 분야에 대해서도 행정 주도로 행정의 논리에 따라 추진하는 것이 아니라, 구마노 TB가 추진하는 유치 사업에 맞춰 행정과의 대등한 연계 속에서 추진하는 것이 중요했다. 예를 들면, 구마노 고도 변에는 시, 현, 국가가 설치한 안내 표지판의 색과 형식이 제각각으로 통일감 없이 배치되어 있었다. 게다가 로마자 표기의 여부, 지명과 시설명의 표기법도 통일되지 않았다. 이래서는 외국인이 혼란스럽다. 이런 인프라도 구마노 TB가 주도한 수평적 연계 속에 시, 현, 국가라는 각 단계별 조직이 '행정 참여'함으로써 정비될 필요가 있었다.

다나베 시가 관광을 추진하기 위한 조직도는 실행 계획 작성 단계에서 [그림 4-5]와 같이 만들어졌다.

조직 구성은 현 정부의 관광 시책으로 각지에 설립된 지역관광 경영조직DMO: Destination Management/Marketing Organization을 선도적으로 실현한 것이다. 옛 지자체의 관광협회를 그대로 남긴 것은 매니지먼트(지역 자원과 지역 사람들의 매니지먼트=연결 만들기) 기능을

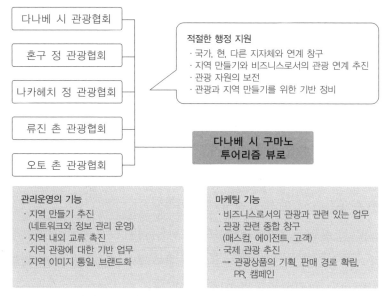

그림 4-5 다나베 시 관광 추진 체계
출처: 〈다나베 시 관광 액션 플랜〉을 바탕으로 작성

수행하기 위해서다. 한편, 외국인 유치라는 마케팅은 기존 관광 협회와 행정의 힘을 훨씬 능가하는 것이며, 그것을 향해 주민과 사업자는 물론, 옛 지자체의 관광협회와 행정이 연계하는 장으로서 구마노 TB가 만들어졌다. 이 조직 구성에서 중요한 것은 마케팅 기능을 분리, 명확히 한 것뿐 아니라, 외국인 유치를 지향한 동적 네트워크로서, 분야나 조직을 뛰어넘어 다양한 지식이 교류하는 장으로서 구마노 TB가 규정되어 있다는 것이다.

그러나 구마노 TB의 조직 만들기는 지도력을 발휘하기 위한 조건 정비였지만, 반대로 조직의 형식대로 운영하면 경직되고 타성에 젖을 위험성이 있었다. 이런 점에서 구마노 TB 회장인 T씨는 적절한 지도력을 발휘하여, 외국인 유치 목표를 향해 각 관광협회와 각 단계별 행정이 대등하고 수평적 입장에서 분야·조직이 수평으로 연계되도록 구마노 TB를 운영했다. 그녀는 현재도 회장을 역임하고 있으며, 관광객과 지역 모두를 대등한 입장에서 지원하는 중간 지원조직으로 역할을 명확히 하여 구마노 TB 활동을 지속해서 발전시키고 있다.

또한, 설립과 함께 구마노 TB의 전문 직원으로 국제관광 추진원 자리를 만들어 캐나다인을 고용했다. 외국인 전문 직원의 고용은 다나베 시에서는 처음 있는 일이며, 전국적으로도 거의 선례가 없는 시도였다. 이 자리에 취임한 B씨는 원래 옛 혼구 정에서 외국어 지도 조수로 일했던 경험이 있으며, 구마노의 매력을 깊이 이해하고 좋아했다. 그래서 구마노의 가치를 지키기 위한 관광이라는 목적도 정확히 암묵지 차원에서 공유하고 있었다. 반대로 말하면, 이것이 그를 고용한 결정적 이유였다.

당초 예정된 B씨의 역할은 해외용 홍보 전략 작성과 실행이며, 실제 그는 그 분야에서 큰 힘을 발휘했다. 사실 필자가 그에게 기대했던 역할은 다나베 시가 외국인 유치에 적극적으로 대응한다는 의지와 자세를 지역 사람들에게 알기 쉽게 보여주는 상징이 되는 것이었다. 단지 이런 의도를 넘어, 그의 강한 지도

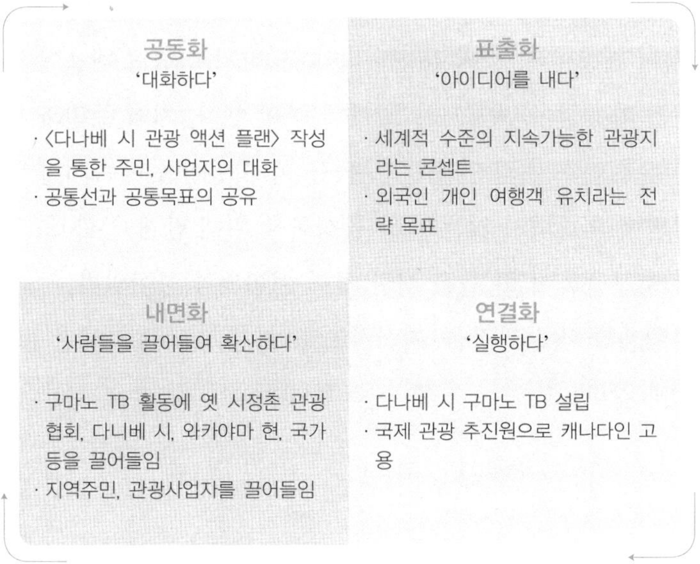

공동화 '대화하다' · 〈다나베 시 관광 액션 플랜〉 작성을 통한 주민, 사업자의 대화 · 공통선과 공통목표의 공유	**표출화** '아이디어를 내다' · 세계적 수준의 지속가능한 관광지라는 콘셉트 · 외국인 개인 여행객 유치라는 전략 목표
내면화 '사람들을 끌어들여 확산하다' · 구마노 TB 활동에 옛 시정촌 관광협회, 다니베 시, 와카야마 현, 국가 등을 끌어들임 · 지역주민, 관광사업자를 끌어들임	**연결화** '실행하다' · 다나베 시 구마노 TB 설립 · 국제 관광 추진원으로 캐나다인 고용

'외국인 유치'를 위한 SECI 프로세스가 작동하는 요건
· '구마노의 가치를 지키기' 위한 관광이라는 공통선과 외국인 유치라는 공통목표 설정과 적극적인 참여
· 옛 시정촌 관광협회, 관광사업자, 주민들의 분야와 조직을 넘어선 연결
· 주민, 사업자, 다른 조직을 끌어들여 운영하는 구마노 TB의 리더십

그림 4-6 〈다나베 시 관광 액션 플랜〉 작성에서의 지식창조 프로세스

력으로 지역 내 다양한 지식을 관리하는 동적 네트워크가 만들어져 많은 혁신이 생겨나게 되었다.

2006년 다나베 시 관광 실행 계획에서 결정된 것은 여기까지였다. 관광 계획에는 주민 의향에 따라 무엇을 할지도 적었지만, 그것을 상세하게 적지는 않았다. 왜냐하면, 계획에 짜여진 것을 묵묵히 추진하는 것만으로는 애초 가정하지 않은 혁신은 일어나지 않기 때문이다. 실제 추진하다 보면 하기로 했던 내용이 크게 변경될 가능성이 있었고, 그렇게 되어야 했다. 지역 주민과 사업자가 유후인 모델의 단계 ③ 무엇을 할 것인가를 지속해서 변화시키면서 흔들리지 않는 관광 활성화를 위해 단계 ①과 ②를 확실하게 구축하여 큰 틀을 정한 것이 계획의 역할이었다.

실행계획 작성과정을 지식창조 프로세스로 정리하면 [그림 4-6]과 같다.

3. 다나베 시 구마노 TB의 활약과 혁신

외국인에게 홍보하다

구마노 TB는 회장인 T씨와 국제관광 추진원인 B씨의 지도력 아래 외국인 유치라는 목표를 향해 주민과 사업자, 관련 조직을 분야·조직을 수평적으로 연계하여 협동의 장을 만들기 시작했다.

처음 추진한 것은 외국인에 대한 홍보활동이었다. 해야 할 일은 불특정 다수를 상대로 한 홍보가 아니라, 목표를 정해 적절히 구마노를 홍보하고 그들이 구마노를 방문하고 싶어지도록 하는 것이었다. 이런 활동에는 모방할 수 있는 선례가 없었다.

홍보 활동은 해외 미디어용 프로모션 투어(농촌여행)로 시작했다. 단지, 이것도 단순히 지역 정보를 알리는 것뿐 아니라, 지역 사람들을 끌어들여 해외 미디어와 교류함으로써 주민과 사업자의 의식을 변화시켜 외부에 구마노의 진정한 가치가 전달될 수 있도록 배려했다. 그리고 2008년부터는 스페인의 산티아고 데

콤포스텔라 시와 공동 홍보를 시작했다. 수많은 세계유산 가운데 당시 길 유산은 구마노 고도와 산티아고 순례길뿐이었다. 그래서 서로 제휴를 맺고 웹사이트에서 상호 링크와 공동 팸플릿 등을 만들었다. 또한, 홍보 수단으로 외국인 개인 관광객 대부분이 이용하는 안내서인 미슐랭과 론리플래닛을 중심으로 홍보를 했다. 물론 인터넷으로 하는 홍보에도 힘을 기울였다. 이것은 모두 구마노 고도의 특성에서 생각한 것으로, 명확한 목표를 위한 독자적 홍보였다.

외국인 손님맞이를 준비하다

국제관광 추진원인 B씨의 활동에서 특히 중요한 것은 지역 내부를 향한 대응이었다. 그는 관계형 지도력을 발휘하여 외국인을 맞이하기 위한 다양한 활동을 제기하고 성의 있게 지역 사람들의 적극성을 끌어냈다. 외국인 유치를 위한 지역 사람들의 적극적인 참여로 분야나 조직을 넘어선 대등한 연결이 지역 내부에 만들어졌다. 이런 점에서 외국인인 그의 입장은 큰 효과가 있었다. 제2장에서 관광이 초래하는 외부와의 접촉·교류에는 내부의 기존 지역 사회 구조를 해체하는 작용이 있다는 것을 설명했다. 다나베 시의 경우, 내부 직원이 외부 사람을 참여시켜 지금부터 유치해야 할 목표가 명확히 가시화되고, 지역 내부와 거의 관련 없는 그를 매개로 기존 지역 구조에 구애받지 않는 분야·조직을 넘어서는 대등한 연결을 만들 수 있었다.

B씨가 중심이 되어 추진한 커뮤니케이션 레벨 업 세미나가 상징적인 사례다. 이 세미나는 구마노 지역이 외국인 개인 관광객을 맞이하기 위한 내부 환경 정비를 목적으로 개최되었다. 외부 홍보를 하더라도 숙박과 교통 사업자를 포함한 관광사업자와 주민이 "외국인은 필요 없어"라고 하면 방문객이 좋아하는 관광지가 될 수 없고, 무엇보다 지역 내에 경제 효과가 창출되지 않는다. 그래서 외부 홍보와 내부 수용 태세를 함께 정비할 필요가 있었다.

이 세미나에서는 외국인을 맞이하기 위해 어떻게 하는지를 가르치는 것이 아니라, 지역 사람들이 어떻게 하면 받아들일 수 있을까를 B씨와 함께 의논하면서 관계자의 적극적인 참여를 끌어냈다. 예를 들면, 외국인 관광객 대응을 위해 영어를 가르치기보다 외국인과의 문화적인 차이를 이해하고 상대가 요구하는 것을 예상하면서 영어를 사용하지 않고 의사소통하는 방법을 사업자가 스스로 생각하도록 가르쳤다. 총 60회 이상 개최한 세미나에 료칸과 료칸 종업원, 교통 사업자는 물론, 신사의 무녀까지 대등한 입장에서 참여함으로써 지역 사람들의 다양한 지식과 B씨의 외국인 눈높이의 지식이 교류되었다.

이런 자리를 통해 독자적 의사소통 기술과 도구에 관한 아이디어가 만들어지고, 실제 현장에서 활용되었다. 예를 들면, 같은 질문과 답이 일본어와 영어로 적힌 간단한 시트는 이것을 손가락으로 가리키면서 지역 사람들과 외국인 관광객이 필요한 정보를 공유할 수 있도록 했다. 종래의 의사소통 수법과는 다른 다양한 혁신으로 지역 관광사업자가 외국인 응대에 자신감을 가지게 되었고, 외국인이 불편함 없이 구마노 고도를 방문할 수 있는 환경을 만들었다.

또한, 앞에서 설명했듯이 통일감 없는 도로변의 안내 표지판도 구마노 TB가 주도하면서 통일되었다. 안내 표지판의 색이나 분위기와 함께 여러 언어를 표기하지 않고 로마자만 표기하고 지명 등의 표기도 통일하는 등 세심하게 신경썼다. 이런 다양한 혁신과 개선은 외국인 유치라는 공통의 목표를 향해 행정을 포함한 관련 조직이 서로 대등한 입장에서 협의, 연계해야만 실현할 수 있는 것이었다.

'구마노 트래블', 지역 사업자들과 신대륙을 개척하다

구마노 TB의 활동을 더 확장한 혁신이 착지형 여행사 '구마노 트래블'의 설립이다. 해외 관광객을 대상으로 홍보가 궤도에 올라 현지의 수용 태세가 정비되자 관광객과 현지 사업자를 효과적으로 연결하여 관광객을 현지까지 데려오는 방법이 필요하다는 걸 알게 되었다. 구미 관광객이 구마노 고도를 방문하고 싶어도 숙소와 교통을 예약할 수 없으면 그들은 현지 관광사업자를 이용할 수 없다. 또한, 구마노 고도는 며칠 동안 걸어서 이동해야 하므로 도시락과 무거운 짐을 옮겨 주는 서비스 등도 외국인이 이용할 수 있도록 할 필요가 있었다.

그래서 인터넷상에서 구마노 지역의 숙박시설과 각종 서비스를 외국어로 예약할 수 있는 사이트를 개설하고 '구마노 트래블'을 운영하게 되었다. 인터넷 예약은 이제 당연해졌지만, 지역의 모든 사업자가 이용하는 것은 아니다. 실제로 웹상의 예약 사이트에 없는 민박이나 영어로 예약하거나 카드 결제 시스템을 갖추지 못한 숙소도 많다. 그러나 반대로 외국인은 이런 숙소에 구마노다움을 느끼기 때문에 적극적으로 활용해야 하는 관광 자원이다. 그래서 지역에 특화된 예약 사이트를 만들고, 외국어 예약 신청을 번역해서 지역 사업자에게 전달하여 예약과 결제가 될 수 있도록 했다. 즉, 구마노 트래블이 언어와 예약, 결제의 벽을 허무는 시스템을 만들어 관광객에게도 지역 사업자에게도 도움이 되는 중간 지원 서비스를 제공하고 있다. 이것은 종래의 예약과 결제 방법을 바꾼 획기적인 혁신이며, 미개척이었던 새로운 시장을 지역 관광사업자에게 열게 되었다.

공동화 '대화하다'	표출화 '아이디어를 내다'
· 커뮤니케이션 레벨업 세미나 등을 통한 지역 주민, 사업자의 대화 · 구마노 TB의 주도로 다나베 시, 와카야마 현, 국가와의 대화	· 외국인을 맞이하기 위한 다양한 아이디어 콘셉트 · 착지형 여행사라는 콘셉트
내면화 '사람들을 끌어들여 확산하다'	연결화 '실행하다'
· 외국인 유치를 통한 지역 주민, 관광사업자의 행동에 의한 학습	· 커뮤니케이션 기술과 도구 개발, 제공 · 인프라 정비 · 구마노 트래블 개설

SECI 프로세스 작동에 필요한 요건

· 외국인 개인 여행객 유치라는 목표의 공유
· 관광사업자, 주민, 행정의 분야와 조직을 넘어선 연결
· 주민, 사업자, 관련 조직을 끌어들여 운영하는 구마노 TB 회장과 외국인 운영진의 리더십

그림 4-7 외국인 유치에서의 지식창조 프로세스

구마노 TB 활동을 지식창조 프로세스로 정리하면 [그림 4-7] 과 같다.

4. 다나베 시, '유후인'을 롤 모델로 삼다

다나베 시가 거둔 결실

자신들의 가치를 보전하고 지역 특성을 강화한다는 목적을 향해 지역 관계자의 지속적인 혁신으로 다나베 시를 방문하는 외국인 관광객은 꾸준히 증가하고 있다(그림 4-8). 일본을 여행하는 외국인 관광객의 증가는 전국적인 현상이지만, 소위 골든 루트를 이동하는 아시아계 관광객의 증가와는 달리, 다나베 시는 구미, 호주 관광객이 과반을 차지하고 있다. 이것은 관광객이 증가한 것이 전체적인 추세인 것이 아니라, 다나베 시 전략의 성과라는 것을 보여준다.

또한, 구마노 트래블도 2011년 개업 이레 큰 성과를 올리고 있다(그림 4-9). 개업 첫해인 2011년에는 동일본 대지진으로 구마노 지역에 홍수 피해가 컸다. 힘든 상황에서 시작했지만, 2013년도에는 1억 엔 가까운 수익을 올렸고, 이후에도 순조롭게 증가하여 2017년도에는 3억 6000만 엔 정도가 되었다. 착지형 여행

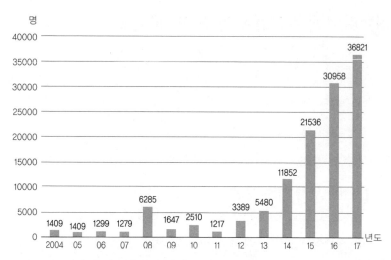

그림 4-8　다나베 시 외국인 숙박객 수 추이(2008년은 다나베 시에서 제10회
　　　　　국제합기도대회가 개최됨)

출처: 다나베 시 관광진흥과 자료를 바탕으로 작성

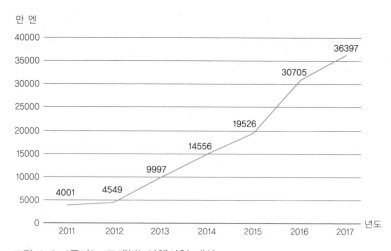

그림 4-9　'구마노 트래블' 여행사업 매상

출처: 다나베 시 구마노 투어리즘 뷰로의 보도자료를 바탕으로 작성

사라는 혁신을 일으켜 국내외에서 예약을 받을 수 있게 된 덕에 료칸 등 신규 사업자의 개업이 쉬워지고 새로운 혁신이 발전적으로 창출되는 환경이 정비되었다. 이런 과정을 구마노 TB 회장은 "닥치는 대로"라고 표현하지만, 그것은 공유된 확고한 목표를 향해 유연하게 혁신을 반복해 가며 그때그때 과제를 해결했다는 것을 의미한다.

그리고 구마노 지역은 론리플래닛 등 세계적 관광 정보 미디어에서도 '방문해야 할 관광지'[16]로 높이 평가받을 정도의 브랜드로 인식되었다. 지역 특성을 고집한 차별화로 이런 브랜드화를 실현할 수 있었다. 또한, 여행 정보지뿐 아니라, 세계적인 관광 기관인 WTTCWorld Travel & Tourism Council가 주최하는 2012년 Tourism for Tomorrow Award의 Destination Stewardship Award에서 최종 후보 세 개 지역 중 하나로 선정되었다. 이렇게 해서 구마노 지역은 명실공히 세계에서 평가받는 지속 가능한 관광지로 꾸준히 발전하고 있다.

다나베 시가 쥔 성공 열쇠

다나베 시의 사례는 지역관광 경영조직의 성공 사례로 많은 주목을 받고 있다. 또한, 현재 각 지역이 추진하는 인바운드 관광의 선도 사례로 주목을 받아 많은 사람들이 시찰을 하러 방문하고 있다. 단지, 예전에 유후인의 성공에 매료되어 시찰하러 왔던 사람들이 유후인 모델의 단계 ③인 무엇을 할 것인가만을 보려고 했던 것처럼, 사람들은 구마노 TB가 추진했던 다양한 활동 내용 자체에만 관심을 가졌다. 물론 구마노 TB가 추진한 혁신적 대응에는 참고할 만한 점이 많지만, 그것은 구마노 고도라는 독자적 자원에 맞춰 만들어진 것으로, 다른 곳에서 안이하게 모방한다고 반드시 성공을 거두는 것은 아니다.

그러므로 성공의 핵심은 무엇을 했는가보다 유후인 모델의 단계 ②인 누가, 어떻게 관광 활성화를 추진했느냐는 것이다. 지역 특성을 기반으로 관광 활성화 프로세스를 진행하면서 무엇보다 중요한 것은 지역 사람들의 생각과 깊이 관련된 지식이다. 지역에 존재하는 다양한 지식을 최대의 자산으로 생각하고, 그것을 관리하는 것이 관광 활성화를 위해 가장 중요하다. 구마노 TB 회장인 T씨와 외국인 직원 B씨의 관계형 지도력으로 개인과 조직의 적극성이 발휘되고, 지역 내의 분야나 조직을 넘어선 대등하고 새로운 연결이 만들어져 지식이 효과적으로 관리되었다. 지역 특성을 보전, 강화하기 위해 외국인 유치라는 목표를 설정한 것, 그 목표를 공유하기 위해 긴 대화를 한 것, 그리고 콘셉트를 구체적 형태로 하여 지역을 끌어들여 계속 노력한 것, 이런 현장 실행자의 지식 교류를 촉진하는 지식창조 프로세스가 지역 특성에 맞게 관광의 방향성을 변혁하는 지속적이고 다발적인 혁신을 창출하고 있다.

그리고 이런 추진의 출발점이 된 것은 유후인 모델의 단계 ①인 무엇을 위한 관광인가라는 이념이다. 분야나 조직을 넘어선 대등한 연결로 반복된 실천 과정은 무엇을 위한 관광인가를 관계자 사이에 공유하는 것부터 시작했다. '지역 독자성을 재인식하고 구마노의 가치를 지키기 위해'라는 공통선을 만드는 것으로 다나베 시 사람과 각 조직의 수평적 연결이 만들어졌다. 그 연결 속에서 지역 가치를 보전, 활용하고 관광객과 나누기 위해 무엇을 할지를 지역 사람들이 적극적으로 계속 고민하는 과정이 다나베 시 관광 활성화의 흐름이다.

주

1 관광마을 만들기가 안고 있는 어려움에 관해서는 大澤健(2010) pp.67~73, 大澤健(2018) pp.98~99에 정리되어 있다.

2 흥미롭게도 세 요소는 James C. Collins(2001)가 고슴도치 개념이라고 부르는 것과 비슷하다. 거기서는 위대한 업적으로 비약한 기업에는 세계 최고가 되는 일, 경제적 도움이 되는 일, 깊은 열정을 가진 일이라는 세 가지 원이 중첩되는 부분을 행동 지침으로 지킨다는 공통의 법칙이 있다고 기술하고 있다(pp.187~189).

3 中島健太郎(2006b) p.200.

4 이에 대해서는 光本伸江(1999)와 光本伸江(2007), 米田誠司(2011)에 자세하게 기술하고 있다.

5 Michael Porter, 竹内弘高(2000) p.138(강조는 원작에 의함).

6 Michael Porter, 竹内弘高(2000) p.138.

7 Michael Porter, 竹内弘高(2000) p.139.

8 Michael Porter, 竹内弘高(2000) p.139.

9 구마노라는 호칭은 엄밀한 지리적 경계에 대해서는 여러 설이 있지만, 크게 기이 반도 남부의 광역 범위(와카야마 현과 미에 현의 남부지역)를 가리킴.

10 와카야마 대학과 와카야마 현 남부 시정촌에 의해 설립한 지역 싱크탱크 조직.

11 구마노 고도 지역의 이야기꾼에 대해서는 大澤健, 江本みのる(2006) 참조.

12 1990년대 와카야마 현 남부 관광 활성화 상황에 대해서는 大澤健(2010a) 참조.

13 다나베 시 구마노 투어리즘 뷰로 팸플릿에 의함.

14 다나베 시(2006) p.58 그림을 바탕으로 필자 작성. 이 실행 계획에는 각각의 사업안 중 가장 처음에 무엇을 위해 하는지가 세 요소를 배치한 그림으로 표현되어 있다. 그림에 표현한 세 요소는 다나베 시(2006)에 기재된 것을 그대로 인용했다.

15 다나베 시(2006) p.58.

16 《Lonely Planet's Best in Travel 2018》에서는 구마노 고도를 비롯한 기이 반도가 세계 5위에 올라 있다.

이 책을 집필하면서 많은 이들의 협력과 힘을 받았다. 특히 광
범위하게 몇 번이고 반복된 인터뷰에 응하여 방대한 정보와 지
역에 대한 생각을 이야기해 준 유후인의 많은 관계자에게 진심
으로 감사드리고 싶다. 그중에서도 마을만들기 지도자였던 나카
야 겐타로 씨와 미조구치 군페이 씨에게 몇 번이나 이야기를 들
을 수 있었고, 이 책의 아이디어에도 의견을 주셨다. 깊은 감사
를 드린다. 또한, 다나베 시 사례를 정리하는 데에는 다나베 시
구마노 투어리즘 뷰로의 회장인 다다 노리코 씨와 다나베 시와
구마노 지역의 많은 분께 도움을 받았다. 함께 감사를 드린다.

다만, 본문에서는 그들의 이름을 직접 거론하지 않고 의도적
으로 N씨, M씨, K료칸, T료칸으로 표기했다. 고유명사를 사용
하지 않은 것은 강력한 지도자가 있어서 마을만들기가 성공했
다는 종래의 생각을 개선하고 싶은 마음에서다. 유후인이 유명
한 관광지가 되는 데에는 그들이 미친 영향이 컸다는 것은 말할
것도 없다. 그러나 그들의 강력한 리더십에서만 성공 원인을 찾

는 것은 반대로 그들이 해 왔던 일이 폄하될 위험성이 있다. 그들이 선구적인 성공을 이룬 관광마을 만들기의 핵심은 다른 곳에서 적용할 수 있는 것이며, 그것을 이론 모델로 만들어내는 것이 이 책의 주된 과제다.

실제, 유후인 모델을 적용한 다나베 시 관광 활성화는 큰 성과를 거두었다. 물론 다나베 시의 실천 사례 또한 탁월한 지도력을 발휘한 사람들과 지역민들의 지혜와 노력, 그리고 얼마간의 행운으로 달성되었다. 그러나 안이한 유치나 모방에 의존하지 않고 자신들의 지역 가치를 믿고 지역의 다양한 이들의 생각을 믿었다는 점은 두 지역의 공통점이다. 관광 활성화에서 이러한 생각이 모든 것의 기반이 된다는 점은 명확히 평가되어야 할 것이다.

이 책은 지역에서의 경험으로 많은 것을 배웠기에 가능했다. 다만, 이 책의 내용에 대한 책임은 물론 저자에게 있다. 유후인과 다나베 시의 많은 분들이 추진해 온 관광마을 만들기의 경험을 충분히 살펴봤다는 증거는 없지만, 두 지역의 경험에서 뭔가를 배우고 관광 활성화에 도움이 되리라 생각하는 분들에게 이 책이 제시한 유후인 모델이 조금이나마 힌트가 되기를 바란다.

또한, 본 연구는 과학연구비(기초연구C) '관광에서 마을만들기의 의미와 지식 순환형 클러스터에 관한 연구(연구 대표자: 오사와 다케시, 2015-2018년)'의 조성으로 이루어졌다.

　이 책을 처음 만난 곳은 출판기념 강연회에서였다. 저자의 강연을 듣다 보니 예전에 가 본 적 있는 유후인의 아름다운 자연과 경관이 떠올랐다. 마을을 거닐면서 아주 작은 농촌 마을에 발 디딜 틈이 없을 정도로 사람들이 붐비는 것에 놀랐고, 동화 속에 나오는 마을처럼 아름다운 풍경에 감동했었다. 아름답고 활기찬 마을을 볼 때면 "이 마을은 어떻게 만들어졌을까, 어떻게 유지되고 있을까, 어떻게 하면 아름답고 활기 넘치는 마을이 만들어질까"라는 궁금증이 있었다.

　이 책은 평소 내가 가졌던 궁금증을 말끔히 해소해 주었다. 그동안 관광지로 성공한 사례는 많이 봤지만, 성공 비결을 이론적으로 설명해 주고 이 이론을 다른 지역에 적용한 성공담을 구체적으로 들을 기회는 없었다. 그래서 많은 사람과 유후인의 성공담을 공유하고 싶었다.

　이 책은 50여 년에 걸친 유후인 온천의 관광마을 만들기 과정을 이야기한다. 관광과 마을 만들기를 융합한 관광마을 만들기는 지역이 주체가 되어 자연, 문화, 역사 등 지역 자원을 활용하여 지역을 활성화하는 것이다. 그렇다면 유후인은 어떻게 관광마을 만들기로 성공을 이루었을까. 유후인은 관광으로 많은 사람을 지역으로 불러 모으는 것이 목적이 아니었다. 마을 만들기를 위해 관광을 어떻게 활용할지, 관광을 마을 만들기의 수단으로 생각했다. 이를 기반으로 생활양식과 밀접한 관련이 있는 고유의 지역 특성을 지키고 보호하는 데 힘을 쏟았다.

지역 특성을 지키는 것과 관광은 어떤 관계가 있을까. 관광은 사용하는 사람에 따라 지역 환경을 파괴하기도 보전하기도 한다. 지금까지 지역 환경을 보호하는 것과 관광은 대립하는 개념으로 여겨졌다. 관광은 지역 환경을 훼손하고 주민의 일상을 방해하고 지역 사회에 악영향을 미친다고 생각하는 사람들도 있었다. 하지만 지금은 다르다. 지역의 자연과 경관을 보전하면 지역 주민들의 삶의 질이 높아지고 지역 산업이 활성화되어 지역경제가 발전하는 시대가 되었다. 유후인은 지역 특성을 지키고 보호하는 것이 그 환경 속에서 삶을 영위하는 지역 산업을 지키는 것이고, 지역 산업을 지키는 것이 지역 경제에 도움이 된다는 것을 마을 만들기 활동으로 터득하게 된다.

이러한 활동은 어떻게 이루어졌을까. 지역 특성을 지키기 위한 목표를 설정하고 이것을 지역 사람들과 공유하기 위해 서로 많은 대화를 나누고 지역 사람들이 스스로 관광마을 만들기에 참여하도록 하면서 끊임없는 혁신을 추구했다고 말한다. 분야나 조직을 넘어선 수평적 연결과 변하지 않기 위해 계속 변해야 함을 강조한다. 이러한 연결 속에서 지역의 특성을 지키고 이것을 관광객과 나누기 위해 무엇을 할지 주민 스스로가 고민하는 과정이 유후인 관광마을 만들기의 과정이다.

그렇다면 유후인을 롤모델로 다른 지역에도 적용 가능할까. 저자는 이 책을 통해 안이하게 다른 지역의 사례를 모방하지 않고 지역의 가치를 믿고 지역의 다양한 사람들의 지혜와 노력으로 유후인 관광마을 만들기를 성공으로 이끌었다고 말한다. 유후인이 무엇을 했는지에만 관심을 둔다면 유후인과 같은 성공을 보장할 수 없을 것이다. 주민들이 살기 좋은 곳이 곧 방문객들도 방문하고 싶어 하는 곳이라는 것을 강조하고 있다. 주민들에게도 그곳을 방문하는 방문객에게도 매력 있는 공간이 되어야 한다. 그것이 이 책이 진정으로 말하고자 하는 이야기일 것이다.

2020년 9월

김홍기

· アーカー, デービッド〔2014〕『ブランド論』阿久津聡訳、ダイヤモンド社
· 阿部誠〔1993〕「大分県の地域活性化活動とその経済効果に関する調査研究　Ⅳ. 湯布院町—住民主体のまちづくり—」大分大学経済研究所『研究所報』第27号
· 阿比留勝利〔2010〕「まちづくりからの観光振興—参画と協働によるコミュニティの文化開発からの接近」『城西国際大学紀要』18巻6号
· アーリ, ジョン〔1995〕『観光のまなざし』法政大学出版局
· アーリ, ジョン〔2003〕『場所を消費する』法政大学出版局
· 石井淳蔵〔1999〕『ブランド 価値の創造』岩波書店
· 石井淳蔵、高橋一夫編〔2011〕『観光のビジネスモデル　利益を生み出す仕組みを考える』学芸出版社
· 石橋康正〔2014〕「市町村合併がもたらした『問題』」林良嗣、黒田由彦、高野雅夫、名古屋大学グローバルCEO「地球学から基礎・臨床環境学への展開」編『中国都市化の診断と処方開発・成長のパラダイム転換』明石書店
· 伊藤洋典〔2013〕『「共同体」をめぐる政治学』ナカニシヤ出版
· 伊藤雄〔1997〕「湯布院映画祭—湯布院映画祭をやっている理由」『地域開発』396号、日本地域開発センター
· 猪爪範子〔1980〕「まちづくりと観光」清成忠男、森戸哲、猪爪範子、斉藤睦『地域の文化を考える』日本評論社
· 猪爪範子〔1989〕『まちづくり文化産業の時代 地域主導型リゾートをつくる』ぎょうせい
· 猪爪範子〔1992〕「湯布院町における観光地形成の過程と展望」『造園雑誌』55(5)、社団法人日本造園学会
· 猪爪範子〔1994〕「湯布院町の地域形成における住民意識の変化」『造園雑誌』57(4)、社団法人日本造園学会
· 猪爪範子〔1994〕「湯布院町における農村景観をめぐる争点の歴史的変遷に関する研究」『造園雑誌』57(5)、社団法人日本造園学会

・猪爪範子〔1997〕「まちづくり型観光地の形成―住民運動の展開と仕組み―」鈴木廣、木下謙治、三浦典子、豊田謙二編『まちを設計する―実践と思想―』九州大学出版会

・今村都南男、金井利之、嶋田暁文、光本伸江〔2006〕「大分県湯布院町の《まちづくり、その後》―湯布院町役場編―」『自治総研』330号

・今村都南男、金井利之、嶋田暁文、光本伸江〔2006〕「大分県湯布院町の《まちづくり、その後》―由布院観旅編―」『自治総研』331号

・岩崎正弥〔2016〕「内発的観光まちづくりの仕掛けづくり―人材育成の視点から―」安福恵美子編著『「観光まちづくり再考―内発的観光の展開に向けて―』古今書院

・岩淵泰〔2007〕「『生活型観光地』と住民自治―大分県由布院町の『まちづくり運動』から―」『熊本大学社会文化研究』5

・梅川智也、堀木美告〔2009〕「観光まちづくりの現状と動向」『日本造園学会誌』73巻2号

・梅川智也〔2012〕「『観光まちづくり』はどこに向かうのか」『都市計画』第295号

・浦達雄〔2000〕「湯布院温泉における小規模旅館の経営動向」『大阪明浄大学紀要　開学記念特別』大阪観光大学

・王昊凡〔2014〕「岐路に立つ癒しの里・由布院温泉」林良嗣、黒田由彦、高野雅夫、名古屋大学グローバルCEO「地球学から基礎・臨床環境学への展開」編『中国都市化の診断と処方開発・成長のパラダイム転換』明石書店

・大銀経済経営研究所〔1998〕「『あそびごころ』を活かした持続的地域づくりへの展望」NIRA（総合研究開発機構）助成研究

・大社充〔2013〕『地域プラットフォームによる観光まちづくり マーケティングの導入と推進体制のマネジメント』学芸出版社

・大澤健〔2010a〕「1990年代の紀南地域の観光振興手法について」『研究年報』第14号、和歌山大学経済学会

・大澤健〔2010b〕『観光革命―体験型・まちづくり・着地型の視点』角川学芸出版社

・大澤健〔2012〕「1990年代の和歌山県における観光振興手法について」『経済理論』第368号、和歌山大学経済学会

・大澤健〔2017〕「観光振興におけるオンパク手法の有効性と『御坊日高博覧会』についての考察」『和歌山大学地域研究シリーズ』51

・大澤健〔2018〕「『観光まちづくり』の理論的課題」『経済理論』第392号、和歌山大学経済学会

・大澤健、江本みのる〔2006〕「世界遺産地域における『語り部』の現状と今後の課題」『研究年報』第10号、和歌山大学経済学会

・大橋商一〔2009〕「観光地コラボレーション理論の展開―コミュニティ基盤観光経営理論のいくつかの枠組み―」『研究年報』第13号、和歌山大学研究学会

・大橋商一〔2010〕「ローテク産業部門のイノベーション論―観光経営イノベーション論構築のための1章―」『研究年報』第14号、和歌山大学経済学会

· 大森彌〔2008〕『変化に挑戦する自治体』第一法規株式会社
· 岡崎昌之〔1995〕『地域経営』放送大学教育振興会
· 岡田知弘〔2009〕『地域再生 一人ひとりが輝く』新日本出版社
· 岡田知弘〔2008〕「農村リゾートと複合的発展―温泉のまち・由布院を事例に」中村剛治郎編『基本
　ケースで学ぶ 地域経済学』有斐閣ブックス
· 岡部明子〔1999〕「一万人のまちづくり 大分県湯布院町」『造景』22号、建築資料研究社
· 岡村祐、野原卓、西村幸夫〔2009〕「我が国における『観光まちづくり』の歴史的展開― 1960年代以降
　の『まちづくり』が『観光』へ近接する側面に着目して―」『観光科学研究』第2号、首都大学東京大学
　院都市環境科学研究科地理環境科学専攻観光科学専修
· 奥田道大〔1988〕「住民の自己組織力―戦後日本の大都市地域を中心として」『応用社会学研究
　NO.30』立教大学社会学部
· 苅田種一郎〔2006〕『我らが「湯布院・楽塾」の最良の日々』関西学院大学出版会
· 雁屋哲、花咲アキラ〔2011〕「偉大なる名人・名店 亀の井別荘」『美味しんぼ』107、小学館
· 韓準祐〔2016〕「由布院の事例分析を通じた観光まちづくり研究の再考察の試み」『観光学評論』4巻
　2号、観光学術学会
· 観光まちづくり研究会〔2000〕『観光まちづくりガイドブック　地域づくりの新しい考え方～「観光まち
　づくり」実践のために』㈶アジア太平洋観光交流センター
· 木谷文弘〔2001〕『薫平さんと健太郎さんから教わったこと～由布院まちづくり50の知恵』有限会社
　ネキスト
· 木谷文弘〔2004〕『由布院の小さな奇跡』新潮新書
· 木谷文弘〔2005〕『由布院の空の下で 小さなお宿の小さなしあわせ物語』有限会社ネキスト
· 君波健治〔2012〕「地域活性化を実現した人材に関する調査―先進地・由布院を事例に―」『地域
　活性学会研究大会論文集』
· 九州旅客鉄道株式会社〔1997〕『JR九州10年史：1987～ 1996』九州旅客鉄道株式会社
· 清成忠男〔1975〕『地域の変革と中小企業 下』日本経済評論社
· 久保田美穂子〔2008〕「歩いて楽しい温泉地へ 原点回帰への実験」『温泉地再生 地域の知恵が魅力
　をつむぐ』学芸出版社
· 桑野和泉〔2002〕「湯布院の産業おこしとまちづくり―小さな町のさまざまな試み―」『地域開発』457
　号、日本地域開発センター
· 桑野和泉〔2002〕「新しいツーリズムへの挑戦―湯布院町にみる宿泊産業の課題―」国土交通省総
　合制作局観光部『新たな観光まちづくりの挑戦』ぎょうせい
· 現代農業編集部〔2004〕「いまこそ『村のいのちを都市の暮らしへ』大分県湯布院町・中谷健太郎さ
　んに聞く『なつかしい未来』」『現代農業』2004年11月増刊、農文協
· 現代農業編集部〔2004〕「由布院の料理長さんが地元の野菜を使う運動」『現代農業』2004年11月増
　刊、農文協

· 後藤健太郎〔2013〕「百年先を見越した観光地経営の実践(大分県由布院温泉)」公益財団法人日本交通公社編著『観光地経営の視点と実践』丸善出版

· 小堀貴亮〔2000〕「由布院温泉における芸術文化観光空間の形成と構造」『地域社会研究』3、別府大学地域社会研究センター

· 小林華弥子〔2005〕「ゆふいんとまちづくり」西川芳昭、伊佐淳、松尾匡編著『市民参加のまちづくり事例編』創成社

· コリンズ, ジェームズ C.〔山岡洋一訳〕〔2001〕『ビジョナリーカンパニー②飛躍の法則』日経BP社

· サクセニアン, アナリー〔本山康之、星野岳穂監訳〕〔2008〕『最新・経済地理学 グローバル経済と地域の優位性』日経BP社

· サクセニアン, アナリー〔山形浩生、柏木亮二訳〕〔2009〕『現代の二都物語 なぜシリコンバレーは復活し、ボストン・ルート128は沈んだのか』日経BP社

· 捧富雄〔2002〕「先進観光地における観光地づくりの要点─愛知県足助町と大分県湯布院を事例として─」『岡山商大社会研究所報』第23号、岡山商大社会総合研究所

· 澤永貢子〔2009〕「体験に根ざした食育～きときと氷見地消地産推進協議会─食育先進地モデル実証事業の取組─」『週刊農林』2046、農林出版社

· 敷田麻実、内田純一、森重昌之編著〔2009〕『観光の地域ブランディング 交流によるまちづくりのしくみ』学芸出版社

· 四本幸夫〔2014〕「観光まちづくり研究に対する権力概念を中心とした社会学的批判」『観光学評論』2巻1号、観光学術学会

· 菅沼明正〔2015〕「着地型観光への取り組みが持つコミュニティ構築機能の社会学的考察:熊本県水俣市の民間教育旅行機関による体験プログラム開発活動を事例として」『観光研究』第26巻2号、日本観光研究学会

· 司馬遼太郎〔2008〕「豊後・日田街道」『街道をゆく8』朝日文庫

· 新江憲一〔2005〕『ゆふいんの畑から 新江憲一の伝えたいこと』双林社

· 新江憲一〔2008〕『ため息と笑顔のイタリア日記』双林社

· 杉岡碩夫〔1975〕「カリスマ的主張の軌跡─大分県由布院の観光開発」『経済評論』1975年4月号、日本評論社

· 須藤廣〔2005〕「田園観光と『ロマン主義的まなざし』由布院地区調査から見た観光客と地元事業者の『まなざし』」須藤廣、遠藤英樹著『観光社会学 ツーリズム研究の冒険的まなざし』明石書店

· 須藤廣〔2008〕「癒しの里のフレームワーク 由布院温泉住民の観光解釈フレームをめぐって」『観光化する社会』ナカニシヤ出版

· 高尾忠志〔2008〕「由布市湯布院町湯の坪街道周辺地区景観計画・景観協定・紳士協定の策定」『景観・デザイン研究論文集』4、土木学会

· 高橋一夫〔2017〕『DMO 観光地経営のイノベーション』学芸出版社

· 高見乾司〔1990〕『空想の森から 由布院空想の森美術館の四季』青弓社

· 高見乾司〔1995〕『霧の由布院から 空想の森のアート・エッセイ』海鳥社
· 高見乾司〔2018〕『帰る旅─空想の森へ 地域アートの試みの中で』花乱社
· 辰巳芳子、中谷健太郎〔2005〕『毛づくろいする鳥たちのように』集英社
· 田中章雄〔2012〕『地域ブランド進化論 資源を生かし地域力を高めるブランド戦略の体系と事例』繊研新聞社
· 田辺市〔2005〕『田辺広域観光ビジョン』国土交通省都市・地域整備局
· 田辺市〔2006〕『田辺市観光アクションプラン』
· 田村明〔1987〕『まちづくりの発想』岩波書店
· 田村明〔1999〕『まちづくりの実践』岩波書店
· 筒井隆志〔2005〕「観光地のライフサイクルに関する試論─大分県湯布院町に見る観光地衰退の萌芽─」『経済学年誌』40、法政大学大学院経済学会
· 鶴見和子〔1989〕「内発的発展論の系譜」鶴見和子、川田侃編著『内発的発展論』東京大学出版会
· 鶴見和子〔1996〕『内発的発展論の展開』筑摩書房
· 土井善晴〔2016〕『一汁一菜でよいという提案』グラフィック社
· 時松辰夫〔2004〕「『副業としての工芸』で生活の形をまもり、地域の形をまもる」『現代農業』2004年11月増刊、農文協
· 徳野貞雄〔2011〕『生活農業論』学文社
· 友澤和夫〔2002〕「学習・知識とクラスター」山崎朗編『クラスター戦略』有斐閣
· 中島恵理〔2017〕「食の地産地消と地消地産:長野県富士見町でのケーススタディより」『地域活性研究』8
· 中谷健太郎〔1995〕『湯布院幻燈譜』海鳥社
· 中谷健太郎〔2001〕『湯布院発、にっぽん村へ』ふきのとう書房
· 中谷健太郎〔2006 a〕『由布院に吹く風』岩波書店
· 中谷健太郎〔2006 b〕『たすきがけの湯布院』ふきのとう書房
· 中谷健太郎〔2012〕『くいしん坊村風物誌』湯布院企画室西方館
· 中谷健太郎〔2014〕『ドンケツガソラヲトブ』人生の旅研究所編集、株式会社亀の井別荘
· 中谷健太郎、桑野泉、高野雅夫〔2014〕「鼎談『由布院温泉に見るコントロールされた成長と前向きな縮小という課題』」林良嗣、黒田由彦、高野雅夫、名古屋大学グローバルCEO『地球学から基礎・臨床環境学への展開』編『中国都市化の診断と処方開発・成長のパラダイム転換』、明石書店
· 中谷健太郎、中谷太郎〔2003〕「人を結う湯布院」太田政男編著『まちづくりは面白い』ふきのとう書房
· 中谷健太郎、溝口薫平、木原啓吉〔1991〕「真のリゾートとは何か─大分県・湯布院を訪ねて─」『公害研究』21（2）、岩波書店
· 中村剛治郎〔2008〕『基本ケースで学ぶ地域経済学』有斐閣
· 中山昭則〔2011〕「由布院温泉における地域構造の変容に関する考察」『大分縣温泉調査研究会報

告』62、大分県温泉調査研究会

・楢本晧〔2005〕「平成の大合併に異議あり　ルポ●町づくりの最先端、大人気温泉地湯布院」『中央公論』2005年4月号、中央公論新社

・西川潤〔1989〕「内発的発展論の起源と今日的意義」鶴見和子、川田侃編著『内発的発展論』東京大学出版会

・西日本新聞社編〔1973〕「由布院盆地―"ふるさと"意識の変化の中で」『ふるさととは何か　臥蛇・対馬・湯布院を行く』未来社

・西村幸夫〔2009〕「観光まちづくりとは何か―まち自慢からはじまる地域マネジメント」西村幸夫編著『観光まちづくり まち自慢からはじまる地域マネジメント』学芸出版社

・野口智弘〔2013〕『由布院ものがたり「玉の湯」溝口薫平に聞く』中公文庫

・野中郁次郎、紺野昇〔1999〕『知識経営のすすめ―ナレッジマネジメントとその時代』ちくま新書

・野中郁次郎、紺野昇〔2003〕『知識創造の方法論』東洋経済新報社

・野中郁次郎、紺野昇〔2012〕『知識創造経営のプリンシパル』東洋経済新報社

・野中郁次郎、竹内弘高[梅本勝博訳]〔1996〕『知識創造企業』東洋経済新報社

・野中郁次郎、ラインメラ，パトリック、柴田友厚〔1998〕「知識と地域」『オフィス・オートメーション』19巻1号、オフィス・オートメーション学会編集委員会

・野中郁次郎、廣瀬文乃、平田透〔2014〕『実践 ソーシャルイノベーション　知を価値に変えたコミュニティ・企業・NPO』千倉書房

・野原卓〔2008〕「観光まちづくりを取り巻く現状と可能性」クッド研究所編『季刊まちづくり』19号、学芸出版社

・林良嗣〔2014〕「由布院が示唆するもの」林良嗣、黒田由彦、高野雅夫、名古屋大学グローバルCEO「地球学から基礎・臨床環境学への展開」編『中国都市化の診断と処方開発・成長のパラダイム転換』明石書店

・ピオリ，マイケル J.、セーブル，チャールズ F.[山之内泰、永易浩一、石田あつみ訳]〔1993〕『第二の産業分水嶺』筑摩書房

・平尾元彦、野々下潤一〔2002〕「観光地の持続可能な地域づくり―湯布院における事例研究」『呉大学ネットワーク社会研究センター研究年報』第2巻、呉大学ネットワーク社会研究センター

・福岡伸一〔2009〕『動的平衡 生命はなぜそこに宿るのか』木楽舎

・フリードマン，トーマス[伏見威蕃訳]〔2008〕『フラット化する世界〔増補改訂版〕（上）経済の大転換と人間の未来』日本経済新聞出版社

・ポーター，マイケル E.[竹内弘高訳]〔1999〕『競争戦略論Ⅱ』ダイヤモンド社

・ポーター，マイケル E.、竹内弘高〔2000〕『日本の競争戦略』ダイヤモンド社

・保母武彦〔1996〕『内発的発展論と日本の農山村』岩波書店

・保母武彦〔2002〕『市町村合併と地域のゆくえ』岩波書店

・堀野正人〔2011〕「アートの観光の展開について」『奈良県立大学研究季報』21(4)、奈良県立大学

・松尾匠〔2005〕「長浜・由布院のまちづくりの転換」松尾匡、西川芳昭、伊佐淳編著『市民参加のまちづくり 戦略編』創成社

・松田忠徳〔2004〕『検証 黒川と由布院 九州が、日本の温泉を変えた!!』熊本日日新聞社

・マーフィー、ピーター E.〔大橋泰二訳〕〔1996〕『観光のコミュニティ・アプローチ』青土社

・溝口薫平〔1988〕「地域づくりと若者」豊の国づくり運動推進協議会編『地域再生　一極集中への挑戦』

・光本伸江〔1999〕「大分県湯布院町の『まちづくり』と地方自治の可能性 上・下」『地方財務』538, 539、ぎょうせい

・光本伸江〔2007〕『自治と依存―湯布院町と田川市の自治運営のレジーム（自治総研叢書23）』敬文堂

・宮口侗廸〔2007〕『新・地域を活かす―地理学者の地域づくり論』原書房

・宮津大輔〔2014〕『現代アート経済学』光文社新書

・宮本佳範〔2009〕「"持続可能な観光"の要件に関する考察―その概念形成における二つの流れを踏まえて―」『東邦学誌』第38巻第2号、愛知東邦大学

・森まゆみ〔1996〕「おもしろ、おかしく、命がけ　一湯布院町・中谷健太郎の冒険」関川夏央、日下公人、奥本大三郎、森まゆみ、津野海太郎著『品格なくして地域なし』晶文社

・森重昌之〔2014〕『観光による地域社会の再生―オープン・プラットフォームの形成に向けて―』現代図書

・森重昌之〔2015〕「定義から見た観光まちづくり研究の現状と課題」『阪南論集』第50巻2号、阪南大学

・森重昌之〔2017〕「観光まちづくりの新たな展開：オープン・プラットフォームと観光ガバナンスの必要性」『CATS叢書』11、北海道大学観光学高等研究センター

・安村克己〔2006〕『観光まちづくりの力学 観光と地域の社会学的研究』学文社

・山口裕美〔2010〕『観光アート』光文社新書

・山崎朗〔2002〕「地域戦略としての産業クラスター」山崎朗編『クラスター戦略』有斐閣

・米田誠司〔2001〕「由布院観光の新展開」『地域開発』447号、日本地域開発センター

・米田誠司〔2011〕『持続可能な地域経営と地域自治に関する研究―由布院の観光まちづくりを事例として―』熊本大学大学院社会文化科学研究科博士論文

・米田誠司〔2012〕「「動的コミュニティ」概念からみた由布院の観光まちづくり」『日本観光研究学会全国大会学術論文集』26、日本観光研究学会

・米田誠司〔2013〕「スピンオフ事例からみる地域の観光経済振興について」『愛媛経済論集』32-2,3（pp.105-117）、愛媛大学経済学会

・米田誠司〔2015〕「由布市：交通実験から13年、由布院の観光まちづくりと交通まちづくり」原田昇編著『交通まちづくり 地方都市からの挑戦』鹿島出版会

・米田誠司、大澤健〔2017〕「観光まちづくりにおけるイノベーションの源泉―ゆふいん料理研究会からの一考察―」『日本観光研究学会全国大会学術論文集』32（pp.101-104）、日本観光研究学会

・米田誠司、大澤健〔2018〕「観光まちづくりにおけるイノベーションの源泉―由布院におけるアートを
めぐる一考察―」『日本観光研究学会全国大会学術論文集』33（pp.117-120）、日本観光研究学会
・吉川順、村上啓二〔1994〕『ゆふいんロック青春記』海鳥社

〈由布院のまちづくり活動の記録、各種計画（年代順）〉
・由布院の自然を守る会〔1970〕『花水樹』創刊号-No.2
・明日の由布院を考える会〔1971-1973〕『花水樹』No.3-9
（『花水樹』はすべて、中谷健太郎編集〔1995〕『花水樹 完全復刻版』グリーンツーリズム研究所に収
録）
・日本地域開発センター〔1977〕「シンポジウム「地域における生活と文化の再生」」『地域開発』通巻
148号
・湯布院町〔1977〕『湯布院町基本構想・基本計画』
・地域ビジョン作成委員会〔1983-1984〕『地域ビジョン』No.1-3
・湯布院企画室「南の風」編集〔1988-1991〕『風の計画』創刊号-No.5、由布院温泉観光案内所
・湯布院町〔1989〕『町誌湯布院』
・湯布院町〔1992〕『湯布院町総合計画 一人からはじまる湯布院のまちづくり』
・由布院温泉観光協会・由布院温泉旅館組合〔1996〕『由布院温泉観光基本計画』
・ふくろうの会編集〔1997〕『ふくろうが翔ぶ』通巻No.2、ふくろうの会
・ふくろうの会編集〔1997-2000〕『ふくろうが翔ぶ』Vol.7-10、ふくろうの会
・湯布院町〔1999〕『ゆふいんの森構想 湯布院町総合計画』
・ゆふいん建築・環境デザイン協議会〔2000〕『ゆふいん建築・環境デザインガイドブック』
・由布院温泉観光協会〔2006〕『観光環境容量・産業連関分析調査及び地域由来型観光モデル事業
報告書』
・出会いの記憶編集委員会編〔2010〕『出会いの記憶 ゆふいん文化・記録映画祭の十年1998-2007』海
鳥社
・ゆふいんアート委員会編〔2012〕『由布院駅アートホール 20年間の記録』
・横田茂美〔2012〕『私家版 湯布院映画祭35年の記録』双林社
・渡辺和〔2014〕『ゆふいん音楽祭 35年の夏』木星舎

36인의 전문가에게 지속가능한 도시재생을 묻다

도시재생, 현장에서 답을 찾다

2019년
출판콘텐츠
창작지원사업
선정

황희연 외 35인 공저
국배편형판(225×265×15)
262쪽
28,000원
979-11-88602-20-9(03300)

도시재생 전문가 36인이 국내외의 성공사례를 소개한 책이다. 주제를 다섯 가지로 나누고 국내외의 사례를 통해 '지속가능한 도시재생'의 해법을 제시한다.
제1장 '역사자산을 활용한 도시재생'에서는 역사건축물, 산업유산, 일상의 삶터와 같은 자산을 보전하고 기억의 장소를 계승, 발전시키는 실험적인 도시재생을 소개한다. 제2장 '장소 재편집을 통한 도시재생'에서는 혁신적이고 경쟁력 있는 프로그램을 도입하고 운영거점을 조성하는 한편 공공공간을 유연하게 활용함으로써 장소에 생명력을 불어넣은 도시재생을 소개한다. 제3장 '문화경제기반 창의융합 도시재생'에서는 지역 자산을 활용해 클러스터를 만드는 등 창조 환경을 조성하고, 창업 및 일자리 창출, 스마트시티와 같은 미래지향적인 도시재생을 소개한다. 제4장 '협치행정과 시민에 의한 도시재생'에서는 시민주도형 지역활성화 수법과 민관이 협력해 지역공동체와 함께 만들어가는 도시재생을 소개한다. 제5장 '사람중심 현장기반 도시재생'에서는 도시재생의 핵심을 사람에 두고, 인구감소·고령화로 소멸되고 있는 지방의 '사람초대전략'과 인간중심 주거환경을 위한 도시재생전략을 소개한다.

지역×크리에이티브×일자리

마을이 일자리를 디자인하다

하토리 시게키 외 공저
김홍기 옮김
국판(150×210×15)
230쪽
15,000원
978-89-85493-11-6(03600)

"당신의 일자리는 행복합니까?" "당신에게 일이란 무엇입니까?"
마을 만들기를 넘어 지역이 주민의 행복지수를 높일 일자리 만들기를 소개한 책이 묻는 질문이다. 일자리는 그저 노동을 화폐로 바꾸는 수단쯤이고, 노동인구의 1/3이 적성에 안 맞는 일을 하고 있는 것이 우리의 현실이다. 젊은이들은 도시로 빠져나가고 노동인구는 나이 들어 점점 일자리가 줄어들던 섬 마을 아와지 역시 단순히 '인구증가나 수입증가가 지역활성화의 성공인가'라는 한계에 부딪혔다. 이 섬이 가지고 있는 풍부한 자연환경에도 불구하고 비어 가는 섬을 안타까워하던 이들이 '아와지 일하는 형태 연구섬'이라는 프로젝트를 만들어 마을다운·나다운 일자리를 만들어내고, 그로 인해 주민들이 삶의 터전에서 행복을 느끼고 있는 현장을 소개한다. 대도시에서 건축, 기획, 예술, 디자인 등 다양한 일을 하던 사람들이 언뜻 무모해 보이는 프로젝트를 만들어, 행정의 벽을 넘고 밥벌이를 넘어선 나다운 일자리를 원하는 이들과 강의라기보다는 아이디어 회의 같은 만남을 지속하면서 행복해질 수 있는 일자리를 스스로 만들어 가는 과정이 흥미롭게 이어진다.

커뮤니티를 활성화하는 30가지 아이디어

디자인이 지역을 바꾼다

issue + design project 지음
김해창 옮김
국판(152×225×27)
304쪽
20,000원
978-89-85493-80-2(03600)

지역 간 발전불균형, 자연재해, 고령화와 과소화 등 사회문제를 지역민들이 지혜를 모으고 '디자인이 지역을 바꾼다'는 해결책을 지역 스스로 제시하여 실천하고 있는 지자체의 생생한 사례들을 모은 책이다. 이 책은 1부에서는 기후변화, 에너지, 고령화, 의료·간병 등 오늘날 지역사회가 직면한 각종 과제 20가지를 알기 쉽게 데이터로 소개하여 이해를 도왔다. 2부에서는 그 문제에 도전하고 있는 디자인사례 30가지를 사진과 함께 소개했다. 특히 2부에 소개된 사례는 재미있고 참신하다. 쇠퇴하고 있는 임업도 살리고 한 번 쓴 나무젓가락을 회수하여 톱밥이나 바이오연료로 재활용하는 '와RE바시', 섬 바깥의 관점에서 섬의 일상을 새롭게 파악하는 '이에시마 프로젝트' 등은 일상을 발굴하는 디자인의 좋은 사례다. 시민이 방과후 교육에 참여하는 '방과후·NPO', 주민과 디자이너, 학생이 협력해 옛 제재소를 가구만들기학교로 탈바꿈한 '호즈미제재소 프로젝트' 등은 상상력을 갈고 닦는 디자인 사례. 특히 일본의 지역디자인 전문가인 가케이 유스케와 야마자키 료가 지역을 바꾸는 디자인사고란 무엇인지, 디자인 커뮤니티가 왜 중요한지, 디자인 행정이 왜 필요한지 소개해 이론적 뒷받침도 탄탄하다.